10 Suiqian,
Xiguan Jueding Hai Zi
Yisheng

10岁前，习惯决定孩子一生

岳贤伦 编著

九州出版社
JIUZHOUPRESS

图书在版编目（CIP）数据

10岁前，习惯决定孩子一生/岳贤伦编著．—北京：九州出版社，2013.5
ISBN 978-7-5108-2113-4

Ⅰ.①1… Ⅱ.①岳… Ⅲ.①习惯性－能力培养－儿童教育－家庭教育 Ⅳ.①G78

中国版本图书馆CIP数据核字（2013）第097016号

10岁前，习惯决定孩子一生

作　　者	岳贤伦　编著
出版发行	九州出版社
出 版 人	黄宪华
地　　址	北京市西城区阜外大街甲35号（100037）
发行电话	（010）68992190/2/3/5/6
网　　址	www.jiuzhoupress.com
电子信箱	jiuzhou@jiuzhoupress.com
印　　刷	三河市三佳印刷装订有限公司
开　　本	710毫米×1040毫米　16开
印　　张	18
字　　数	200千字
版　　次	2013年7月第1版
印　　次	2013年7月第1次印刷
书　　号	ISBN 978-7-5108-2113-4
定　　价	32.00元

前　言

美国的心理学家威廉·詹姆士说过这样一句话："播下一个行动，收获一种习惯；播下一种习惯，收获一种性格；播下一种性格，收获一种命运。"而我国著名的教育家叶圣陶先生也曾经说过："什么是教育？简单一句话，就是要养成习惯。"当代著名青少年教育专家孙云晓老师说得更为直接："教育就是培养好习惯。"

可见，培养孩子的好习惯是一件多么重要的事情，尤其是在10岁前，培养孩子的好习惯，就能成就他的一生。

有这样一个小故事。有一次，几十位诺贝尔奖获得者在一起聚会，一位西方媒体记者问其中一位获得诺贝尔奖的科学家："请问您在哪所大学学到了对您来说最重要的东西？"这位科学家平静地回答："在幼儿园。""在幼儿园？"记者显然对科学家的回答感到诧异，但仍故作镇定地问："在幼儿园学到了什么？""学到了与小伙伴分享，不是自己的东西不要拿，物品要摆放整齐，做错事情要道歉，仔细地观察大自然……"科学家认真地回答道。

一位诺贝尔奖获得者，竟然认为自己在幼儿园学到的东西对自己一生的影响最大。这说明了什么？难道是这位科学家在作秀吗？不是，他认真回答的态度说明这是他的肺腑之言。他为什么要这么说呢？仔细推敲他说的这些话，我们就会明白一个道理：一个孩子在几岁时养成的习惯会深刻地影响他的一生。所以，10岁前培养孩子的好习惯比什么都重要。

那么，为什么要在10岁前培养呢？因为这一阶段是孩子大脑发育的关键期，也是孩子学习的关键期，无论好习惯还是坏习惯主要是在10岁前形成。法国著名思想家、教育家卢梭曾经这样说："人生当中最危险的一段时间是从出生到10岁。在这段时间中，如果不采取摧毁种种错误和恶习的手段的话，它们就会发芽滋长，以至后来采取手段去改的时候，它们已经是扎下了深根，永远无法拔掉和剔除了。"

所以，训子千遍，不如培养一个好习惯。父母一定要抓住这一关键时期培养孩子的好习惯，杜绝孩子的坏习惯。那么，孩子习惯的养成取决于什么呢？从根本上来讲，主要取决于家庭环境和父母的教育方式，所以培养孩子的好习惯，父母一定要以身作则，为孩子树立一个良好的榜样。

本书主要从生活、饮食、卫生、锻炼、学习、思维、理财、交往、道德、自我进取十大方面详细列举了决定孩子一生的100个好习惯，这些习惯具有很强的代表性，包括了孩子成长的各个方面。每个习惯都有生动的案例、深入的分析指导和实用的培养方法，期望能为各位父母提供有益的指导，让您的孩子从小养成好习惯。

目　录

第三章　卫生好习惯：决定孩子一生的健康

第七章　理财好习惯：决定孩子一生的财富

第八章　交往好习惯：为孩子积累一生的人脉

第十章　自我进取好习惯：激励孩子勇往直前

第一章　生活习惯：决定孩子一生的幸福

习惯 1：“妈妈，我还想多睡一会儿。”——引导孩子按时作息，早睡早起

典型案例：

7 岁的寒寒每天都会让妈妈操不少心，尤其是晚上不睡觉，早晨不起床，这可真让妈妈头疼。

每天晚上，寒寒都会坐在沙发上，手握遥控器，眼盯电视机，聚精会神地看动画片。妈妈想了许多办法，可总是要不回寒寒手里的遥控器，如果强制性地把电视给关了，她就会不乐意，甚至会大哭大闹，直到把电视重新打开为止。如此一来，寒寒总是每天晚上到 11 点多才去睡觉。

由于晚上睡得晚，早晨起床的时间到了，可寒寒仍在梦乡，任凭妈妈喊了一次又一次，她仍旧赖在床上不起来。为此，她上学经常迟到，也不知道被老师批评了多少次。

寒寒晚上的精神头特别大，不管用什么方法，她都不去睡觉；早晨呢，非得睡到很晚才能起得来。妈妈真的很无奈！

俗话说得好：“睡眠是最好的休息。”的确，睡眠是人体的基本生理需求，也是人体的一种自我保护方式。通过睡眠，人体的大部分器官都能得到休息，这对孩子的成长发育十分重要。如果孩子的睡眠质量不好，或者不规律，那么他的生物钟就会被打乱，从而影响孩子的正常发育。因此，父母要帮助孩子养成早睡早起的好习惯。

导致孩子晚睡、晚起的原因有很多，比如，夜间照明过亮，孩子难以入睡；受到电视节目或者电脑游戏的诱惑，孩子不想入睡；白天活动较少，晚上精神充足，孩子难以入睡；父母作息不规律，影响孩子入睡等。而孩子早晨不爱起床，一般来说就是因为睡得太晚，没有休息好，不想起床；当然，也有的孩子恋床，尤其是冬天天冷不想起床。总之，解决问题的关键在于让孩子按时作息，养成早睡早起的习惯。

方法指导：

方法一：为孩子营造良好的睡眠环境

前面我们说，影响孩子睡眠的因素有很多，那么如何改善孩子的睡眠习惯，让他早睡早起呢？其中很重要的是给孩子营造一个良好的睡眠环境。

妈妈发现，只要晚上临睡前让鑫鑫洗了热水澡，那么他就会特别兴奋，一点都不容易入睡，并且还爱做梦。尤其是这段时间爸爸爱看足球比赛，很晚才睡，鑫鑫虽然不看，但睡得也很晚，起得也就晚，为此多次被老师批评。

于是，妈妈不再让鑫鑫在睡觉前洗澡了，而是在吃过晚饭半个小时后就催促他洗，等他洗完了再安排一些安静、有趣的活动，比如，和他聊聊天，给他讲个小故事，等等。并且，妈妈还让爸爸看

足球比赛时把电视声音关小一点，这样鑫鑫就不容易受到影响了。另外，每当鑫鑫回到自己的房间去睡觉时，妈妈就会帮他关掉灯，走动时也特别注意，避免打扰他睡觉。

没有了打扰，也没有灯光刺眼，鑫鑫很快就进入了梦乡，睡得也很安稳。

需要特别提醒父母的是，孩子睡不着时，父母不应强制性地催促他“快睡!”“赶快闭上眼睛!”，否则就会刺激孩子的叛逆心理，导致孩子更加睡不着。

方法二：控制午睡的时间，让孩子在白天得到充分的运动

孩子正处于成长发育的关键期，每天的午睡十分有必要。然而，午睡多长时间合适呢？具体而言，应该以孩子的年龄、个性及气候的变化而定，太长或者太短都不好。时间太长，孩子已经进入了深度睡眠状态，不易叫醒，晚上就会变得精力充沛，迟迟不睡觉，从而导致早晨不起床，中午接着睡，如此一来形成了恶性循环。假若时间太短，那么孩子的身体得不到充分的休息，对其成长不利。相关研究表明，孩子中午的睡眠最好以半小时为宜。

另外，孩子在白天活动量的大小，也会直接影响到他的睡眠。让孩子在白天充分地运动，可以有效地促使孩子早点入睡，因为他玩累了就会不知不觉地睡去。

习惯 2：“我就是改不掉随手乱放东西的习惯。”——用过的物品一定要放回原处

典型案例：

鸿鸿今年 7 岁了，他有一个不好的习惯，总是把用过的东西随

手一丢或者到处乱放。

这天早晨，鸿鸿起床后收拾好了书包，可他怎么都找不着自己的文具盒了，于是大喊：“妈……快来帮我找找文具盒，我找不着了。”正在准备早餐的妈妈听到鸿鸿的喊声，急忙跑到他的房间，边帮忙找边数落他：“你看看你，总是这样，自己用过的东西都不知道放到哪里了，经常乱扔乱放。以后啊，东西用完要放回原处，晚上要准备好第二天早晨需要的东西，把它们放到床头柜里，便于找到。”“我知道了，妈妈。”鸿鸿答应着，可是他随手乱丢东西的习惯仍然改变不了，经常动员全家人一起帮他找。如此一来，不仅给自己添了麻烦，也给家人添了不少麻烦。

为此，妈妈很无奈，怎么样才能让鸿鸿改掉随意乱丢东西的坏习惯呢？

生活中，有许多孩子都像鸿鸿一样，把用过的东西到处乱放，并且忘性比较大，经常找不到自己玩过或者用过的东西。这是因为孩子玩完或者用完东西后就随便一扔，不愿意整理自己的物品，喜欢依赖大人；有的孩子不知道如何整理自己的物品，甚至有时候会越整理越乱。因此，父母必须培养孩子将物品放回原处的好习惯，并教给他整理物品的方法。

家长要求孩子将用过的东西放回原处，就是让他具有“归位”的意识，使其建立有条理、不紊乱的秩序感。良好的秩序能使人产生愉快、安全以及舒服的感觉，体现在个人的生活中，就是整洁、有序的生活状态。

当然，让一个孩子做到善始善终是很困难的，如果父母从小就要求孩子把用过的东西放回原处，不仅有助于培养孩子思维的有序性，也有利于其责任心的形成。

方法指导：

方法一：教孩子学会整理自己的物品

父母一定要让孩子明白物归原处的简单道理，当孩子随便乱放东西时，要及时地提醒孩子把东西放到正确的位置，并进行有序地整理。

妈妈经常告诉菲菲，每件物品都应该有它自己的位置，还要求她将用过的物品，像文具、图书、玩具等都整理好并放回原处。

星期天，妈妈要收拾房间了，她叫上菲菲，边收拾边让菲菲在旁边看着应该怎么收拾，并且告诉菲菲："鞋子要整齐地码放到鞋架上，衣服叠好挂在衣架上，再放进衣柜里，玩具要放在盒子里……所有的东西都应当有它们自己的位置，用过之后也要将它们放回原来的位置才行。"

房间收拾好了，菲菲看到了妈妈的辛苦，也学会了整理物品的方法，以后只要自己用过的东西，她都会放回原处。

时间久了，孩子就会明白，物品整齐有序摆放能提高生活、学习和工作的效率。当然，父母要有意识地要求孩子保持物品的整洁和有序，从而促使他继续保持这一良好的习惯。

方法二：让孩子明白物归原处给他人和自己带来的便利

要培养孩子将用过的物品放回原处的好习惯，父母首先应该让他明白，物归原处不仅仅给别人带来了便利，也能给自己提供方便。比如说，去图书馆看书时，有些孩子看后会随便找个地方把书插进去，有的甚至随手扔在一旁。这时父母应该告诉孩子，这样做十分不尊重图书管理员的劳动，别人寻找这本书或者下次我们再来看这本书时就会很不方便；去超市购物离开时，有的孩子将用过的购物车或者购物篮随手一放，这时，父母要马上提醒孩子，如果大家都把购物车随手一扔，那么走起路来就会很不方便，我们来购物的时候也要到处找车子，也十分不方便。然后父母必须要求孩子把购物车放回原处。

还有，一个温馨整洁的家庭环境，对孩子同样有着潜移默化的影响，所以，父母要尽量将家里收拾得有条不紊，不能随手放置物品，最重要的是必须保持房间的清洁卫生。

习惯 3：“让我再看半个小时动画片吧！就半个小时！”——采取有效措施，让孩子正确看电视

典型案例：

曦曦今年 9 岁了，正在上小学四年级。别看曦曦年龄小，他可是个十足的电视迷，看得痴迷的时候，可以不睡觉、不吃饭、不玩游戏。这不，放假了，曦曦整天将遥控器拿在手里，不允许任何人碰一下。

这天晚上，已经将近 12 点了，妈妈起床到客厅里倒水喝，看到曦曦还坐在沙发上看电视。妈妈很惊讶地问曦曦：“宝贝，都这么晚了你怎么还在看电视？赶快关了，去睡觉。”曦曦却不乐意：“妈妈，你不要管我，今天晚上我要看到电视台说‘再见’。”妈妈批评他：“那可不行，电视不能一天 24 小时都看啊。我看你是着了迷了，放假也不能天天不睡觉呀，赶快把电视关上……”妈妈还没有说完，曦曦就有些不耐烦地说：“好啦，妈妈，我知道啦。”虽然嘴上答应着，可曦曦仍然没有把电视给关掉。妈妈生气了，走到电视前把它关掉了。

曦曦有些生气，他赌气回房间去睡觉了。第二天一大早，曦曦做的第一件事情就是把电视打开看节目。

与枯燥无味的学习相比，精彩的电视节目是轻松而且充满乐趣的。因此，电视很容易把孩子吸引住。几乎没有一个孩子是不喜欢看电视的，像曦曦那样的“电视迷”也不在少数。

电视可以说是孩子学习知识、接受信息和娱乐的良好工具，虽然适当地看一些少儿电视节目对孩子是有意义的，但是孩子每天看电视的时间不宜超过一个小时。假如看的时间过长，会影响孩子的智力发展，也会阻碍孩子的情商发展，对孩子的成长十分不利。研究表明，过于沉湎于电视的孩子，其行为和思维方式会逐渐脱离现实世界和现实生活，社会适应能力比较差。因此，父母要严格限制孩子看电视的时间。

日常生活中，父母和孩子之间常常因为看不看电视，看多长时间的电视，看什么电视节目而不断争吵。其实，孩子看电视是无法避免的事情，父母不应该完全禁止孩子看电视。对待看电视上瘾的孩子，父母千万不能操之过急，要采取有效的措施，慢慢帮助孩子戒掉“电视瘾”。

方法指导：

方法一：制订规则，让孩子正确看电视

俗话说：“没有规矩不成方圆”，的确，孩子看电视容易上瘾，那么，父母就应该和他认真地协商，然后制订一个关于收看电视节目的规则，如看多长时间，与电视保持多远的距离等。

每逢周末的时候，航航就会无休止地看电视，一起床就打开电视机，也不出去和伙伴们一起玩了，甚至家庭作业也不写了，只知道看电视。

妈妈见航航这样痴迷，怕他荒废了学业，便找机会郑重其事地和他谈：“宝贝，你不觉得一直这样看电视，连作业也不写，很不好吗?”航航有些不好意思，低下了头。妈妈看到有效果，便继续说：“宝贝，妈妈不是不让你看电视，但做任何事情都得有节制，对不对？以后呢，你必须先做完家庭作业才能去看电视，不然的话，老师会批评你，同学们也会嘲笑你的。当然，每天吃过晚饭你可以看一个小时的电视，尽量不要超时间。还有，你现在坐得离电视太近了，我会把沙发往后移半米，这样就不会伤害到你的眼睛了。”航航点点头，表示同意妈妈的提议。

最后，妈妈告诉航航：“既然你同意了，那么一定要说话算话，咱们以后就不能违反了。”

平时，父母要注意降低电视在家庭中的影响，不要在孩子的卧室里添置电视机，否则的话，就为孩子依赖电视创造了条件。

方法二：不让孩子随便看节目，帮孩子把好电视节目关

如今，电视节目的质量良莠不齐，尤其是一些不适合孩子看的节目层出不穷。所以，父母一定要帮孩子把好电视节目关，不让他随便看。

适合孩子看的电视节目大致可以分为两类，一类是由儿童文学名著、童话改编的故事片、动画片，另外一类就是各种知识类、科幻类、教育类的节目。孩子看了以后，不仅觉得很有趣，还能从中获益多多。因此，父母可以为孩子制订收看电视节目的计划，然后让孩子严格按照计划看电视，计划中的节目开始了，才能打开电视机，节目一完就关掉。另外，孩子要看电视时，父母最好抽时间陪着一起看，一来可以帮助孩子甄别节目的质量，二来可以和孩子一起讨论一下节目的内容，让孩子谈谈体会，发表一下自己的意见。父母可借此机会走进孩子的内心世界，以引导孩子健康成长。

当然，父母要抽空多陪伴孩子，不要把电视当成保姆用来拴住淘气的孩子。可以经常和孩子一起做游戏，带他到户外活动，或者走亲访友等，这些都是转移孩子看电视的注意力并培养他其他兴趣

的好方法。当孩子感受到还有比电视更加有趣的活动时，他自然就会远离电视了。

习惯 4："哈哈！我最爱玩电脑游戏！"——教孩子正确、有节制地上网

典型案例：

煦煦是个十分聪明的孩子，这不，期末考试时，煦煦考了全年级第一名，妈妈就给他买了一台电脑作为奖励，这可把煦煦高兴坏了。

煦煦很小的时候，就趴在电脑前，握着鼠标玩游戏。自从有了属于自己的电脑之后，煦煦对网络游戏更加痴迷了，简直不能自拔。妈妈给煦煦的零花钱，他几乎全部都拿去买了点卡或者装备，晚上通常都是在自己的房间里玩到 12 点以后才睡觉。上课时，老师发现煦煦经常一副昏昏欲睡的样子，就问他是不是晚上睡得不好。心虚的煦煦哪敢说出实情，只好对老师敷衍搪塞。

时间一长，煦煦的成绩有所下降，不明其中原由的老师将这些情况反映给了妈妈。妈妈也感到很奇怪，煦煦每天很早就去房间睡觉了，上课时怎么还会犯困？经过仔细观察，妈妈终于弄清楚了其中的原因。妈妈对煦煦说："儿子，给你买电脑是为了让你学习知识和技能的，而不是让你玩游戏的。"一气之下，妈妈就把网线断了。

可是，煦煦已经深深地陷入了网络游戏中，家里的网线断了，他就在放学后偷偷地溜进网吧玩。

喜欢玩游戏是孩子的天性，作为先进科技的产物，健康的网络

游戏可以给孩子带来新鲜的乐趣，也可以开发孩子的智力，增长他们的知识。另外，网上丰富多彩的文化娱乐生活，也可以有效减轻孩子们学习上的压力。然而，有很多孩子像案例中的煦煦那样，在上网的过程中渐渐迷恋上了网络游戏，深陷其中不能自拔，对自己的学习和身心健康都造成了一定的负面影响。

其实，网络就像一把双刃剑，既能让孩子掌握更多的知识、接触更多的信息，又容易让孩子走入人生的误区。所以，引导孩子正确使用网络是每位父母的新任务。假如在引导孩子的过程中，孩子不听劝告，屡教不改，总是我行我素，那么父母就有必要采取有效的措施，如不装宽带，限制上网等来惩戒孩子。

方法指导：

方法一：增强保护意识，教孩子安全上网

孩子还小，对于事物的好坏分辨得不是很清楚。这种情况下，就需要父母来帮助孩子。网络的世界里难免有些安全隐患，父母一定要提早预防，增强孩子的保护意识，教他安全上网。

家里购置电脑联网的时候，妈妈就和蓓蓓“约法三章”。

妈妈给蓓蓓规定，每天使用电脑的时间不得超过一个小时，到时间就必须关掉。在利用电脑学习时，提前定好学习计划，不能盲目地去网上浏览。在电脑旁坐半个小时后，就必须站起来活动活动，做做眼保健操或者眺望远处 10 分钟，以免眼睛近视。必须浏览健康的网站，对于不适合自己年龄段的信息不能看。在网络上不能泄露有关个人和家庭的任何信息，包括姓名、家庭住址、电话等等。不能轻易地相信网络上的人，在没有征得父母的同意之前，不能约会网上的朋友。

由于一开始就立下了规矩，蓓蓓几乎没有受到网络不良信息的影响。

减少孩子上网玩游戏的时间，父母最好多注意培养孩子网络之外的兴趣，比如，绘画、音乐、体育运动等。当孩子有了一项特别的爱好时，自然就不会花费很多的心思在网络游戏上。

方法二：丰富孩子的课外生活，让他不再沉溺于网络

有些孩子过度痴迷于网络游戏，是由于他的生活过于贫乏无味。因此，父母要帮助孩子丰富他的课外生活，来避免网络虚拟空间的诱惑。例如，父母有空时可带孩子去旅游或郊游，在自然景观的熏陶下提升孩子对大自然的热爱；也可带孩子去参观博物馆、画展、摄影展等，以此来提高孩子的文化素养；经常带孩子去图书馆，让孩子在知识的海洋中徜徉，提高学习能力；陪孩子在家里共读中外经典，在交流分享中增进亲子感情、陶冶性情，等等。

另外，父母还要多给孩子创造一些和伙伴交往的机会。这样做可以让孩子在和小伙伴的交往中明白，只有现实中的朋友，才能带来真正温暖的友谊。

习惯5：“有电，快放下！”——增强安全意识，让孩子养成保护自己的习惯

典型案例：

晓迪是个十分调皮的孩子，他的好奇心非常重，在家里不是摸摸这，就是碰碰那，一点儿也闲不住。

这天晚上，晓迪玩腻了积木，就开始琢磨着玩其他的东西。在环视房间一周后，晓迪的目光定格在了一个电插盘上。晓迪知道妈妈正在厨房准备晚饭，于是大胆又好奇地玩起了电插盘。只见晓迪左手拿着插盘，右手拿着插头，将插头插进插盘里，然后又拔出

来，如此反复着。过了一会儿，妈妈走出厨房，看到晓迪正在不停地插插头，惊呼："有电，快放下！"晓迪却像个没事人儿似的，乐呵呵地说："没事儿，妈妈。"妈妈快步走过去一把将插盘和插头从晓迪的手中夺了过来，并警告他以后不许再玩这些东西。

妈妈做好饭菜后，晓迪洗完手就走进厨房帮妈妈端菜。这时，晓迪看到桌子上有一把十分好看的水果刀，于是他拿在手里仔细地看着，还尝试着去切黄瓜。妈妈走过来，正好看到了，又夺了过来，并说："不许玩这么危险的东西。这孩子，怎么一点安全意识都没有，刚才摸电，这会儿又玩刀，以后不准再玩了。"

晓迪噘着嘴，继续端盘子。

尽管有些孩子多多少少也懂得一些安全知识，但由于天性调皮、贪玩，有时玩起来也会忘记安全，从而造成自己受伤或伤害到别人；还有的孩子比较贪吃，陌生人给他买一些好吃的或者好喝的，他就会上当，以至于被人拐骗。对于这样的孩子，父母在平时要有意识地培养他们的自控能力，增强孩子抵挡不良诱惑的能力。

日常生活中，孩子因为不小心，而造成伤着、碰着、游泳溺亡、触电身亡等意外事故的例子屡见不鲜。因此，增强对孩子的安全教育和培养孩子的安全意识不容忽视，我们父母必须想办法提升孩子的自我保护能力，从而减少意外事故的发生。父母要教孩子把机智和勇敢当做自救的武器，将知识与能力当做自护的法宝。这样，孩子才能渐渐养成注意安全、保护自己的好习惯。

方法指导：

方法一：教给孩子一些最基本的安全常识

毕竟孩子还小，父母一定要教给他最基本的安全常识，因为只想到自己怎样保护孩子是远远不够的，他早晚要独立走向社会，教会他怎样保护自己才是最重要的。

嘉嘉是个十分淘气的孩子，经常是哪儿不安全去哪儿，越危险的事情他越有兴趣，这令妈妈十分担忧。

星期天的上午，嘉嘉看完了电视，无事可做，他的小眼睛转悠了一圈，看到茶几上有一个绿色的打火机。由于妈妈是不允许嘉嘉触碰打火机的，所以他很好奇，趁妈妈在打扫房间时，他将打火机偷拿过来，打开按钮，就着了，关掉，火苗就熄了。嘉嘉感觉好玩极了，就不停地按开关。妈妈听到轻微的“咔嚓”声，便从房间里跑了出来，看到嘉嘉手拿打火机，她马上制止：“不要再按了，快把打火机放下。”嘉嘉笑呵呵地说：“妈妈，这家伙可好玩了，再让我玩一会儿嘛。”妈妈将嘉嘉手里的打火机夺过来，严肃地告诉他：“儿子，打火机是很危险的物品，你知道吗？它里面含有对身体有害的物质，并且容易引发火灾。”嘉嘉惊讶地张开了嘴巴，这些他根本不知道。妈妈接着对他说：“所以，小孩子不要拿打火机当玩具玩。记住了吗？”

嘉嘉点点头：“我记住了，妈妈，下次再也不玩打火机了。”

除了告诉孩子火、热水、尖锐的刀具等危险物品不能碰，作为父母，还要经常提醒孩子，在遇到危险时，不要惊慌，要沉着冷静地应对，抓住时机及时向周围的人呼救，以有效避免生活中的其他危险。

方法二：告诉孩子避免危险的方法

平时，父母可以利用聊天、讲故事、看电视等方式，有意识地给孩子讲一些典型的危险情况，让他防患于未然，有效避免危险。比如，在上、下学的路上遇到可疑的人跟踪时，不要惊慌，可以改变路线，尽量朝人多的地方走，以方便寻求他人的帮助；不要随便和陌生人说话，更不能跟陌生人走，不要听信陌生人所说的话，也不要吃陌生人给的东西等；在上、下学的路上最好结伴而行，一定不要走偏僻和陌生的小路；如果孩子独自在家，一定要叮嘱他学会保护自己，关好门窗，不给陌生的人开门等。

习惯6：“有爸爸妈妈呢，我才懒得整理。”——学会整理自己的衣物、被褥

典型案例：

小东是个活泼可爱的小男孩，非常讨人喜欢，可是他却有一个坏习惯，从不整理自己的衣物和被褥，每次都是妈妈帮他整理。

这天晚上，他和同学踢足球回来，就一头钻进自己的房间，把身上的背心、短裤还有袜子一脱，往地上一扔，就冲进卫生间去洗澡了。洗完澡，换上干净衣服，小东就坐在沙发上看电视。妈妈做完饭从厨房走出来，突然闻到了一股臭袜子味，她下意识地来到儿子的房间，发现地上扔着一堆换洗的衣物，于是问道：“儿子，这是你换下来的衣服？怎么不收拾一下啊？”“不是有您吗？还用得着我？”小东俏皮地说道。妈妈一声叹息：“唉，这孩子！”说完走进卧室帮小东把衣服放进了洗衣机。

不仅如此，小东还从不叠被子。每天早晨起来，洗漱完毕后，就抓起书包奔学校去，从来都是妈妈在后面帮他收拾。

像小东这样的孩子，或许父母在现实生活中已经司空见惯了。多数孩子都不喜欢整理自己的衣物和被褥，他们习惯于依赖自己的妈妈，而对于部分妈妈来讲似乎也习惯了为孩子整理衣物和被褥，只是在实在看不下去的时候，才想起说孩子那么两句，或者无奈地摇摇头叹息一声。

孩子为什么不喜欢整理自己的衣物和被褥呢？通过上面的描

述，我们很容易找出原因，那就是父母的娇惯和宠爱。孩子刚出生时，毫无疑问，他们的衣物和被褥都是由父母整理、换洗，可是有的父母在孩子七八岁时还是包办这些事情，而孩子也理所当然地认为这些事情本来就是父母的义务，这种情况下，孩子怎么可能会主动整理自己的衣物和被褥呢？

当然，也有的父母认为孩子整理衣物或被褥不够整齐，自己过后还得再整理一遍，所以干脆自己代替孩子整理算了，省心又省事。可是，这样做，同时也省掉了让孩子体验和学习的机会。孩子早晚会有自己整理衣物和被褥的那一天，父母不可能为他们操劳一辈子。所以，越早让孩子学会整理衣物和被褥对孩子越有好处。另外，及时整理自己的衣物和被褥，不仅有利于整洁和卫生，还有利于个人健康。所以，父母一定要让孩子养成自己整理衣物和被褥的习惯。

方法指导：

方法一：教给孩子整理衣物的方法

有的孩子不知道整理自己的衣物，穿完之后就随手一扔，洗干净的衣服也是随便放，是因为他们不知道该如何整理。如果父母教给他们整理衣物的方法，并且及时提醒和督促他们，相信孩子渐渐会养成整理自己衣物的习惯。

看到文文这个名字，我们会联想到她是一个文静、整洁的小姑娘，可是如果你看看她的房间，就感觉名不副实了，她的房间简直可以用“凌乱不堪”这个词来形容——衣物、被褥、鞋子、文具等到处乱摆放，每次都是妈妈替她收拾。

后来，妈妈突然意识到，如果再任由文文这样下去肯定不行，都快10岁的孩子了，还不知道整理自己的衣物、被褥，以后在学校住宿可怎么办呢？于是，周末的上午，妈妈来到文文的房间，教文文整理自己的衣物。妈妈告诉文文，整理衣物要遵循一个基本规则：内衣归内衣、上衣归上衣、衬衫归衬衫、裤归裤、裙归裙。之后妈妈又教给文文整理衣物的具体方法，并告诉她整理衣物的各种好处。

学会了整理衣物的基本方法，文文开始试着整理自己的衣物，在妈妈的鼓励和督促下，她渐渐养成了自己整理衣物的习惯。

事实也是这样，家长教给孩子整理衣物的方法，并及时鼓励和督促他，使他养成整理衣物的习惯并不难。

方法二：教给孩子铺床叠被的方法

多数孩子没有养成自己整理被褥的习惯，首先是因为孩子不懂得整理被褥的方法，所以，父母要耐心教给孩子整理被褥的基本方法。

小童起床后从来不整理自己的被褥，有一天妈妈突然意识到了这个问题，心想不能再这样惯着小童了。

这天，妈妈边示范边说给小童：“儿子，你看像妈妈这样，将被子展开，平整地铺在床上，然后按照G字形叠两折后，再将叠成的长条从两头分别对折，然后再对折，就可以了。”小童边看妈妈示范，边思考着折叠方法，似乎明白了一些。

然后妈妈又给小童示范铺床的方法：“先把床垫弄好，两手各扯起床单正面一角，向前轻轻一抖，顺势把床单放在正中，尽量把褶痕铺平……当然，整理或撤换床单时，要检查上面是否有遗留物品，免得扎伤身体等。”

示范完后，妈妈又让小童按照自己的方法练习了几遍，小童终于学会了整理被褥的方法。

在教孩子正确整理被褥方法的过程中，父母要多一些耐心，多给孩子一些鼓励，因为做家务毕竟不像电脑游戏那样对孩子有吸引力。

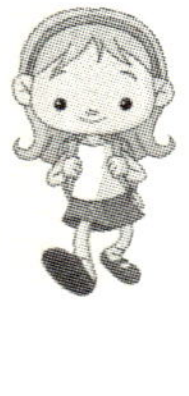

习惯7：“自己的房间必须要自己亲自动手吗?”——收拾、打扫自己的房间

典型案例：

恒恒长得虎头虎脑，十可活泼可爱，他平时特别喜欢玩玩具，但也正因为如此，家里常常被他搞得一团糟，妈妈为此很伤脑筋。

这天吃过晚饭，恒恒拿出自己的积木桶，哗哗啦啦倒了一地，然后尽情地玩了起来。不一会他造了一排“装甲车”和几堵城墙，然后还煞有介事地把“装甲车”编成了一支队伍去攻打“敌方城墙”——呼啦啦，“城墙”全倒了，地下多了一片积木。一会儿，恒恒又从积木桶里拿出一些积木，在沙发上造了两头“怪兽”。等“怪兽”造好后，恒恒又让他们相互“撕咬”，结果两败俱伤，沙发上又多了一片散乱的积木。

意犹未尽地玩完之后，恒恒就去卫生间洗漱，洗漱完后，他准备去上床睡觉。这时候，妈妈叫住了他：“儿子，你把积木弄得到处都是，赶紧去收拾一下！”“妈妈，你来收拾吧，我才不收拾呢，我困了，要睡觉。”恒恒语气很蛮横。

妈妈很无奈地走过去收拾积木，边收拾边摇头叹息：“这孩子，什么时候才能体谅一下父母呢?”

生活中，多数孩子喜欢玩具摆一地，乱扔东西，学习用品到处扔，从来都不收拾整理自己的东西等，而父母只好天天跟在他们屁股后面收拾。

孩子为什么会这样呢？简而言之，是因为他们没有养成收拾、

整理自己物品的习惯。当然，从这个角度讲，导致孩子形成这些陋习的原因是，妈妈们平时总是帮孩子收拾，而孩子也已经习以为常，以为收拾、整理物品就是妈妈的天职，所以自己从来不会主动收拾、整理，即便是他自己玩过的玩具、他自己弄乱的房间等。例子中的恒恒不收拾自己玩过的积木主要就是这个原因。当然，有的父母自己平时不注意收拾东西，搞得房间很凌乱，孩子自然也很难养成收拾、整理的习惯。

所以，父母为孩子做好榜样，耐心引导孩子主动收拾、整理，是让他养成这种好习惯的重要前提。

方法指导：

方法一：父母首先要养成收拾、整理的好习惯

生活中，有些父母平时不注意收拾、整理，而孩子几乎生活在一个脏、乱、差的环境里。让孩子在这种环境中生活，他怎么可能养成收拾、整理的好习惯呢？相反，孩子倒是会养成邋遢、脏乱和随意的坏习惯。

所以，父母平时一定要做好孩子的榜样，把家里的房间或物品收拾得井然有序，让孩子体会到干净、整洁和条理的好处。当孩子在这种良好的环境中生活习惯之后，再慢慢培养他收拾、整理的习惯就容易得多。反之，父母都做不好，却要求孩子做好，就会引起孩子的逆反心理，不利于孩子良好习惯的培养。

方法二：对孩子提出合理的要求，并教他收拾、整理的方法

父母可以给孩子提出一些基本的整理要求：自己的玩具玩完后要收拾整齐，放回父母指定的地方；其他个人物品要摆放整齐，用完后放回原处，便于下次取用。类似的要求给孩子规定以后，要严格监督他认真执行，不要因为孩子的固执或哭闹而心软，甚至嫌麻烦而包办代替。

方法三：适时赞扬，鼓励孩子

孩子毕竟是孩子，有时候一些适度的奖惩措施对他们而言还是非常有效的。

小旭平时特别不爱收拾，不仅将自己的房间经常搞得凌乱不堪，而且常常把客厅搞得乱七八糟，妈妈为此没少发脾气，但是没有什么效果。

有一次妈妈在收拾、整理房间。小旭也许是无聊极了，他竟然要求和妈妈一块收拾、整理，妈妈欣然同意了。小旭在妈妈的指导下，把房间收拾得井井有条。妈妈禁不住赞扬他：“乖儿子，真想不到你还能帮妈妈收拾房间，而且收拾得这么好，妈妈真高兴！”小旭听后，“嘿嘿”一笑，干得更卖力了。

此后，妈妈再次整理房间时，小旭也经常跟在妈妈后面帮着收拾、整理。尽管离他自己主动收拾、整理东西还差一大截，但是现在妈妈已经心满意足了。

前面我们说过了，做家务或收拾整理东西对孩子而言几乎没有兴趣可言，但是父母可以通过多表扬鼓励的方式，激发孩子收拾、整理的兴趣。

习惯 8：“妈妈，这样坐着舒服。”——保持良好的坐姿

典型案例：

熙熙今年 10 岁了，他是个十分活泼并且淘气的孩子，总是坐没坐相，站没站相，读书写字的姿势也不正确。

一天吃过晚饭，熙熙一屁股坐到沙发上开始看电视。只见熙熙

一会儿半躺在沙发上，一会儿歪着脑袋，一会儿跷起二郎腿，就是不肯端端正正地坐着。妈妈忙完了，来到客厅看到熙熙的坐姿，说：“你看你，怎么坐着看个电视都不老实？你就不能规规矩矩地好好坐着？”熙熙不以为然地说：“妈妈，这样多舒服呀。我在学校里都老老实实地坐了一天了，太憋屈了。”妈妈撇了撇嘴，说：“就你？能安安生生地坐一天？我才不信呢。快摆好姿势，老老实实地坐在那儿。”然而，熙熙根本不听妈妈的话，照样我行我素。

过了一会儿，熙熙开始写作业，只见他半个屁股坐在椅子上，身子歪歪斜斜的呈“S”型。妈妈路过熙熙的房间，看到他这个样子，便斥责他：“写作业就坐好了再写，身子歪歪扭扭的，字肯定也写不好。”

听了妈妈的话，熙熙只好端正了姿势，可是，没过几分钟，他就又回到了原来的样子。

大多数的孩子都会像上述案例中的熙熙那样，坐姿不正确，并且多余的动作也比较多。这样不仅影响孩子集中精力做事情，而且使孩子精力消耗大，肌肉易紧张，易疲劳，甚至会造成驼背、近视、脊柱发生侧弯等状况，严重影响孩子的身体健康。而正确的坐姿不仅能保证孩子眼睛的正常发育，帮助孩子消除或减轻肌肉疲劳，促进骨骼和肌肉的发育，防止胸部和脊柱畸形，而且有利于孩子集中注意力，对孩子专心学习十分有帮助。

假如孩子不能够正确地保持坐姿，那么就需要父母矫正。当然，改变孩子的不良习惯是一项长期而艰巨的教育任务，父母不要急功近利，而应该持之以恒、坚持不懈地做到底。

方法指导：

方法一：教给孩子正确的坐姿

许多孩子不注意自己的坐姿，常常随心所欲而坐，有时坐姿还很不雅观。针对这种情况，就需要父母教给孩子正确的坐姿，让孩子养成良好的习惯。

可可是个很活泼的小女孩，总是一刻都闲不下来，即使坐着，也常常东歪西扭的，为此妈妈不知道批评过她多少次。

一天，妈妈在浏览网页时看到一位军人端坐着的照片，想到可可最崇拜军人了，于是，妈妈让她一起看。可可看了一眼，敬意油然而生，不禁赞叹道："好帅呀！""可不是吗？真帅。"妈妈顺着可可说："你看，人家坐得多端正，腰部是挺直的，两腿并拢，两眼平视前方，双臂自然下垂放在腿上，显得多精神啊！"可可全神贯注地看着照片，头也不扭，妈妈趁机对她说："你也要向人家学习，坐有坐相，站有站相。"可可点了点头，说："一定会的。"

从那以后，妈妈只要再看到可可弯腰驼背，就提醒她要有军人的风采。时间久了，可可就形成良好的坐姿了。

案例中可可的妈妈很有办法，她让可可欣赏网上军人的良好坐姿，让她体会到什么样的坐姿是美丽而健康的，为她找到了榜样，从而激发了她效仿的欲望。

方法二：随时提醒孩子坐直、坐正

孩子的年龄还小，常常无法控制自己保持良好的姿势，父母应该随时观察并及时提醒，以便为孩子提供有效的帮助。比如，本来父母已经告诫孩子要坐直，坐正了，而孩子当时也照做了，可是没过多长时间，孩子的注意力就转移了，身体又随着原来的习惯弯下去。这种情况下，父母就不要再唠叨："你看你又成这个样子了，赶紧坐好。"类似的话，父母说了一遍又一遍，近乎无休止，而孩子呢，仍然我行我素，不予接受。因此，父母可以试着这样做：走到孩子的身边，轻轻拍拍他的胸和背，使他得到肢体语言上的暗示，这样他就会坐好了。

除此之外，父母还可以做个关于坐姿的卡片或者图片，挂在孩子书桌边的墙上，也能对孩子保持正确的坐姿起到良好的提示作用。

习惯9：“真小气，不就浪费一点儿水吗？”——让孩子养成节约资源的习惯

典型案例：

从小生活优越的念念一点都不懂得节约，经常浪费水电等。

星期天，念念坐在沙发上边吃零食边看电视。不一会儿，零食吃完了，念念就起身去洗手间洗手。妈妈看到了，就提醒他：“宝贝，涂洗手液的时候要把水龙头关掉，不然会很浪费水的。”念念却很不屑：“哎呀，妈妈，用不了一分钟我就洗完了，才多少水呀，真是的。”妈妈告诉他：“洗一次手浪费不了多少，可一天呢？一年累积下来得浪费多少呢？”念念有些不耐烦地说：“好了，好了，妈妈，我马上就洗完了。”妈妈没再说什么，走开忙自己的事情去了。可是，好几分钟过去了，妈妈听到水龙头依然哗啦啦地响着，她走过去一看，念念居然在玩水。妈妈有些生气地说：“念念，你怎么还玩起水了，这得浪费多少水呀？还有，电视不看了就马上关掉，多浪费电呀。”念念却皱起眉头，说：“我才玩了一小会儿，妈妈你真小气，不就是几块钱的水电费吗？”

念念一直不明白妈妈的良苦用心，就认为她抠门，连几块钱都不舍得花。

水和电是人类赖以生存和发展的重要资源，缺少了水和电，不仅我们的生活变得十分困难，国家生产建设也会受到严重的影响，

最终会影响到我们的生活，有些城市在用电高峰时被迫拉闸限电就是典型的例子。我们的生活离不开水和电，而我国又是一个水资源、电资源相对短缺的国家。因此，让孩子养成节约水电的习惯具有非常重要的意义。

然而，像案例中的念念一样不懂得节约水电的孩子在生活中十分常见。孩子为什么不懂节约水电呢？一是孩子贪图方便和好玩，不懂得节约水电的重要性；二是孩子不了解节约水电的具体方法和技巧。对此，我们为父母们提供了如下两点建议。

方法指导：

方法一：让孩子认识水电的重要性

许多孩子缺乏对水电资源的认识，没有节约水电的意识，也不清楚水电在生活中的重要性。因此，父母要让孩子认识到水和电在我们的生活中起着不可替代的重要作用，从而使孩子减少浪费水电的行为。

宛宛刷牙时不像其他人那样，用口杯接水，然后挤上牙膏刷，而是喜欢打开水龙头，直接接水来刷牙、漱口。

这天早晨，宛宛刷牙时仍然大大地开着水龙头，白白地流失了好多水，妈妈看到了很心疼，可是宛宛刷完牙以后就离开了，连洗手间的灯都没关。于是，妈妈走到正在梳头的宛宛身旁，告诉她："宝贝，你刚才那样刷牙太浪费水了，以后要记得用口杯。还有，你洗漱完忘记关灯了，浪费了不少电。"宛宛却不以为然："我知道了，妈妈，浪费不了多少。"妈妈语重心长地对宛宛说："孩子，水是生命之源，人不吃饭可以活 7 天，不喝水只能活 3 天。如果没有水，植物会枯死，人类会渴死；如果没有了电，我们晚上将生活在黑暗的世界里，电视不能看，工厂的机器也不能运转生产……所以呢，你一定要从小节约水和电。"

听了妈妈的话，宛宛羞愧地低下了头，她向妈妈保证：“我以后会注意的。”

当然，除了教育孩子节约水电，父母也要时刻注意自己的言行，用自己的实际行动带动孩子从身边做起，从自己做起，节约每一滴水、每一度电，直至养成节约水电的好习惯。

方法二：教给孩子节约水电的具体方法和技巧

日常生活中，父母要随时随地地教给孩子节约水电的方法和技巧。在用水方面，洗漱时不能将水龙头大开，水花四溅，造成不必要的浪费，而应该控制水龙头的开关到中小水量，用完水及时把水龙头拧紧。另外，洗衣服或洗菜的废水可以用来擦地或冲洗便池，这样也能起到节水的效果。在用电方面，房间里不要开太多的灯，不用的灯要及时关掉，在离开房间时也要随手把所有的灯关掉；电视看完了或者没有人看时一定要注意关好，至少要用遥控器关到待机状态；长时间不在家的时候，还要把空调关掉，不用的电器将插头从插座上拔掉等。当然，在用电方面要根据孩子的年龄具体安排节电措施，以保证孩子的用电安全。

习惯10：“妈妈，我什么都不会，怎么帮你?”——培养孩子主动做家务的意识

典型案例：

春晓是全家人的掌上明珠，爸爸妈妈和爷爷奶奶都十分宠爱她。她从小饭来张口，衣来伸手不说，而且从来没干过家里的家务活。

眼看这孩子都快10岁了，还一点家务活都不会干，将来升入初中住校时可怎么办？妈妈不禁有些担忧。

将近春节的前几天，妈妈决定动员全家来一次大扫除。爸爸负责清扫房顶和墙壁，爷爷奶奶负责收拾整理客厅，妈妈就负责清洗厨房和卫生间。清洗厨房和卫生间需要一些清洁剂和清洁球之类的物品，妈妈便要求春晓为自己打下手，借以锻炼她做家务的能力。于是，妈妈和她商量："晓晓，一会儿你帮妈妈拿清洁剂和抹布好吗?""不行，我还要看电视呢，你自己不会干呀?"春晓拒绝道。"妈妈怕忙不过来，到时你就帮妈妈一下呗。"妈妈委婉地劝说。"不帮，我什么都不会，快别烦我了。"春晓不耐烦地说道。

妈妈听后很无奈，心想：这孩子怎么这么不懂事呢，以后可怎么办啊?

像春晓这样什么家务活都不做的孩子，在现实生活中简直太普遍了。现在的孩子真是太懒了，酱油瓶倒了都不会帮你扶，好像此事与他无关。现在的孩子为什么变得这么懒惰呢?最主要的原因当然是父母的溺爱、娇生惯养。就像例子中的春晓，她小时候，家人都把她视为掌上明珠，"含在嘴里怕化了，捧在手里怕碎了"，又怎么舍得让她做家务活呢?可是，等她一旦养成了养尊处优的习惯，再让她干家务活，她就会受不了，而且她或许根本就不会做。

当然，也有的父母认为，孩子学习已经很辛苦了，回家再干活儿那得多累啊，只要孩子学习成绩好就行了，其他的都不重要。殊不知，让孩子做家务活，既能提高他们的动手能力、独立生活能力，也可以增强孩子的情感体验，让孩子体验父母的艰辛，从而更深刻地体会到父母的爱。

具体而言，如何培养孩子做家务的习惯呢?

方法指导：

方法一：陪孩子一起做家务

想让孩子学做家务，父母最好和孩子一起做家务。这样做，一是为了增强孩子做家务的兴趣，二是可以给予孩子必要的指导。

9岁的王茵在妈妈眼里俨然一个大孩子了，这主要得益于妈妈在她小时候对她的教育。王茵很小的时候，她在一旁玩玩具，妈妈就在一旁做家务，有时候她还会过来“帮倒忙”，但是妈妈并没有责怪她，而是耐心地告诉她自己在做什么，尽管王茵听不懂，但是妈妈温和的做法却让她乐此不疲。

等王茵再长大一些，妈妈就让她和自己一起拖地、扫除、擦桌子等，在确保安全的前提下还让她学着择菜、洗菜、切菜、炒菜以及淘米、煮饭等。现在的王茵，小小年纪已经学会自己做拿手好菜了，比如，西红柿炒鸡蛋、芹菜炒肉等。

当然，像洗衣服、收拾房间等家务活，妈妈也经常让王茵帮着做。她现在是妈妈名副其实的“小棉袄了”。

很多情况下，并不是孩子不会做家务，而是家长不愿意教他们做家务。作为父母，只要你拥有足够的耐心和爱心，就一定能把孩子训练成自己的好帮手。

方法二：为孩子安排合适的家务活

父母应当根据孩子的具体情况，给孩子分派一些力所能及的家务活。对于年龄小一些的孩子，父母可以让他帮忙拿一些比较轻的东西，如收拾自己的玩具等。稍大一些的孩子可以让他帮忙倒垃圾、买东西等。当然，也可以让孩子自己选择喜欢做的家务，比如，可以这样问孩子：“你想扫地还是拖地?”“你想择菜还是洗菜?”“你想洗碗还是想擦桌子?”这样给了孩子自主选择的余地，他干活的积极性就会更高一些。

方法三：及时鼓励或奖励孩子

从孩子心理的角度而言，家务活对他似乎就是一项外加的任务，实际上多数孩子是不愿意做家务的。那针对这种情况怎么办?

最有效的办法就是家长多给孩子鼓励或奖励。

父母可以有意识地赞赏孩子的某方面长处，从而激励孩子帮助自己做家务。比如，“宝贝，你真的很细心，帮妈妈择择菜好吗？”听到这样的赞赏，孩子一般都愿意“一试身手”。另外，在孩子做完家务后，父母要及时奖励孩子，比如，可以这样夸奖孩子：“哟，这地拖得真干净！”“儿子，你真棒。”“乖女儿，你洗得太干净了！”当然，除了语言的奖励，也可以适当地给孩子一些物质奖励，比如，给孩子买他喜欢的玩具、想要的图画书，或者给孩子几块钱，让他自己买喜欢的东西，等等。

总之，孩子付出了劳动以后，父母最好要给他一些“报酬”，无论是精神的还是物质的。这样，孩子下次还会有动力去做这些事情，长此以往就会形成习惯。

习惯 11：“我过一会儿再写作业好不好？”——学会做事积极主动、不拖拉

典型案例：

萱萱是个慢性子，她做任何事情都非常慢，穿衣服慢、吃饭慢、走路慢、写作业慢……无论妈妈怎样催促，萱萱总是拖拖拉拉的。

吃过晚饭，萱萱看看电视，玩会儿玩具，吃些零食，就是不去写作业。于是，妈妈催促萱萱去写作业，可她嘴里答应着，却迟迟不行动，都快 9 点了，妈妈才把她“逼”到书桌前。即便这样，萱萱也不怎么专心，她一会儿喝些水，一会儿吃个水果，一会儿出去上厕所。萱萱的时间都被这些琐事浪费掉了，她的学习效率一点儿

都不高，作业往往要写到10点以后。如此一来，她早晨就起来得很晚，即便是马上要迟到了，萱萱依然会不慌不忙地穿衣服和鞋子，不紧不慢地吃早餐。一旁的妈妈急得不行，帮萱萱拿起书包和水壶，就拉着她冲出了家门。

萱萱呢，居然还埋怨妈妈："妈妈，不要走那么快，我都跟不上啦。"

在日常生活中，我们经常会看到有些孩子像萱萱一样，做事情时拖拖拉拉，没有一点时间观念。孩子为什么会磨蹭呢？其主要原因有三：一是兴趣低落，缺乏责任感，因此做事情时只好硬着头皮敷衍了事；二是与孩子的性格有关，或许孩子本身就是个"慢性子"，做事情时小心翼翼、慢条斯理；三是孩子缺乏时间观念、效率观念，不知道珍惜时间。

对于孩子来说，做事情时拖拖拉拉，不主动，实际上是自己给自己设置障碍，自己管不住自己，对自我没有约束、控制能力。因此，改变孩子拖拉的坏习惯要注意培养他的自制力。

当然，并不是所有临时抱佛脚的孩子都是做事情不主动、拖拉的一类人，有些孩子或许是因为其他的一些事情而耽误了功课，但在做其他事情的时候就不会拖拖拉拉。这种情况属于偶然性拖拉，和习惯性拖拉之间是有本质区别的，所以父母要定性准确，正确对待和处理。

方法指导：

方法一：让孩子为拖拉付出代价，那么他才能快起来

做事情时磨磨蹭蹭、拖拖拉拉，不主动，只有紧催着才会去做，是不少孩子的通病。这类孩子主要表现为：经常在规定的时间内做不完某一件事情，而且自己一点也不着急。针对这种情况，父母在一旁着急根本没有用，只有孩子品尝到拖拉的不良后果或体会

到拖拉给自己带来的损失后，他才能够自觉地快起来。因此，让孩子为自己的磨蹭付出代价不失为帮助孩子改掉拖拉习惯的好方法。

晓新是个做事情不主动，喜欢磨蹭的孩子。每天都是妈妈提醒他写作业，催着他起床，但懒惰的他总是一拖再拖，这让妈妈很无奈。

这天早晨，妈妈已经喊了晓新很多次，可他仍然赖在被窝里不肯起床。最后，妈妈提醒他："还有半个小时就要上课了，你如果还不起床就会迟到的。我不再喊你了，迟到的话自己负责。"尽管听到了妈妈的话，可晓新还是没有动弹。过了一会儿，晓新才慢腾腾地坐了起来，然后开始穿衣服、穿鞋子、刷牙，收拾得差不多了，他抬头看了看钟表，发现还有5分钟就要上课了。于是，晓新匆匆忙忙地拿起书包就往外跑，妈妈在后面大声喊："宝贝，你还没吃早饭呢。"可是晓新头也不回，就说了一句："不吃了。"

下午晓新回到家，一副无精打采的样子，妈妈问他怎么了，他将早晨迟到，老师批评他，同学们用异样的眼神看他的情景告诉了妈妈。妈妈安慰晓新："以后你早些起床去学校，不要再迟到了，别想太多。"晓新点了点头，从那之后他很少再迟到了。

由此可见，让孩子尝到拖拉的后果，他就会深刻认识到这种坏习惯给自己带来的危害，那么他以后就会加快速度主动地做事情。

方法二：帮助孩子建立时间观念，并鼓励他"今日事今日毕"

孩子总是不能在规定的时间内做好某件事情，很大程度上是因为他年龄小还没有时间观念，不知道时间具体意味着什么。因此，父母要帮助孩子建立时间观念，可以告诉他时间是世界上最宝贵的财富，珍惜时间就是珍惜生命的道理，让他明白做事拖拉就是浪费时间，浪费生命。在孩子做事情不主动，拖拉时，父母不要总是催促他"快点，快点……"而应该明确地告诉他要5分钟做完，10分钟后出门等，以此来帮助孩子缩短做事情的时间。

还有，许多孩子都会有意无意地把今天应该做的事情拖到明天去做，然而，到了明天，发现要做的事情又增加了不少，于是又将其中的一部分事情拖到后天去做，如此形成恶性循环。因此，父母应该让孩子明白“今天”、“明天”的关系，鼓励他“今日事今日毕”，教育他不要将今天的事情留到明天再完成。

习惯 12：“什么都想做可是却不知道先做什么。”——教孩子做事有计划，有条理

典型案例：

欣欣已经读小学三年级了，可是做事情一点条理性都没有，对此妈妈很是着急。

看看她的书桌和书包就知道了。她书桌上的书横七竖八地随意摆放着，书本上面还压着铅笔、小刀等文具；书包里那就更不用说了，课本、作业本、文具、小零食，简直就是胡乱塞了一通……妈妈实在看不下去了，于是嚷她：“你都这么大孩子了，就不知道收拾得有秩序一些？”

可是欣欣却有她的理由：“这又不是什么大事，干嘛那么认真？真是的，啥都管！”说完扭头就走了。

欣欣做其他事情也一样，她的脑子里一点计划都没有，常常把事情搞得一团糟。就像周末两天休息时间，她什么都想做，可是又不知道应该先做什么，结果想来想去，什么都没做成，可惜周末两天时间就这样白白浪费过去了。

欣欣这样的坏习惯或许在我们的孩子身上也有。生活中，父母

经常会看到孩子的书桌上摆得一团糟，书包里也胡乱塞满了各种各样的东西，每个周末都稀里糊涂地度过……孩子为什么会这样呢？主要是父母在孩子小的时候没有培养出他们的秩序感和条理性，孩子对随意摆放东西或者杂乱无章的状态已经习以为常了，结果尽管长大了一些，那些幼时的行为习惯依然没有大的改变。有的父母也和例子中的欣欣一样，认为那都是生活中的一些小事，没必要那么认真，只要不影响到学习就行了。其实，正是父母们的忽视纵容了孩子的坏习惯。

方法指导：

方法一：以身作则，培养孩子做事条理的习惯

俗话说：喊破嗓子，不如做出样子。要想培养孩子做事条理的习惯，父母首先要言传身教，以身作则，做任何事情都要有计划，有条理。尤其是妈妈们，一定要把家中收拾得井井有条，让孩子有一个整洁、舒适的环境，耳濡目染之下他们渐渐就会感受到条理性的好处。

培养孩子做事有条理的习惯，父母还应该随时留心观察孩子，看看他做事是否有秩序，是否知道先做什么，然后再做什么。如果孩子不知道，父母就应当告诉孩子做事的先后顺序，经过多次强化之后，孩子就能养成做事有条理的习惯。

当然，培养孩子做事的条理性是一个漫长的过程，在这个过程中，父母要耐心鼓励和引导，以便使孩子尽快养成做事有条理的好习惯。

方法二：通过实践，让孩子学会规范做事的方法

父母讲再多的大道理，孩子也难以养成一个好习惯。所以，不妨通过让他亲身实践的方式来加强他做事的条理性。

航航是一个做事没有计划和条理的小男孩，这让妈妈感到很头

疼。比如，妈妈让他去超市买几样东西，他经常在超市转悠半天，最后还会落下一两样东西没有买，为此妈妈没少数落他。后来，妈妈教给他一个方法，那就是去超市前把要买的东西全记在一张小纸片上，并且把这些商品按照超市的分类标准进行简单分类，然后再根据纸片的记录选购商品。有了这样一个办法，航航购物的效率提高了很多，而且从没有再忘买过商品。

其实，有时候孩子缺少的就是一个做事的方法，当你把一种规范的方法教给他之后，他做事的条理性就会有很大改善。

方法三：给予孩子必要的惩罚

孩子做事没有条理，有时候跟他“不长记性”有关，这种情况下父母不妨给他一些必要的惩罚，让他“长长记性”。

妈妈告诉然然，洗脚前要把香皂、毛巾等物品准备好，再洗脚。可是很多次，然然都是先把脚放进温水里，等洗到一半时才发现香皂不在跟前，毛巾也不在跟前，所以不得不大声喊妈妈拿香皂和毛巾。妈妈认为这样下去，然然非养成坏习惯不可，所以她决心惩罚一下然然，好让她“长长记性”。

这次然然又像往常一样，兑好温水，把脚放进了洗脚盆里，刚洗到一半，她突然发现自己没有拿香皂和毛巾，于是又扯着嗓子喊妈妈帮她拿。可是这次妈妈没有像往常那样有求必应了，而是对她说：“提醒过你多次，你总是忘，这回自己想办法拿吧。”没办法，她只好自己拖拉着鞋去拿了香皂和毛巾。从此以后，她就很少忘记这些事情了。

惩罚，虽然不是避免错误最好的办法，但有时候的确是最有效的办法。所以，当孩子总是忘记做事的条理性时，父母不妨给他一次必要的惩罚。

第二章 饮食好习惯：10 岁前的饮食习惯决定孩子一生的营养

习惯 13：“妈妈，我最近不想吃早餐。”——每天的早餐必不可少

典型案例：

硕硕今年 7 岁了，正在上小学二年级。一般情况下，每天早晨七点钟，妈妈就会准时喊硕硕起床，然后做早饭，送他去学校。

可是，硕硕在清晨总是不吃早饭。妈妈问他为什么，他说自己一点东西都不想吃，一点胃口都没有。这可怎么办呢？为了让硕硕在早晨吃一些东西，妈妈更新、增添了多种早饭的食物，像馄饨、煎鸡蛋、米饭、粥、面条、包子等，可硕硕就是不肯吃。近些天，妈妈开始效仿网络上爆红的“爱心妈妈”，每天都给硕硕做不重样的早饭，所有妈妈能想到的食物她都做了，然而，硕硕依然看到早饭就皱眉头。

这下可把妈妈给愁坏了，怎样才能让硕硕吃些早饭呢？一想到

硕硕每天空着肚子去上学，妈妈可心疼了。

日常生活中，有许多孩子像案例中的硕硕一样，早晨起床后不想吃东西，空腹就去学校上课。殊不知，早餐所摄取的营养很难从午餐或者晚餐中得到补充。长期不吃早餐或者早餐的质量比较差，能量供应和营养素摄入就会不足。长期下去，就会直接影响孩子的营养状况和生长发育。

这是由于早餐是一日三餐中很重要的一餐，经过了一整夜的新陈代谢，营养消耗殆尽，消化道基本排空。再加上孩子上午的活动量比较大，必须从早餐中获取足够的能量和营养，才能供给脑力及体力活动的需要。假如经常不吃早餐，就会降低大脑功能，容易引起疲劳，影响大脑的发育以及认知能力和记忆力。还会给孩子的身体带来诸多危害，比如，胆固醇增加，血糖下降，精神萎靡不振等，并且容易患上消化类、肠道类疾病。另外，不吃早餐的孩子，体内蛋白质、脂肪、碳水化合物以及某些矿物质、各种维生素、叶酸等各种微量元素的摄入量明显低于吃早餐的孩子。

因此，父母一定要想尽办法让孩子吃早餐。当然，孩子的早餐最好包括肉类、谷物、奶制品、水果蔬菜等几大类，主副、荤素、粗细多样搭配，科学合理地进行安排。

方法指导：

方法一：告诉孩子吃早餐的重要性及必要性

孩子不吃早餐时，父母切忌对他加以指责，而应以聊天的方式，向孩子说明吃早餐的重要性和必要性。给孩子讲清楚吃好早餐与身体成长和学习效率的关系，为孩子讲述身体健康及营养平衡方面的概念。

珊珊是个很爱美的小女孩，为了不让自己发胖，她每天早晨都不吃早餐。这令妈妈很担心，怕时间长了，会影响珊珊的身体

健康。

这天早晨，珊珊又没有吃早餐就准备去学校。妈妈拉住她，说：“宝贝，你知道吗？长期不吃早餐才容易使人发胖呢。”珊珊忽闪着一双大眼睛，半信半疑：“真的吗？”“当然了。”妈妈告诉她：“你想想，早晨不吃饭，到中午的时候是不是很饿？然后就会吃很多，这样的话，肠道就会吸收更多的能量和脂肪，是不是就会越来越胖了？话又说回来，经常不吃早餐还会给你的身体带来很多危害，比如，容易患消化道疾病，影响生长发育，影响学习效率，等等。”听完妈妈的话，珊珊又说：“可是，早餐就那几样，早就吃烦啦。”

于是，妈妈以后经常换着花样给珊珊做早餐吃，她的胃口也改善了很多，再也不嚷嚷着不吃早餐了。

俗话说得好：“早餐要吃好，中餐要吃饱，晚餐要吃少。”对于孩子，也要遵循这一良好的饮食习惯，这需要父母和孩子共同努力。

方法二：以身作则，父母要带头科学合理地吃早餐

许多父母经常和孩子同时起床，或者习惯于夜生活，并没有足够的时间准备早餐，自己也常常不吃早餐。于是，孩子也跟着养成了不吃早餐的习惯。因此，父母要用自己的实际行动来感染和带动孩子，不仅要求孩子吃好早餐，自己也要以身作则，带头科学合理地吃早餐。

要让孩子吃好、吃饱早餐，最理想的方法是父母自己做早餐。早晨起床后煮些牛奶和鸡蛋，做些可口的包子，全家人围着桌子一起吃，进食环境好，干净卫生，并且有利于家人交流感情。假如父母实在没有时间或者没有条件给孩子做早餐，也可以带孩子到卫生的地方吃早餐，或帮孩子买一些体积小、热量高的早餐，吃过后再

让孩子去上学，以保证他上午上课或者做游戏等活动所需要的能量。

另外，早晨起床后孩子没有胃口吃早餐，可以先让他适当做一些室外运动，呼吸一下新鲜空气，可以增强他的食欲，有助于消化吸收。

习惯 14：“我肚子不饿，等会儿再吃。”——定时、定量进食，不暴饮暴食

典型案例：

8 岁的晓影是个很淘气的小女孩，整天嘻嘻哈哈、大大咧咧地像个男孩子。在吃上面，晓影总是不能定时、定量地吃饭，要么不吃，要么暴饮暴食。

这不，该吃晚饭了，妈妈将饭菜端上了餐桌。晓影呢，正聚精会神地玩拼图。妈妈喊她：“宝贝，吃饭了。”然而晓影好像没有听见，继续玩她的游戏。过了一会儿，妈妈只好走到晓影面前催促她：“宝贝，快去吃饭了，走。”晓影嘴上答应着，可仍然坐在沙发上不动弹。妈妈皱起了眉头，警告她：“你不吃饭了是吧？那好，我收回去，不给你吃了。”听到妈妈这样说，晓影才挪到了餐桌旁。刚坐下，晓影看到了自己最爱吃的油闷大虾，真香啊，便狼吞虎咽地吃了起来。妈妈提醒她：“宝贝，慢些吃。”晓影像没有听到一样，继续大口大口地吃。“哦，还有红烧肉。”晓影又看到了红烧肉，就一连夹了好几块到自己的碗里。

晓影总是这样，遇到自己喜欢吃的东西，就会一下子吃很多。妈妈很烦恼，不知道怎样才能帮她改掉这个坏习惯。

像案例中的晓影那样暴饮暴食会使肠胃的负担加重，容易造成消化不良。时间长了，还会影响大脑发育。因此，父母必须告诉孩子，好吃的东西要适量地吃，一定要帮助孩子建立良好的饮食习惯，特别对食欲好的孩子一定要有所限制，否则会出现胃肠道疾病或者“吃伤了”的情况，即对于这种食物以后再也不想吃的情况。

在孩子的发育成长期，胃的消化是有规律的，因此要定时吃饭；胃的容量是有限的，所以饮食不可过量。假如吃得过饱，尤其是大量的高营养食品，摄入的热量会大大超过消耗的热量，多余的热能就会转变成脂肪在体内蓄积。因此，孩子每次进食都要讲究定时定量，这样可以帮助孩子从小建立起规律的饮食“生物钟”。

方法指导：

方法一：不溺爱，告诉孩子暴饮暴食的危害

孩子养成了暴饮暴食的不良习惯往往和父母在饮食方式上对其溺爱有关。因此，平时父母不要对孩子百依百顺，要狠心对贪吃的孩子说不，并告诉他暴饮暴食对身体的危害。

森森的生日到了，妈妈为了庆祝他的生日，为他买了蛋糕，还做了一桌子他喜欢吃的饭菜。

开饭了，森森非常高兴，他拿着筷子，吃些这个盘子里的，再吃些那个盘子里的，还吃了许多蛋糕，没过一会儿，森森的小肚子就变得圆圆的了。妈妈看到了，劝告森森：“儿子，你知道吗？你这样吃饭是很不好的，会使胃肠等消化器官负担过重，甚至受到损伤，将直接导致消化吸收不良，严重的话，还会出现头晕脑胀、腹泻或便秘等胃肠疾病。”

听了妈妈的话，森森立即保证不再这样吃饭了。妈妈也反思了自己的做法，以后很少再把森森爱吃的东西全放在一餐里让他享用。

另外，父母也可以为孩子专门制订一张每日生活时间表，严格按照时间表来安排孩子的饮食，并尽量不给孩子吃零食，尤其是饭前以及睡前。

方法二：做出好榜样，并控制孩子的饮食

孩子没有养成良好的饮食习惯，和父母自身的饮食习惯也有较大的关系。许多父母常常三餐没有规律，有一顿无一顿或饥一顿饱一顿的；和孩子一起吃饭时，要么挑挑拣拣，要么控制不住自己，一次吃很多。这样的父母根本没在孩子面前做出好的榜样，如此一来肯定会直接影响到孩子。因此，父母应该先从自身做起，才能逐步纠正孩子不良的饮食习惯。

另外，父母要科学合理地搭配饮食，适当地控制孩子的饮食量，尤其是那些有肥胖倾向、食欲较好、过于肥胖的孩子。

习惯15：“宝贝儿，小心消化不良。”——不挑食、偏食

典型案例：

9岁的旬旬非常喜欢吃羊肉，什么羊肉汤、羊肉串、孜然羊肉等他都很喜欢吃，尤其是羊肉火锅是他的最爱。

星期天，在旬旬的强烈要求下，妈妈买来底料、肉、菜等食品，好好地涮了一锅。旬旬别提有多高兴了，调好蘸料，拿起筷子就开始吃了起来。妈妈发现，像油麦菜、茼蒿、白菜、胡萝卜、豆腐等食物旬旬几乎一点都不吃，只吃羊肉。于是，妈妈夹了一块胡萝卜放到旬旬的碗里，对他说：“乖，吃些胡萝卜吧，对眼睛好。”可是，旬旬摇摇头：“不要。”“那吃些油麦菜吧，可好吃呢。”妈妈又夹了一些油麦菜，旬旬仍然不乐意：“不要，不要，这个不好

吃。”边说边把菜夹到了妈妈的碗里。妈妈只好劝旬旬：“别只吃羊肉，小心消化不良。”旬旬答应着，但依旧往自己的碗里夹羊肉。

唉，这孩子，自己喜欢的东西就不停地吃，不喜欢的东西碰都不碰，他正处于长身体的时期，怎么才能让他保证营养均衡呢？

挑食、偏食是许多孩子都有的坏习惯。假如你的孩子有以下表现，那么他就已经开始挑食、偏食了：只挑某几种自己喜欢的食物吃，不吃其他的食物，食欲也日益减退。

由于孩子特别容易被具有色、香、味的食品吸引，加上父母的溺爱、迁就，任凭孩子只挑选自己喜欢的东西吃，必定会导致他偏食、挑食。如此一来，就直接破坏了孩子合理的饮食结构，引起他摄入营养的不均衡，从而对他的身体健康产生不同程度的负面影响。另外，只爱吃荤不爱吃素的孩子，容易造成维生素和纤维素的缺乏，导致肠胃蠕动减慢，影响消化吸收；而只吃素不吃荤的孩子，会缺乏身体发育所必需的蛋白质和脂肪，容易导致孩子体质羸弱，身材瘦小，抵抗力差，免疫力低。

总之，合理的营养和良好的饮食习惯，是孩子健康成长的基本条件。只有坚持让孩子合理饮食，均衡营养，才能为孩子每天的生活和学习提供必需的补给，才能为孩子健康的人生打下基础。

方法指导：

方法一：科学合理地安排孩子的一日三餐，以保证他的全面营养

在孩子小的时候，父母就应该注意培养孩子饮食规律、均衡的良好习惯，让孩子定时定量，不暴饮暴食。另外，每日三餐中的各种营养素品种要齐全，每顿饭尽量合理安排一些孩子爱吃的食物，并注意科学搭配，以保证孩子的全面营养。

9岁的兴兴长得很健壮，这主要的功劳在于妈妈。妈妈每天都

亲自为兴兴做可口、营养的饭菜。

早餐很重要，妈妈每天都亲手为兴兴做早餐。为了保证兴兴上午活动所需的能量，除了牛奶以外，妈妈还会为他准备煎蛋、火腿等肉类食品。午餐既要补充上午消耗的能量，也要为下午储备足够的能量，妈妈会为兴兴准备丰富的肉、蛋、蔬菜等食品。当然，晚餐就比较清淡了，妈妈一般会让兴兴吃些蔬菜和五谷杂粮类食品。

妈妈总是精心地做好每一顿饭菜，并且十分注重色香味。兴兴不爱吃的食物，妈妈就会做成馄饨、水饺、包子等符合兴兴口味的混合食品。兴兴不爱吃米饭，妈妈就将胡萝卜、黄瓜等切碎，和鸡蛋一起做成蛋炒饭，兴兴一看，就有食欲了。

另外，为了让兴兴吃到更多的食物，妈妈总会尝试着做一些新鲜的饭菜。如此一来，兴兴就能吃到许多丰富的食物。

当然，父母对孩子的饮食要求不能总是有求必应，不能孩子想吃什么就给什么，不然孩子的口味会越来越挑，专挑自己喜欢的吃。

方法二：以身作则，给孩子做好榜样

父母的饮食习惯对孩子有着不容忽视的影响，父母的喜好会直接或潜移默化地影响孩子的饮食习惯。因此，父母要以身作则，一定不要在孩子面前议论什么好吃，什么不好吃，或者自己喜欢吃什么，不喜欢吃什么，以免将自己的饮食习惯“传染”给孩子。

为此，在就餐时父母一定要以身作则，注意自己对饭菜的喜好，给孩子做出好的榜样，避免在孩子面前挑食。为了孩子的健康，父母还应当调整自己的不良饮食习惯，不能因为自己不喜欢吃什么就不让孩子吃，必须要让孩子得到全面丰富的营养才行。

另外，对于孩子不喜欢吃的食物，父母也不要强迫孩子去吃，可以在孩子面前津津有味地吃着他不喜欢的食物，并且互相交流对食物的正面感受，如“这香菇味道可好了，我非常喜欢吃。”几次

之后，孩子就会对该食物多了一份好奇心，即便是为了加入父母的聊天，他也会吃些原来不喜欢吃的食物了。

习惯16：“今天想吃方便面！”——让孩子远离快餐食品

典型案例：

君君特别喜欢吃零食，她睡觉前吃，放学路上吃，甚至在课堂上也会吃。

这天晚上，君君又捧着地瓜干，边看电视边吃。妈妈告诫她：“不要再吃那些零食了，会越吃越胖的。再说了，刚吃过晚饭，还吃这个，小心消化不良，吃坏了肚子。”君君却不以为然，她说：“妈妈，你不要老管我，我肚子吃不坏的。”

一天中午，该吃午饭了，妈妈已经将饭菜放在了桌子上。可是，君君却说：“我不要吃这些，我要吃方便面。”妈妈对君君说：“宝贝，方便面不能经常吃。快来吃饭吧，还是饭菜有营养。”君君却不干，非要吃方便面不可，不然就不吃饭了。

妈妈没有办法，只好给君君煮了一些方便面给她吃。

许多孩子都会像君君这样有这么个不好的习惯，那就是不好好吃饭，零食不离口。父母对此无计可施，为了不让孩子饿肚子，只好听之任之。

的确，五花八门的零食对孩子极具诱惑力。然而，大多数的零食中含有防腐剂、色素、糖精等物质，进入人体后可能会影响机体正常的新陈代谢，对孩子的身体健康十分不利。假如经常性地吃零食，孩子处在似饱非饱的饥饿状态，那么肠胃就得不到充分的休息，消化液的分泌也会减少，从而引起肠胃功能失调、紊乱，还可能会导致消化功能减弱，影响营养物质的吸收，直接影响孩子的生长发育。尤其是孩子过多地吃甜食，糖在肠道中容易发酵产生气体，使肚子产生饱腹感，大大影响孩子的食欲。

因此，父母一定要限制孩子的零食量，按照科学的饮食规律来引导他，从而使他逐渐改变经常吃零食的坏习惯。

方法指导：

方法一：帮助孩子建立良好的饮食习惯，让孩子合理地吃零食

父母要帮助孩子制订合理的生活作息制度，让他一日三餐定时定量吃饭，从而帮助他建立良好的饮食习惯。当然，并不是完全禁止孩子吃零食，只要合理，不影响他吃正餐即可。

凌凌这孩子什么都好，就是有一个不好的习惯，总是喜欢边看电视边吃零食，等到该吃饭的时候，肚子已经饱了，很多时候就吃不下饭了。

这不，下午放学回到家，妈妈正在厨房做饭，凌凌拿出一些薯片、饼干等零食，坐在沙发上，一边看电视一边吃了起来。妈妈发现没有盐了，便叫凌凌下楼去买盐，看到她正在吃零食，就对她说："宝贝，这些零食虽然好吃，但吃多了会发胖，有的含有防腐剂、激素等物质，对身体有害。而有的零食吃了虽然不会发胖，但会使人吃不下饭，变得瘦瘦的，脸色黄黄的，长期下去就会营养不良。"凌凌不知道这些，听了妈妈的话，她拿着零食不知道该怎么办了。妈妈接着说："偶尔吃一点零食还是可以的，但饭前、睡觉前一定不能吃。"看到凌凌正在发愣，妈妈把手里的钱递给凌凌："宝贝，妈妈做了你最爱吃的地三鲜，别吃这些东西了，去帮妈妈买袋盐，回来就吃饭了。"

"好的。"说着，凌凌就跑出了家门。知道了零食的一些危害，凌凌吃零食的次数越来越少了。

如果孩子能够养成按时吃正餐的习惯，他一到饭点就会形成一种条件反射，无需费力就能按时吃饭，这样就能减少孩子吃零食的量，形成良好的饮食习惯。

方法二：莫把洋快餐作为奖励，并尽量控制孩子的零花钱

如今，把肯德基、麦当劳等洋快餐作为给孩子的奖励已经成为了一种时尚。或者，父母没有时间做饭时，就带孩子去快餐店里凑合一顿。如此一来，孩子对洋快餐就有了一种依赖的心理，并期望经常去吃。其实，这些洋快餐的膳食营养并不均衡，不利于孩子的成长发育。当然，父母偶尔可以带孩子去品尝一下洋快餐，但不能将其作为日常膳食的一部分，不能经常吃，更不能天天吃，甚至餐餐都吃。

除此之外，父母不能因为宠爱孩子而经常给他零花钱，不然就为孩子购买零食提供了方便。父母应该有计划地给孩子适当的零花钱，并教给孩子正确的花钱方法，让他将钱花在实用的地方。这样一来，孩子就能逐渐做到不该买的不买，不该吃的不吃，从而有效减少吃零食的数量和次数。

习惯 17：“白开水不好喝，我要喝可乐。”——少喝碳酸饮料，多喝白开水

典型案例：

朗朗今年 9 岁了，他非常喜欢喝可乐、雪碧、橙汁等饮料，每当口渴时，他就会用这些饮料来解渴，几乎从来不喝白开水。

星期天的上午，朗朗从外面玩完回到家，一进门就打开冰箱，拿出一瓶可乐准备喝。妈妈看到了，告诉朗朗：“儿子，白开水最解渴了。别喝那些饮料了，来，多喝些白开水吧。”妈妈一边说一

边倒了一杯白开水，准备给朗朗送过来。可是，朗朗却摆着手制止了："不要，白开水一点味道都没有，不好喝，我才不喝呢。"妈妈继续劝他："饮料有味道那是添加了许多东西，喝了对身体不好。"朗朗却不以为然："怎么会呢？"说着，可乐瓶的盖子已经被他拧开，他仰起脖子"咕咚咕咚"地喝了起来。

水是白倒了，妈妈只好自己喝掉了。真愁人，怎么样才能让朗朗多喝些白开水呢？

如今，像朗朗这样渴了喝饮料却不喝白开水的孩子越来越多。然而，经常喝饮料对孩子的健康十分不利。这是因为，市场上所销售的饮料的主要成分为水、糖、色素、香精、防腐剂等物质，多数不含钙、铁、锌等人体必需的营养素。这里需要提醒父母的是，碳酸类的饮料，多含有小苏打等成分，会中和胃液，产生胀气，破坏孩子的正常进食，影响孩子的胃口。时间长了，不利于孩子的生长发育，甚至会给孩子带来各种疾病。另外，常喝市场上的饮料还会破坏体内正常的新陈代谢，诱发胃肠道疾病，导致各种营养物质流失而缺乏营养，直接影响孩子的身体健康。

尽管父母们都清楚饮料给孩子的身体带来的诸多危害，但仍然不能有效地阻止孩子喝饮料，渐渐地使孩子对饮料上了瘾，从而对白开水不感兴趣了。

众所周知，白开水最基本的功能就是促进机体新陈代谢，促进血液循环，还有助于身体排毒，减轻肝肾的负担。所以，白开水才是最佳的饮品，每天适量喝白开水是有好处的，父母应该让孩子养成喝白开水的习惯。

方法指导：

方法一：掌握喝水的学问，让孩子的身体"倍儿棒"

俗话说得好："人可三日不吃饭，但不可一日不喝水。"喝水也有一定的学问，必须讲究时间和方法，父母要懂得这些知识，并教授给孩子，使他了解多喝白开水的好处，从而少喝或者不喝碳酸饮料，有效保障身体健康。

秋天到了，天气干燥，蕊蕊开始上火了，嘴上起了好几个泡，疼得她直掉眼泪。

妈妈给蕊蕊喷了些药，并告诉她：“宝贝，你知道吗？像你这样嘴上起泡，是因为喝水喝得少，所以你要多喝白开水才行。”蕊蕊眨着大眼睛，问：“这是为什么呢？妈妈。”“因为多喝水会促进新陈代谢，加强体内微循环，从而降低‘上火’的几率。”蕊蕊似懂非懂地点了点头，然后她对妈妈说：“我以后要多喝水。”“唉，这就对了。”妈妈还告诫蕊蕊：“多喝水是好事情，每天早晨、中午、傍晚都要喝上一到两杯水，当然在睡前要少喝水，不然会造成眼皮浮肿，夜里经常跑厕所会使睡眠质量不高。白天呢，应该在两顿饭之间适量喝水，大约每隔一小时喝一杯水。”

蕊蕊点了点头，表示会多喝水。再配合药物治疗，一段时间过后，蕊蕊上火的症状消失了。

需要注意的是，不要让孩子等到有口渴的感觉时才想起喝水，因为在感到口渴时，体液已经有所流失，会出现轻微的脱水；还要告诉孩子喝水时切勿喝得太快、太急，也不要大口吞咽，否则会无形中把很多空气一起吞咽下去，容易引起打嗝或腹胀。

方法二：在家中多准备白开水，尽量避免存放瓶装饮料

有些父母为了方便自己，喜欢在冰箱里存放大量的饮料。时间一长，孩子自然也会对饮料“上瘾”，甚至会误认为饮料能够代替白开水。因此，父母一定要以身作则，为孩子做出良好的榜样。父母经常饮用白开水，不仅对孩子有良好的示范作用，而且对自身也大有裨益。所以，平时父母要严格控制孩子饮料的摄入量，像可

乐、雪碧等饮料不应成为冰箱里的常备饮品，以免孩子随时喝到，相反家里要常常备有刚刚冷却不久的白开水，让孩子被迫养成喝白开水的习惯。

另外，父母在带孩子到户外活动时，要准备好充足的白开水，以备孩子口渴时饮用。对于还不习惯喝白开水的孩子，父母也不要操之过急，可以在水中加兑适量的果汁或者蜂蜜，以后逐渐递减，使孩子逐步养成喝白开水的习惯。

习惯 18：“我讨厌吃菠菜，我要吃肉。”——引导孩子多吃水果和蔬菜

典型案例：

禹禹今年 9 岁了，别看年龄不大，体重却不轻。从小，禹禹就特别喜欢吃肉类的食物，像鸡、鸭、鱼等肉类食品他都非常爱吃，可是，水果、蔬菜却不喜欢吃。

这天，妈妈去超市买菜时顺便买回来了好几种水果，有苹果、李子、桃、葡萄、桔子等。一进家门，禹禹就迎了上去，看到妈妈提的东西，兴趣立马减弱了，他说：“妈妈，你怎么没有买肉呢?”妈妈告诉他：“你看看你已经很胖了，不能再吃那么多的肉了，要多吃些水果和蔬菜。”说着，妈妈就去洗葡萄了，禹禹也跟随其后，对妈妈说：“我才不要吃这些，我要吃肉，肉……”妈妈告诉他：“这些水果酸酸甜甜的，都很好吃，来，尝一个。”妈妈将洗好的一粒葡萄放进禹禹的嘴里，他只嚼了一下就吐了出来，皱着眉头直嚷酸涩。

禹禹非要吃肉不可，妈妈无奈，只好将冰箱里贮藏的一些肉拿

出来做了红烧肉。唉，真苦恼呀，这孩子长期都不怎么吃水果、蔬菜，这可怎么办呢？

现在，人们的生活水平逐步提高，市场上食物的品种和花样琳琅满目，可是像禹禹这样只喜欢吃肉，不喜欢吃的水果、蔬菜的孩子也渐渐多了起来。

肉类富含营养，味道鲜美因此受到大多数人们的喜爱，而各种新鲜蔬菜和水果中含有大量的纤维素、维生素、矿物质和各种微量元素，也是人体不可或缺的。假如水果、蔬菜吃得比较少，那么身体的免疫力就会下降，健康也会受到影响。另外，水果、蔬菜中的植物纤维具有平衡膳食、改善消化吸收等重要功能，起着“体内清洁工”的特殊作用。所以，在平时的饮食中，不经常吃水果蔬菜的孩子，很容易便秘。因此，每天让孩子吃些含有膳食纤维素的食物，可以刺激孩子肠道的蠕动，加速粪便的排出，有利于机体的新陈代谢，从而减少便秘带来的困扰。

另外，水果蔬菜是人体每天必不可少的食物，不同水果蔬菜的颜色、味道不同，它们的营养成分亦不相同。所以，父母还要让孩子吃多种多样的水果蔬菜，使孩子得到充分、均衡的营养素，从而健康地成长。

方法指导：

方法一：改变花样，让孩子吃下多样的食物

对于不爱吃水果蔬菜的孩子，父母一定要多动脑筋，变化蔬菜的烹饪方法以及吃水果的方式，从而让他对这些食物感兴趣。

恬恬的妈妈是个心灵手巧的人，她经常变着花样做菜，原本恬恬不喜欢吃的菜经过妈妈的手，就会变得十分可口。

妈妈知道恬恬喜欢吃带馅的食物，于是，她就把菜和肉馅掺在一起做成饺子、包子或者馄饨，并且每次用的菜也不一样，今天用芹菜，明天用萝卜，然后把菜剁得碎碎的，和肉混在一起，口感非常好，恬恬自然喜欢吃。恬恬不怎么喜欢吃土豆，妈妈就将土豆蒸熟捣成泥，和鸡蛋一起摊成饼，做给恬恬吃，恬恬直赞味道好极了。只要恬恬喜欢吃什么，妈妈就会把蔬菜搭配进去，做成她爱吃的食物，这样一来，恬恬就吃了不少蔬菜。

水果也是，妈妈专门买了一些带有模具的削刀，把水果削切成各种各样的形状，三角形的、圆形的、镂空的，等等。有空的时候，妈妈还会自己动手用刀子将水果简单地雕刻成猪、蛇、鸟等小动物，恬恬觉得特别新鲜、好玩，总会一把抓过去就将它们吃掉。

除了案例中恬恬妈妈的参考方法之外，父母还可以采用色彩搭配的方法，尽量让水果蔬菜的颜色更加丰富，更加具有趣味性，这种方法实际上是从视觉上刺激孩子，使他爱上水果蔬菜。

方法二：变换一些小花招，巧妙地让孩子多吃水果蔬菜

日常生活中，父母要想尽办法让孩子多吃水果蔬菜，可以巧妙地变换一些小花招，让孩子在不知不觉当中吃掉这些他原本不喜欢的水果蔬菜。对于蔬菜，父母可以带孩子一起去购买，回来后有意识地让他帮忙做点事情，比如，择菜、洗菜等，等饭菜做好后孩子就会特别关注自己参与的那道菜，就会尽可能地多吃了。

另外，看书报或者杂志时，父母可以特别留意一些和食物有关的俗语，比如，“冬吃萝卜，夏吃姜，不劳医生开药方”、“一天一苹果，医生不找我”，等等，这些话通俗易懂也很有趣，孩子一般都喜欢听。假如孩子吃苹果时，父母也可以对他说：“吃了这个苹果，今天医生不会找你哦！”运用这些方式，孩子渐渐就能养成爱吃水果蔬菜的习惯。

习惯 19：“原来这些食物放久了不能吃！”——仔细辨别，只吃新鲜的食物

典型案例：

恒恒今年 8 岁了，他是个大大咧咧的孩子，总是不拘小节。

一天晚上，妈妈接恒恒放学回家，一到家，妈妈就去做饭了。恒恒很饿，他看到桌子上有一半还没吃完的面包，想也没想就拿来吃了，然后喝了些水。吃到最后时，恒恒这才发觉面包有一股不大正常的味道，很小，但也能闻得出来。恒恒看看手里的面包，只剩下两口了，便扔进了垃圾桶里。

吃过晚饭，恒恒开始有些不舒服，慢慢地有些肚子疼。妈妈见恒恒躺在沙发上皱着眉头，一副很难受的样子，就问他怎么了。恒恒说肚子疼，妈妈用手一摸，肚子胀胀的。于是，妈妈急忙问恒恒有没有吃过什么东西，他想了想，把刚才吃面包的事情告诉了妈妈。妈妈从垃圾桶里找到了剩下的面包，对恒恒说：“傻孩子，这面包已经有些酸味了，肯定是变质的，吃了会得肠胃炎的……”

恒恒这才知道，变质的食物不能吃，不然会得病的。

众所周知，过期、变质的食物中含有大量的细菌或者毒素，这些细菌会破坏孩子消化系统的正常功能，从而引起腹痛、腹泻、呕吐等症状，严重的话甚至会导致病变，对孩子的健康十分不利。

然而，许多孩子都可能会和恒恒一样，常常出于贪吃、贪图方便等，吃下不干净或者已经霉变的食物。这些孩子大多缺乏相应的

健康常识和食品卫生知识，对食物的安全与否不能准确地辨别出来，甚至不懂得食物会变质，更不清楚变质食物的危害。因此，在食品安全这一方面，父母要帮助孩子把好关，并逐步教他辨别食物的卫生状况，避免潜在的健康隐患。

方法指导：

方法一：教给孩子识别变质食品的方法，并让他认识到变质食物对身体的危害

日常生活中，父母要做好监护工作，尽量不要让孩子触碰到已经变了质的食品。父母可以教给孩子辨别变质食物和安全食物区别的方法，并告诉他变质食物有毒素，对身体健康有害，让他自觉不吃变质食物。

从小，妈妈就教给敏敏哪些东西能吃，哪些东西不能吃。每当有食物变质时，妈妈就将这些食物和安全的食物拿给敏敏看，让敏敏找出它们的区别，从而提高她的辨别能力。

这天，妈妈发现储存在箱子里的两个苹果开始变坏了。于是，妈妈叫来敏敏，让她看一看这些苹果哪部分已经变坏了。只见敏敏用小手指按了按苹果，还翻过来看了看。妈妈问敏敏："宝贝，这坏了的苹果和没有坏的苹果，有什么不一样呀？"敏敏告诉妈妈："好的苹果是又青又红的，很坚实。这坏了的苹果变得软软的，烂的地方是黑色的，闻闻还有发霉的味道。"妈妈竖起大拇指，夸奖敏敏："对，真棒！"敏敏得意地笑了。妈妈接着问她："宝贝，吃东西时应该先做什么？"敏敏想了想，说："要先问问妈妈有没有过期，看一看颜色，有没有长绿色的毛。如果过期了，或者已经长毛了，就一定不能吃了。""回答正确！如果吃了已经变了质的食物，那会怎么样呢？"

敏敏告诉妈妈："就会肚子疼，要吃药打针才行。"

看来敏敏已经意识到吃变质食物的后果了，妈妈放心了不少。

只有“变质的食物不能吃”的观念深入孩子的内心，他才会慢慢地形成不吃变质食物的习惯，并且这种习惯会持续一生。

方法二：变质食物及时清理，不留健康隐患

日常生活中，有些父母觉得剩余的食物扔掉挺可惜的，况且自己的身体好，抵抗力较强，吃一点轻微变质的东西没有关系。或许父母的判断没有错，吃了之后也不一定会生病，但这种侥幸的心理和行为很容易影响到孩子。因为父母是孩子最主要的模仿对象，父母怎么做，孩子自然就跟着怎么做。因此，想要避免孩子吃变质的食物，那么父母应当先注意自己的行为。

对于变质的食物，父母应当坚决地及时清理，而且最好当着孩子的面扔掉，不留健康隐患，这样对孩子的教育效果会比较好。当然，在处理变质食物的时候，父母也要告诉孩子这是变质的食物，是不能吃的，所以才扔掉，以免孩子产生误解而造成浪费。

习惯 20：“好好吃饭！别动！小心呛着你。”——让孩子吃饭时不说笑、玩耍、看电视

典型案例：

欣欣今年 9 岁了，她有一个不好的习惯，每次吃饭时都不好好地吃，要么大声说笑，要么边吃边玩，要么边吃边看电视，有时候一顿饭要吃一个多小时。

一天下午放了学，欣欣放下书包就一屁股坐在沙发上看起了电视。要吃饭了，妈妈喊了好几遍，欣欣才慢腾腾地站起来，一步三

回头地挪到了饭桌前。妈妈没有料到，欣欣居然将菜盛到自己的碗里，拿起一双筷子又回到客厅，继续边吃边看电视。妈妈告诉欣欣：“宝贝，把电视关掉，不能边吃边看。”然而，欣欣好像没有听到妈妈讲的话，她依旧目不转睛地看着电视，并被电视上滑稽的表演引得哈哈大笑。妈妈提醒她：“好了，别再笑了，小心呛着。”刚说完，欣欣就被呛着了，剧烈地咳嗽了起来。妈妈赶紧走过来帮欣欣拍了拍背，埋怨她：“你看看，吃饭时不要笑，这样很危险的。”

过了一会儿，欣欣安静了下来，她说：“没事儿了。”妈妈一再要求她回餐厅吃饭，不能边看电视边吃。可欣欣不同意，还说不要吃了。妈妈没办法，只好允许她在客厅里吃饭。

现实生活中，有不少孩子喜欢在吃饭的时候干一些其他的事情，比如，说笑、看电视、玩耍等。殊不知，这样做一来不能培养孩子专心致志、集中注意力做好一件事情的好习惯；二来容易导致食物不能充分咀嚼，胃肠蠕动减弱，消化液分泌减少，时间一长孩子容易消化不良，食欲减退甚至患上胃肠道疾病。

因此，父母一定要注意，吃饭时让孩子安安静静地吃，不要让他做其他的事情，自己也要避免引起相关的话题，导致孩子不能专心吃饭。

方法指导：

方法一：让孩子知道吃饭时做其他事情的危害

孩子常常不注意，总是喜欢边吃饭边做其他的事情，这时，父母一定要给孩子讲一下这样做的危害，最好以实例说明，如此一来，孩子就不会在吃饭时随意去做其他事情了。

多多是个很调皮的孩子，他性格开朗，总爱开些玩笑逗大家乐。

一天吃晚饭的时候，多多吃着饭突然咯咯地笑了起来。爸爸妈妈惊讶地看着他，并问："宝贝，你怎么那么开心？"多多笑得前仰后合，他语无伦次地说："我……想到了……一个笑话，就……就想笑了……"妈妈对他说："不要笑了，吃完饭再笑。"可是，多多止不住，他仍然笑个不停。于是，妈妈告诉他："宝贝，你知道吗？你这样又吃又笑的，很容易使饭菜误入气管，也就是被呛着，轻的话会引起剧烈的咳嗽，如果咳不出来就得去医院让医生帮忙取出来，不然可能会造成窒息，甚至会危及生命安全。难道你忘了，去年姑妈就是因为吃鱼时又说又笑的，结果呢，鱼刺就卡到了喉咙里。"

多多想起了姑妈难受的情景，他眨了眨眼睛，闭上了嘴巴，不再笑了。

从例子中可以看出，发生在孩子身边的事例更加有说服力，所以在孩子不听劝告时，父母不妨多举一些实例进行教育。

方法二：教育孩子吃饭时要专心

孩子吃饭时，父母要让他专心吃。告诉他吃饭就是吃饭，不能兼做其他的事情，更不能允许孩子边吃边玩，或者看着电视、听着广播吃饭。当然，吃饭时也尽量要让孩子少说话，尤其不能太激动。如果孩子在吃饭时做其他事情，父母一定要制止他，可以告诉他先吃饭，等吃完饭再去做。还有，父母在餐桌上也应尽量避免逗孩子大笑，也不要不停地催促他吃饭等。

另外，为了让孩子将注意力转移到吃饭上面，父母可以用简单的语言给孩子介绍餐桌上的食物，比如，"今天的鸡汤是妈妈特意给你做的，煲了好长时间呢，味道十分鲜美，快尝尝吧，可以强壮身体。"孩子被鸡汤所吸引，就会去尝菜品而不管其他的事情了。这样一来，既增长了孩子的知识又促进了他的食欲，真是一举两得的事情。

习惯21：“这么多米饭都被你浪费掉了，多可惜呀！”——培养孩子爱惜粮食的意识

典型案例：

9岁的瑞瑞是家里的独生子，从小爷爷奶奶宠着爸爸妈妈爱着，没受过一点委屈。如此幸福的瑞瑞却有一个不好的习惯，那就是不爱惜粮食，经常浪费饭菜。

这天，妈妈做了一条鱼，又熬了些排骨汤。闻着香味，瑞瑞馋得直流口水，于是跑到厨房，帮着妈妈拿碗筷并摆好，期待能够早些吃到美味的饭菜。终于，妈妈将美味端上了饭桌，瑞瑞迫不及待地吃了起来。妈妈还将米饭盛好，放到瑞瑞面前，没想到瑞瑞却指着桌上的饭菜拒绝道：“我不吃米饭了，有这些就行了。”妈妈不同意：“那哪行？没有米饭作主食，哪能吃得饱啊？”见妈妈非得要求自己吃米饭，瑞瑞只好勉强吃了一些。

过了一会儿，趁妈妈出去的空挡，瑞瑞瞅准时机，将只吃了几口的米饭都倒进了垃圾桶里，然后装作若无其事的样子继续吃饭。吃完了，瑞瑞就跑到客厅看动画片，妈妈在厨房收拾餐具。在倒垃圾时，妈妈发现了被瑞瑞倒掉的米饭。于是，妈妈将瑞瑞喊到厨房里，质问他：“这是不是你扔的？”瑞瑞倒是敢作敢当，他回答：“是的。”妈妈生气地问他：“你这样做对不对？”瑞瑞低下了头。妈妈一脸惋惜，对他说：“宝贝，你要知道爱惜粮食，看看，这么多的米饭都被你浪费掉了，多可惜呀！”

然而，瑞瑞却很不屑：“妈妈，不就是一些米饭吗？有什么大不了的。”说完，瑞瑞就转身出去了。妈妈很无奈，这孩子真不知

道节约，如此浪费怎么能行呢？

如今，随着生活水平的提高，食物种类的丰富，再加上父母对子女的溺爱，像瑞瑞这样肆意浪费食物的现象随处可见。新鲜的饭菜只要不合口味，孩子就会随意扔掉、倒掉，更不必说剩下饭菜了。也许，孩子并未意识到自己这是在浪费，也许，孩子或者父母认为浪费这么一点点算不了什么，现在条件这么好，用不着像以前那样节俭。

然而，粮食是人类赖以生存的基本生活资料，也是我们每个人的生存之本。节俭不仅仅是一种习惯，更是一种美德，对孩子未来的生活态度会有直接的影响。因此，父母要从孩子小时候就教育他们勤俭节约、爱惜粮食、不剩饭菜。

方法指导：

方法一：让孩子明白粮食来之不易

每个父母都有责任和义务让孩子知道粮食是怎么来的，以及它的来之不易，只有这样，孩子才能懂得节约、不浪费。

星期天，爸爸妈妈带曼曼到乡下的爷爷奶奶家探亲。

当时正值丰收的季节，一家人来到田里收割稻子。一片片金黄色的稻田十分惹眼，从没见过稻田的曼曼感到特别新奇，只见她在田地里跳来跳去，高兴极了。可是，没过一会儿，曼曼就出了一身汗，特别地热。于是，曼曼要求妈妈回家。妈妈对她说："再等一会儿，宝贝。爷爷奶奶种这些地十分辛苦，现在收割的这些稻子，经过了翻地、播种、锄草、除虫等多个环节，如果收割不完，前面的工夫就都白费了。"

看到大家都大汗淋漓地弯着腰，低着头干活，曼曼懂事地自己跑到树荫下等着去了。从那以后，她也很少浪费粮食了，因为她明白了"粒粒皆辛苦"的道理。

让孩子知道，粮食是农民伯伯用汗水和心血换来的，有条件的话，父母可以让孩子去农村体验生活，让他在田间劳作中真正体会到“谁知盘中餐，粒粒皆辛苦”的真正含义。

方法二：节约，做孩子的好榜样

父母是孩子最好的老师，要想培养孩子爱惜粮食的好习惯，父母首先要以身作则，有节约粮食的意识，给孩子树立一个节约粮食的好榜样，并且注意在日常生活中给予孩子正确的引导。比如，吃饭时吃多少盛多少，不剩饭菜；在餐馆用餐时点菜要适量，而不应该摆阔气，非摆满一大桌子不可，吃不完的饭菜最好打包带回家。

另外，父母要注意孩子的饮食习惯，经常变着花样给孩子做饭，一种菜不能让他长期地吃，不然孩子会吃腻，也容易造成浪费。当然，一次也不能做太多的饭菜，给孩子盛饭菜时也要让他掂量一下自己的饭量，能吃多少盛多少，不给孩子留下剩饭菜、倒饭菜的机会。

第三章 卫生好习惯：决定孩子一生的健康

习惯 22：“我不想洗手了。”——养成饭前、便后洗手的习惯

典型案例：

7岁的雅雅长得很漂亮，非常惹人喜爱，见到她的人都夸奖她。可是，雅雅有一个不好的习惯令妈妈十分烦恼，那就是不爱洗手。

有一次，妈妈从超市回来，买了许多吃的、用的东西。当时雅雅正在和奶奶玩智力魔方，她看到妈妈提着大包小包的东西回到了家里，扔下魔方就蹦蹦跳跳地跑到妈妈面前，从袋子里翻出了一包薯片，撕开就直接往嘴里塞。妈妈马上制止：“还没洗手呢，就开吃?”“不干不净，吃了没病。”雅雅边吃边顶嘴。“谁说的？那是不对的，不洗手细菌就会趁机跑到你的肚子里，让你生病肚子疼，走，赶快去洗手。”说着，妈妈就强行拉着雅雅去了洗手间。

雅雅一双肉嘟嘟的小手长得很可爱，让谁看了都忍不住想亲一下，但由于经常不洗手的缘故，只能让人望而却步。妈妈说了她很多次，可她就是不听，妈妈真担心雅雅这样下去会生病的。

俗话说："饭前、便后要洗手，健康伴你走！"然而，孩子们真的能够做到这一点吗？上述案例中的雅雅就是不能够做到经常洗手的众多孩子当中的一个。据不完全统计，我国城镇儿童中能够每天坚持饭前、便后洗手的不足30%，农村、经济落后的地区比例更小。这是十分令人担忧的数据，各位父母应当有所警惕。

为什么有些孩子不爱洗手呢？因为他们比较懒惰，不愿意一趟一趟地跑洗手间，从而"省略"了这件事情；也有的孩子认为洗手是一件可有可无的事情，觉得只要看上去不脏，就不用洗。其实不然，细菌是看不见摸不着的，一旦不注意，就有可能进入体内，从而导致腹泻，或传播感冒等其他疾病，而经常洗手的话，就减少了病菌、病毒进入体内的机会，从而降低了身体感染疾病的危险。

因此，作为父母，一定要帮助孩子改变不好的卫生习惯，让孩子明白饭前便后洗手的重要性，从而使孩子主动勤洗手。

另外，洗手并不是随随便便冲一下就完事，应该让孩子使用正确的洗手方法，当然最好能够配合着用合适的香皂或者洗手液，这样一来预防效果就会更好了。

方法指导：

方法一：让孩子明白洗手的重要性

饭前、便后洗手是保障孩子健康的第一道防护墙，想让孩子养成勤洗手的好习惯，首先必须要让孩子明白洗手的重要性，不能让他简单地以为看不到脏东西或者不黑就根本没有洗手的必要。

今年6岁的浩浩，已经上小学一年级了，他是个很爱学习的孩子，在家里的大部分时间都是在看书或者写作业。

这天下午，放学了，妈妈接浩浩回到家。一进门，浩浩就直奔到自己的小书桌旁，拿出文具和书本。妈妈对浩浩说：“乖儿子，快去洗手间洗一下手。”浩浩不解：“手不脏，再说了我还要写作业呢。”妈妈微笑着解释说：“宝贝儿，现在不必着急写作业，回到家要先洗手。你想想啊，在学校你是不是和同学玩游戏了，是不是摸了课桌、教室的门等等。哦，刚才还骑了邻居家小朋友的自行车，这些东西上面可能都有细菌，细菌非常非常的小，你看不到它，可是，它会偷偷地让你得一些疾病。比如，感冒、拉肚子等。万一得了病，可能你就不能上学了，还有可能要吃药打针。”

听到这儿，浩浩赶紧放下了手中的笔，跑到洗手间认认真真地洗完了手，才重新回到书桌前写作业。

父母要经常讲道理给孩子听，让他知道即使看不到手上有很脏的东西也要勤洗手。孩子明白了饭前、便后洗手的重要性，渐渐就能养成勤洗手的好习惯。

方法二：告诉孩子正确的洗手方法

有些孩子觉得洗手时用不着那么仔细，随便冲一下、用毛巾擦一擦或者用湿巾抹一下就行了。其实不然，只有用正确、合理的方法洗手才能有效地杀灭细菌，减少疾病。因此，父母要教给孩子正确的洗手方法，才能促进孩子健康成长。

薇薇迷上了妈妈的钱包，她看到里面有花花绿绿的钞票，还有很多五颜六色的卡，这不，薇薇又拿到自己的手里当玩具玩了。

吃饭的时间到了，妈妈把钱包收拾好，并对薇薇说：“宝贝儿，去洗手。”只见薇薇打开水龙头，不到 3 秒钟就将手打湿了，然后关掉水龙头就算完事。妈妈看到了，提醒她说：“这样可不行，钱和卡上有很多细菌的，你那样洗不干净。”于是将薇薇再次拉到洗手间，边示范边告诉她：“用水把手腕、手掌、手指充分地沾湿以后，再挤些洗手液在手掌心里，两手相互揉搓，尤其是手指间的隙缝和虎口这两个部位一定要清洗。一直洗到起了很多泡沫才行，然后再用清水把泡沫冲洗干净，千万不要将泡沫残留在手上。关水龙头的时候，先用水洗一洗，不能直接用手关掉。最后呢，要用干净的毛巾把手擦干。看到了吧？这样洗手才能洗干净。”

薇薇对洗手液产生的泡沫很感兴趣，她按照妈妈教的方法，一步一步地将手洗得干干净净，还问妈妈：“白不白？”

在教给孩子正确洗手方法的同时，父母最好和孩子一起洗，并督促孩子把手彻底洗干净，如果能像例子中薇薇的妈妈那样正确示范，效果会更好。

习惯23：“刷牙真麻烦，我才不喜欢呢！”——一定要按时刷牙、饭后漱口

典型案例：

彬彬是个很调皮的孩子，而且不爱讲究卫生，尤其是刷牙这件事情，妈妈说了无数次，他仍然我行我素，就是不刷。有时候妈妈逼着他，彬彬才会草草地刷两下了事。

这天吃完晚饭，彬彬就跑去客厅看电视了。妈妈将碗筷收拾好以后问他：“宝贝儿子，你刷牙了没？”彬彬摇摇头：“没有。”“不刷牙怎么能行呢？快过来，亲爱的，妈妈给你接好水，挤好牙膏。”说着，妈妈就去洗手间准备洗漱用品。“不要，不要。”彬彬非常不配合。妈妈只好哄：“你去照照镜子，看牙齿上还有菜叶呢。这样吧，不刷牙漱漱口也可以，不然的话你的嘴巴就变成臭的了。”可是，无论妈妈怎样说，彬彬都无动于衷，仍然坐在沙发上看电视，

就是不肯去刷牙漱口。

这可怎么办呢？长时间不刷牙，妈妈真担心，彬彬的牙齿会过早地蛀牙、坏掉。有什么办法能让彬彬不再对刷牙有抵触情绪呢？

彬彬为什么不愿意刷牙，甚至连漱口也不愿做呢？让我们一起来分析一下原因，绝大多数的孩子懒得动手刷牙或者没有养成刷牙习惯而拒绝刷牙，甚至有些像彬彬这么大的孩子晚上的时候因急着看电视而不配合刷牙，这些因素都会阻碍孩子养成良好的卫生习惯。所以，父母最好在吃完晚饭后就马上要求孩子去刷牙，假如能够陪着孩子一起刷，那就再好不过了。事实上，例子中彬彬的妈妈如果能先做出表率，再要求彬彬去刷牙，效果会好得多。

当然，孩子没养成刷牙的习惯也有父母的原因。有些父母认为孩子还小，没有必要刷牙，况且他自己也刷不干净，等到长大些再刷也不迟。其实这种认识是错误的，和大人们一样，假如不刷牙，孩子的口腔同样会遗留大量的细菌。而经常刷牙漱口，就能够使孩子保持牙齿的健康和口腔的清洁，可以预防和减少各种口腔疾病，比如，牙周炎、龋齿等。因此，父母一定要转变观念，教给孩子刷牙的正确方法并时常提醒孩子早晚刷牙、饭后漱口。

方法指导：

方法一：让孩子自己选择喜欢的牙刷和牙膏

孩子的口腔组织比较柔嫩，容易受到损伤。因此，一定要为孩子买专门为儿童设计制造的保健牙刷。不然的话，一旦孩子不小心弄伤了自己的口腔，就更加不乐意刷牙了。同样地，牙膏也要慎重选择，应该购买儿童专用的牙膏，千万不能使用成人牙膏，以免刺激孩子的味蕾，带给孩子不愉快的刷牙体验。

妈妈很注重晴晴的口腔清洁，从 3 岁开始就让她刷牙了，刚开始除了闹过几次小别扭之外，晴晴一直都很乖地坚持刷牙。

一天，晴晴从邻居家回来后就缠着妈妈："隔壁晓莉用的牙刷上有一个'喜羊羊'，可漂亮了。她的牙膏也不辣，还很甜。妈妈，我也要喜羊羊的牙刷，还有甜甜的牙膏。"

这时，妈妈才意识到自己的粗心，每次买牙刷都没有特意为晴晴挑选，牙膏当然也是一家人用一支，之前晴晴还因为不喜欢牙膏的味道而拒绝刷牙。

于是，妈妈带着晴晴一起去超市，到专门的儿童卫生用品区域，让她自己挑选喜欢的。晴晴看中了一款带有"喜羊羊"的牙刷和西瓜味的牙膏，如今，有了自己喜欢的牙刷和牙膏，晴晴喜欢上刷牙了，也不用妈妈提醒了。

晴晴的问题是不是也在我们孩子身上出现过呢？如果是这样，父母要注意改变一下做法了。此外，一般情况下，一把牙刷使用3个月左右的时间就应该及时地为孩子更换牙刷，这样才能保持牙刷的清洁卫生和安全有效，这点父母也一定要注意哦。

方法二：告诉孩子有效刷牙很重要

孩子的牙齿还很稚嫩，如果不能够做到及时清洁，就容易形成蛀牙。这个道理父母一定要讲给孩子，让孩子明白，刷牙是为了保护牙齿。总之，让孩子养成早晚刷牙、饭后漱口的好习惯，父母一定要告诉孩子正确刷牙的重要性。

晨晨很喜欢吃棒棒糖，这不，已经吃过晚饭了，他又拿了两颗糖含在嘴里，边吃边写作业。

写完了作业，也吃完了糖，晨晨就坐在沙发上看电视。这时，妈妈提醒他："宝贝，该去刷牙了。""不嘛，今天不刷了。"妈妈皱起眉头："不刷牙怎么能行？晚上吃饭时残留在牙齿上的小碎屑很容易滋生细菌，刚吃了甜的棒棒糖更得刷牙了，不然过不了多长时间，你的牙齿上就会出现一个个的小黑洞，到时候牙就会非常疼，渐渐地还会烂掉、脱落。”说着，妈妈就打开电脑，搜索了一些蛀牙的图片让晨晨看，并且告诉他：“如果不刷牙，你的牙齿也会变成这个样子，那么以后就不能吃棒棒糖了。”

看到了图片，还听说不能吃糖了，晨晨表现出一副惊奇的表情，问妈妈：“真的吗?”妈妈肯定地说：“当然了。”晨晨想了一下，乖乖地自己跑到洗手间，认真地刷起牙来。

上述案例说明，明确地告诉孩子刷牙的重要性，可以促进孩子刷牙的积极性。父母们不妨借鉴一下。

方法三：端正孩子的刷牙态度，教给他正确的刷牙方法

有些孩子在刷牙时总会敷衍了事，往往还没刷几下就把牙刷扔在了一边。这时，父母要帮助孩子端正刷牙的态度，并且教给他正确的刷牙方法。看似简单的刷牙也有很多的学问，八成以上的孩子并不清楚怎样才能更好地刷牙，因此，教给孩子正确的刷牙方法同样是一件非常重要的事情。

父母可以边示范边教孩子：先将适量的牙膏挤到牙刷上，将刷毛自牙龈顺着牙缝刷，就像梳头发一样，上牙由上往下刷，下牙由下往上刷。对于上下牙齿的咬合面，要以水平的方式来回刷。同一个部位必须反复刷几次，由里到外都要仔细地刷到，将食物残渣和牙菌斑都清洁掉，这样才能真正达到清洁口腔的目的。

习惯 24：“宝贝，以后不要用别人的毛巾！”——不能与他人共用洗漱用品

典型案例：

最近一段时间，妈妈经常发现爽爽洗完手以后，随便扯条毛巾

就擦。不管是爷爷奶奶的还是爸爸妈妈的，她看都不看捞过来就擦。

一天早晨起床后，爽爽刷牙洗脸完事后，拿起一条蓝色的毛巾直接就擦手和脸。妈妈看到了，告诉爽爽："那条是奶奶的毛巾，你应该用你的毛巾。"只见爽爽快速地擦了两下，回答妈妈："擦完了。"妈妈拦住爽爽："宝贝，以后不许用别人的毛巾。""好啦，我知道啦，妈妈。"这时，妈妈看了一圈都没有看到爽爽的毛巾，便问她："你的毛巾哪儿去了？"爽爽一脸无辜样："我不知道呀。""记住，把你的毛巾找到，以后就用你的毛巾别再用其他人的了。"爽爽答应了。

后来，妈妈在卧室里找到了爽爽的毛巾，帮她放回了洗手间。但是，爽爽随手拿别人毛巾擦手的坏习惯仍然没有改变。

可以看出，例子中的爽爽经常和他人共用毛巾，并且经常将毛巾乱丢乱放，主要是因为她没有意识到个人卫生的重要性。针对这种情况，父母一定要让孩子明白与他人共用毛巾的危害，从而使孩子改掉这一坏习惯。比如，可以这样告诉孩子：毛巾每天都要和肌肤进行亲密接触，假如和其他人使用同一条毛巾，那么毛巾上的众多病菌就可能传染到自己的身上，然后侵入体内，这样就会严重威胁到身体健康。了解了这些，爽爽就会知道乱用毛巾是不卫生的，相信她就不会再乱用其他人的毛巾了。

还有，父母要挑选柔软、合适的毛巾给孩子，并且教给孩子正确的使用方法，比如，擦拭肌肤时力道要适中，用力过大会损害皮肤，甚至造成交叉感染等。另外，父母也要督促孩子经常对毛巾进行清洗，以保持毛巾的清洁。当然，及时给孩子更换毛巾也很重要，一般情况下，毛巾的使用期限最好不要超过3个月。

方法指导：

方法一：给孩子准备专用的毛巾

帮助孩子养成用自己毛巾的好习惯，父母首先要从购买“硬件”下手，一定要给孩子挑选质量好、大小合适并且孩子喜欢的毛巾，以便从根本上杜绝孩子与他人共用毛巾的习惯。

妈妈认为，小孩子的新陈代谢快，皮肤分泌的油脂较多，更应该单独用自己的毛巾。所以，从小妈妈就让波波使用自己的毛巾。

这不，星期天，妈妈带波波出去买东西，说要给他买条新毛巾，并且让他自己挑选喜欢的。波波听到后可高兴啦，蹦蹦跳跳地跟随妈妈出了门。

来到商场里销售毛巾的专柜旁，波波看看这个，瞅瞅那个，好多毛巾，还真挑花眼了，哪条毛巾好呢？正犹豫时，波波看到了一条上面印有小星星的白色毛巾，他对妈妈说：“我就要这一条吧，上面还有好多星星呢，有黄色的、紫色的，哦，这是蓝色的，好漂亮，我就要这一条。”妈妈仔细地看了看，拿在手里感觉很舒服，吸水性也很好，于是说：“好吧。”就给波波买了这条“满天星”的毛巾。

波波可喜欢了，他每天都会用，并且非常爱惜这条毛巾。

除了在家里准备毛巾之外，孩子去学校上课时最好也要给他准备一条专门的小毛巾或者纸巾放在书包里。在家里，不能让孩子与大人混用毛巾，在外面也要尽量避免孩子和他人共用毛巾。

方法二：经常提醒孩子保持毛巾的清洁

为了防止细菌通过毛巾传播疾病，在日常生活中父母一定要经常提醒孩子保持毛巾的清洁，并且用完不能随手乱丢乱放。

每次用完毛巾后，维维就喜欢把它揉成一团，然后随手一扔，搞得毛巾皱巴巴的，而且也不干净。

为此，妈妈说了维维好多次，可他仍然不改，还说专门搭晾毛巾的架子太高，他根本够不着。后来，聪明的妈妈专门买了一个可爱的粘钩和卡通衣架，将粘钩粘在墙壁合适的位置，将毛巾放在衣架上，再将衣架挂到粘钩上。然后郑重地告诉维维，每次用完毛巾以后，必须按照顺序将毛巾挂起来。

此外，妈妈还教给维维洗毛巾的方法，让他自己动手搓洗。刚开始时，维维不愿意洗，妈妈就给他讲道理："用得次数多了，毛巾就会脏的，如果不及时清洗的话，毛巾上面就会产生非常非常多的细菌。"维维是很爱干净的，听到有细菌就皱起了眉头，于是乖乖地去接水洗毛巾了。

孩子的经验和能力有限，有时候毛巾并不能完全洗干净。因此，父母要帮助孩子对毛巾进行定期消毒，可以每周将毛巾投入沸水中煮 10 分钟，然后晾在通风处晒干，就能继续使用了。

习惯 25："懒得削皮儿了，就这样吃吧！"——生吃瓜果一定要洗干净

典型案例：

9 岁的超超是一个既可爱又淘气的孩子，从小到大，妈妈为他费了不少心。

星期天的下午，阿姨来看超超，并且带来了好多吃的，有水果、蛋糕、牛奶等。超超看到有自己最爱吃的雪梨，忍了半天，阿姨刚走，他就迫不及待地抓起一只，正准备往嘴里送呢，妈妈看到了赶紧提醒他："先去洗干净，削了皮再吃。"

超超这才想起来，他快步地走进洗手间，非常迅速地打开水龙

头，只是随便冲了冲，来不及削皮，就咬了一大口。妈妈觉得还是不卫生，便要求超超拿过来再帮他洗一遍，并且帮他削皮。可是，超超等不及，一溜烟跑到了自己的卧室里，一口气吃了好几个。

到了晚上，超超就觉得肚子难受，他直冒冷汗。妈妈看到后赶紧将超超送到了医院，医生诊断为轻微的农药中毒。

案例中的超超不听妈妈的话，执意食用了没洗干净的梨，结果导致了农药中毒。原因显而易见，超超并不清楚水果可能有农药残留，虽然妈妈清楚，但是并没有及时有效地把这些道理讲给他听。事实上，在水果生长期间，果农为了防治病虫害，的确会使用农药等杀虫剂。当然，部分农药也会残留在果皮里。这种情况下，孩子只是用水简单冲洗一下或者仅仅用毛巾擦一下就吃，很可能会引起中毒现象。如果父母能把这些道理讲给孩子听，孩子自然而然就会对没洗干净的水果产生畏惧，自然就会洗干净再吃了。

方法指导：

方法一：教孩子正确清洗水果，对水果进行消毒杀菌

许多孩子在吃水果时只是在水龙头下随便一冲就算洗好了，然而，这样做根本就达不到消毒杀菌的目的。所以，父母一定要教给孩子正确清洗水果的方法才行。

秋天到了，新上市的沙糖橘非常诱人，这是琦琦的最爱，她非常喜欢这种小小的、黄色的、很甜又稍微有点酸的水果。

这不，妈妈刚买来了一大袋子沙糖橘，琦琦看到了，抓了一大把便坐在沙发上开始剥了起来。妈妈赶紧对琦琦说："先去洗洗才能剥着吃。"琦琦却不以为然："这不是在剥皮吗，只要把皮剥了就不用洗了。""那可不行。"妈妈告诉琦琦："这桔子虽然是剥皮吃，但是不洗的话，皮上的农药和细菌就会沾在手上，一边剥皮一边吃，就会将农药、细菌都吃进肚子里。所以，不能认为橘子只要剥

了皮就不用洗，一定要用水洗干净，再剥皮吃才行。”

听了妈妈的话，琦琦觉得很有道理，于是，她用洗洁精认认真真地洗了好几分钟，冲洗干净了以后才剥皮吃。

在这里告诉各位父母正确清洗水果的小方法：先将水果清洗一遍，在清水中浸泡5分钟或者在淡盐水中浸泡3分钟，然后用刷子往水果上擦洗洁精，再用流动的水冲洗两遍。当然，最好把水果的皮削去再吃。

方法二：减少水果的购买量，让孩子吃最新鲜的

在水果比较多的季节或者商家搞促销活动时，有些父母喜欢一下子购买大量的水果。这是非常不可取的一种做法，因为太多的水果一下子吃不完，可能会致使一部分水果变质甚至腐烂，如果孩子不小心吃了这些已经变质的水果，很容易得各种肠胃疾病。

听邻居张阿姨说，附近超市的西瓜正在搞促销，每斤才卖八毛钱。于是，茹茹的妈妈一下子就买了三个。西瓜吃了两天都没有吃完，剩下的只好放在了冰箱里。

这天下午，爸爸接茹茹放学回到家就去上网了。茹茹自己从冰箱里拿出一块西瓜吃了起来。“嗯，真甜！”吃完一块，茹茹还没解馋，又拿了一块吃。这次，茹茹发现西瓜有些软软的，她也不清楚是怎么回事，直接就吃了。就这样，茹茹一共吃了三块才算完。

不幸的是，在茹茹准备睡觉时，突然感觉肚子疼。妈妈吓坏了，赶紧送她到医院，经医生诊断并询问后得出结果：由于吃了变质的西瓜，导致急性肠炎，需要输液。

陪在茹茹的病床旁，妈妈后悔不已：以后再也不能因为贪图小便宜而买太多的水果了。

需要注意的是，水果一定要注意贮存方法，可以存放在冰箱里或者用纸箱密封起来放在阴凉通风处。一旦发现有异味或者霉变的

水果，必须及时清理掉，以免污染了其他的水果，当然也能避免孩子误食。

习惯26：“妈妈，今天我不想洗澡了。”——引导孩子每晚睡前洗澡、洗脚

典型案例：

一般情况下，小女孩都比较爱干净，可是娜娜却不一样，她很讨厌洗澡和洗脚。每次要洗澡时妈妈都特别费劲，怎么拉都不能顺利地把她拉到洗手间。

这不，星期天的晚上，妈妈准备让玩了一天的娜娜洗个澡再舒舒服服地睡觉，并帮她接好了热水。可是，娜娜并不领情：“不嘛，我不要洗。”“不洗怎么能行呢？你脱下袜子闻一闻脚有多臭，看看你身上有多脏，再不洗澡都要变臭了。”说着，妈妈将浴巾、沐浴露等用品都帮娜娜拿好了，看到这些，娜娜快速地跑进了自己的卧室，顺手将门反锁了。任凭妈妈怎么敲门，娜娜就是不开，无论妈妈说什么，娜娜也装作没有听见，不理妈妈。

这孩子，连澡和脚都不知道洗，真愁人哪。

有很多孩子像例子中的娜娜那样不爱洗澡，这可愁坏了妈妈们。其实，经常洗澡有诸多好处，比如，洗掉污垢，清洁皮肤；保持汗腺畅通，促进排汗；帮助调节体温；放松肌肉；促进血液循环等；洗脚也一样，可以有效预防足癣等各种脚部疾病，消除疲劳，改善睡眠。早晨起床后洗个澡，可以振奋精神，晚上临睡前泡个脚，可以安然入睡。总之，经常洗澡和洗脚能够实现防病和自我保健的功能。

然而，许多孩子并不清楚洗澡和洗脚的这些好处，因此会像娜娜一样常常赖着不洗，任凭妈妈软磨硬泡。这种情况下，妈妈就要告诉孩子洗与不洗的利弊，并督促孩子定期洗澡，每天洗脚。值得一提的是，有些父母认为孩子用不着频繁地洗澡或洗脚，尤其是冬天，穿得比较厚，袜子也天天不离脚。其实不然，孩子喜欢运动，一天下来，排出的汗渍和皮屑会形成很多污垢，会令孩子十分不舒服。所以，父母要改变观念，千万不要对孩子的不良习惯听之任之。

方法指导：

方法一：使洗澡制度化，并让孩子喜欢上在水中沐浴的感觉

要让孩子爱上洗澡和洗脚，应该先让孩子体会到洗澡和洗脚是一件十分舒适、快乐的事情，避免让孩子有不快的体验。否则的话，孩子就会想尽一切办法来逃避洗澡。最好让孩子雷打不动地坚持洗澡和洗脚，为此父母可以给孩子规定“卫生制度”，两天洗一次澡和每天都洗脚，类似这样的规定能起到很好的督促作用。

瑜瑜今年5岁了，他可喜欢洗澡和洗脚了，因为每次洗澡时妈妈都会帮助他抹非常香的沐浴露，并且还会给他讲故事。

这不，晚上妈妈刚收拾好厨房，瑜瑜就跑了过来，拉着妈妈说：“妈妈，妈妈，我要洗澡了。”“真乖，妈妈帮你放水哦。”说着，妈妈抚摸了一下瑜瑜的小脑袋就去洗手间了。

水还没放好，瑜瑜又欢快地跑了过来，自己拿了毛巾、淋浴露，还自言自语：“香香，香香。”开始洗澡了，妈妈帮瑜瑜洗着背部，边洗边讲故事：“这一次，奥特曼遇到了一只长着六只胳膊的怪兽……”

洗完了，接下来开始洗脚，瑜瑜的调皮劲又上来了，他用脚拍

打着盆里的水，溅起一连串的水花。妈妈也参与进来，用手一泼，水立马溅了出来，逗得瑜瑜呵呵直笑。

案例中妈妈的做法能够十分有效地使孩子放松心情，促使他喜欢上在水中洗澡和洗脚并玩耍的感觉。如此一来，孩子就不会逃避洗澡和洗脚了。

方法二：洗澡和洗脚时要掌握适当的水温以及适宜的时间

孩子在洗澡和洗脚时用的水温度不宜过高或过冷，这个父母一定要注意。水温过高，会损伤孩子的皮肤，令皮肤变得更加干燥，严重的还会使毛细血管扩张，心脑血流量减少，甚至使孩子产生缺氧等症状。水温过冷也会使皮肤毛孔突然紧缩，体内的热量散发不出来。因此，洗澡或洗脚最合适的温度是接近于体温，最好在34℃—38℃之间。这样的温度最利于去垢止痒、消除疲劳。

还有，给孩子洗澡和洗脚的时间也不宜过长。洗澡时由于浴室的温度比较高，湿度也很大，空气也不流通，时间长了会出现头晕、胸闷等症状。因此，孩子洗澡的时间最好不要超过 15 分钟。夏天仅仅是冲洗汗渍，一般情况下 5 分钟左右就可以了。另外，孩子洗脚的时间也不能过长，用热水给孩子泡脚持续浸泡 2～5 分钟就可以了。

习惯 27：“又往地上吐痰，多脏啊！”——学会讲卫生，不随地吐痰

典型案例：

亚亚今年 8 岁了，可能是最近感冒的原因，她总是随地吐痰，无论是在学校还是家里，都全然不顾。

吃过晚饭，亚亚在写作业。写着写着，只听“啪”的一声，亚亚吐到地上一口痰。妈妈看到后训斥她：“你看看你，怎么回事啊？又往地上吐痰，多脏呀。以后不许再吐了。”说着，妈妈拿来拖把将地面拖干净了。

一天下午，妈妈接亚亚放学回家。在路上，亚亚又不经意地吐了一口痰。妈妈皱起眉头：“给你说过多少次了，不许随地吐痰，怎么又吐了？”“这是在马路上，又不是咱们家。”亚亚居然还振振有词。“不是在家里更应该注意形象了，把环境卫生搞脏了，别人会说你是一个没有素质的小孩。”亚亚却不以为然：“不就是吐个痰吗，有什么大不了的。”

唉，亚亚总是这样，不能够用正确的态度对待吐痰这件事情，妈妈可头疼了，怎样才能帮她改掉这个不好的习惯呢？

随地吐痰是一种非常不文明，不卫生的行为习惯。如果你的孩子有这种行为，你一定要严厉制止，不然，这个不良习惯会跟随其一生，很难戒除。对此，父母首先就要以身作则，言传身教，给孩子做个好榜样，千万不要在公共场合随地吐痰。

孩子经常性地随地吐痰，有可能是模仿大人的行为，他觉得好玩；也有可能是他意识不到随地吐痰的危害，只是图方便而已。对此，父母一定要给孩子讲清楚，告诉他痰液中会带有许多病菌，假如随地乱吐，这些病菌就会随风到处飞扬，健康的人呼吸了这些带有病菌的空气，就有可能患上传染性的疾病，比如，肺结核、感冒等。孩子明白了这些道理，就会减少随地吐痰的行为。

当然，有痰憋着不吐也是不可好的，还是要一吐为快才行，但需要注意的是不能随地乱吐，要吐到垃圾桶里或者痰盂里。假如在外面，附近没有垃圾桶，也可以用纸巾包好，找到垃圾桶后再把它丢掉。

方法指导：

方法一：经常给孩子灌输不能随地吐痰的思想

孩子的行为习惯不是一天两天养成的，需要一段时间的培养或纠正。因此，父母要经常给孩子灌输不能随地吐痰的思想，让孩子逐渐改掉坏习惯，养成好习惯。

星期天，爸爸带小典去游乐园玩。他们一起坐旋转木马，玩蹦蹦车，滑滑梯，可高兴啦。

小典从滑梯上滑了下来，在重新走上滑梯的过程中，无意中吐了一口痰。爸爸看到了，将小典拉到一边，严肃地告诉他："儿子，你不能随地吐痰！知道么？外国人称咱们中国为'吐痰大国'，他们对咱们中国人随地吐痰的行为很反感。在国外的一些景点，他们还专门针对中国人，用汉语写上警示牌，提醒中国人不要随地吐痰。随地吐痰不仅影响了咱们的环境卫生，更丢了中国人的脸面。你想想看，以后应该怎么做？"小典羞愧地低下了头，向爸爸保证："我以后再也不随地吐痰了。"

由此可见，将"吐痰大国"这个事实讲给孩子，也能激起孩子的民族自尊心，这样一来他就会从自身做起，不再随地吐痰了。必要的情况下，父母们也可以试试这种方法。

方法二：动员孩子参与有关的活动

平时，父母可以让孩子看一些关于不要随地吐痰的公益片或者公益广告，让孩子直观地了解随地吐痰是一件多么不文雅的事情。同时，还可以动员孩子参与有关的活动，比如，学校或少年宫组织相关活动时鼓励孩子积极参加，教孩子带动同学不再随地吐痰。或者带孩子参加相关的公益活动，只要看到有人吐痰就走过去，走到吐痰的人面前，非常礼貌地告诉他，吐痰是一种不文雅的行为，而且痰里面含有许多致病的细菌，请他下次不要随地吐痰等。孩了耳濡目染，形成深刻的印象，渐渐就会改掉随地吐痰的坏习惯。

习惯 28:“你是不是把用完的纸巾随便扔了?”——垃圾要扔到固定的垃圾桶里

典型案例:

10 岁的湘湘今年上小学五年级了，她这个孩子其他方面都好，就是不爱收拾，喜欢乱扔垃圾。

这天晚上，湘湘从洗手间出来，手上湿淋淋的，可能是忘记擦手了，她又抽起两张纸巾将手仔细地擦干净了，然后随手将用过的纸巾放在了茶几上。过了一会儿，妈妈来到客厅，看到茶几上被揉成一团的纸巾，立马想到又是湘湘干的，因为只有她这个小孩子才会做这种事。于是，妈妈找到湘湘问她:“湘湘，你是不是把用过的纸巾放在茶几上了?”这时，湘湘突然间想起来了:“哦，哦，是的，妈妈。”妈妈笑着对她说:“我就知道是你，以后可不许这样了。”“好的，好的，妈妈放心吧。”

可是，湘湘从来都是嘴上答应，行动上从来都不会改正。她仍然经常将用过的包装纸扔到地上，把废弃的纸张随手丢在桌子上……妈妈呢，整天跟在她屁股后面收拾。

从上述案例中可以看出，湘湘总是不长记性，妈妈告诉她了许多次，不许将垃圾随地乱扔，但都无济于事。这主要是孩子的习惯使然，当然父母也负有重要的教育责任。因此，父母要多提醒孩子不能乱扔垃圾，同时要让孩子明白乱扔垃圾会破坏环境卫生，并且直接危害人体健康。

比如，父母可以给孩子讲，垃圾中的有机物会分解并产生恶臭，同时会释放出大量的氨、硫化物等，这些都含有大量的致癌物质。还有，垃圾乱扔、乱放还会造成水污染，如果人们饮用了这些被污染的水，会对健康产生威胁。另外，垃圾为有害生物提供了栖息、繁殖的场所，所以垃圾不仅容易滋生病原微生物，而且会成为老鼠、蚊子、苍蝇等有害生物栖息、繁殖的场所，成为传染疾病的根源。

相信你告诉了孩子上述这几条常识，孩子就会明白，看似不起眼的生活垃圾，对环境的影响是十分可怕的。那么，为了保护整洁的生活环境，孩子一定会自制，渐渐养成不乱扔垃圾的好习惯。

方法指导：

方法一：从小事做起，让孩子意识到保护环境很重要

从小，父母就应该教育孩子养成良好的卫生习惯，让他明白减少制造生活垃圾，保护环境很重要。父母可以从小事做起，看到垃圾就主动捡起来，孩子耳濡目染也会养成良好的卫生习惯。

在每次送典典上学或者接他放学的路上，看到垃圾妈妈就会提醒典典捡起来，并让他放进垃圾桶中。开始时，典典很不乐意："捡这些东西干什么？那么脏！"妈妈微笑着对典典说："是脏啊，可脏了自己，保护了环境啊。"典典似乎明白了妈妈的用意，几次以后他看到地上有垃圾时，就会条件反射似的弯腰捡起来。

平时，家里的垃圾，妈妈都会进行分类，旧报纸、废纸、塑料瓶等，让典典收集到一个纸箱子里。等积攒到一定的数量时，妈妈就会带着典典一起送到附近的废品收购站。开始时，典典不理解："这能卖多少钱呀？还不够赚累的呢。"妈妈语重心长地告诉典典："乖儿子，是卖不了多少钱，但是这些废弃材料的回收利用价值可大啦。比如说废纸，可以打碎以后进行二次制造，制成其他纸张，

这样可以节省许多木材和原料呢……”听了妈妈的话，典典比以前更积极地收集废旧物品了。

每当孩子在你的指引下捡起了垃圾或者主动将垃圾捡起来时，你一定要及时地表扬并奖励孩子，以保护他的这种主动性和积极性。

方法二：言传身教，用自己的实际行动感染孩子

日常生活中，父母不仅要教育孩子不乱扔垃圾，更重要的是，要以身作则，积极为孩子创造整洁的生活环境，用自己的实际行动感染孩子。具体而言，平时在家里注意不要随手乱扔垃圾；看到地上有垃圾时，主动捡起来丢进垃圾桶里；有空时多收拾，保持家里物品摆放整齐有序等。

习惯29：“我衣服还不脏呢，总是洗多累呀！”——穿着整洁，衣服勤换洗

典型案例：

虽然说妍妍是个小女孩，但是，她可调皮了，性格像男孩子一样大大咧咧的。平时，妍妍一点都不注意自己的穿着是不是干净、整洁。

最令妈妈头疼的是，有时妈妈提醒妍妍好几次，身上的衣服该换下来洗一洗了，她都不听。这不，下午放了学回到家，妍妍一屁股坐到沙发上开始看电视，全然不顾身上的衣服已经被她搞得脏兮兮、皱巴巴的。妈妈看到了，不满地对妍妍说：“乖乖，你看看你的衣服，都成什么样子了，快脱下来去洗洗。”然而，妍妍完全被电视情节给迷住了，她似乎没有听到妈妈说的话。妈妈皱起了眉

头，拿起遥控器“啪”地一下，将电视给关上了。妍妍这才转过脸看着妈妈，问：“妈，怎么了？”“你看你衣服脏的，还全是褶皱，快脱下来去洗洗。”妈妈又重复了一遍。妍妍却不以为然：“妈妈，我这还不脏呢，总是洗累不累呀。”妈妈惊讶地说：“这还不算脏，你看看，这儿黑乎乎的一片，那是墨水吧，都怎么搞的？”

“妈妈，我都上了一天的课了，你就让我休息休息看一会儿电视吧，我不想去洗。”妍妍噘起了小嘴。“你就懒吧。看你明天上学穿什么。”

唉，妈妈真拿妍妍没办法，帮她洗吧，都这么大了，等于惯着她。不帮她洗吧，衣服那么脏，那么皱，穿出去太不像样子了。

生活中，的确有的孩子会像例子中的妍妍那样，不知道被父母唠叨了多少次，但就是懒于换洗衣服。综合考虑，主要有几种原因：一是孩子本身比较懒，没有形成良好的换洗习惯；二是孩子不拘小节，没有意识到个人卫生的重要性；三是孩子在专注于别的事情，不想因为换洗衣服而被打扰；例子中的妍妍就属于这种情况，当她正津津有味地看视节目时，是不希望被打扰的。

因此，在日常生活中父母应当多给孩子讲讲穿着整洁、衣物勤换洗的重要性，让孩子明白，在日常生活中人们往往通过衣着是否整洁得体来判断这个人是否文明有涵养等。对于孩子而言，假如穿着干净整洁，就能够得到老师和同学的欢迎，给人以利落、积极向上的感觉；相反地，假如穿着邋遢不讲究，就会给人留下不好的印象，也会影响自己的人际交往，甚至会影响到健康等。如果孩子明白了这些道理，相信他会做出一些改变。

方法指导：

方法一：告诉孩子勤换衣服的好处，并时常督促

对于不大注重穿着是否整洁的孩子，父母要经常告诉他勤换衣

服的好处，并且时常督促、提醒他换洗，促使他养成良好的卫生习惯。

以前的默默可不爱干净了，无论是衣服上还是鞋子上，总是弄得这儿一块黑那儿一块黑的。还好，妈妈发现，默默还算听话，只要自己不厌其烦地跟他唠叨几遍，他总能听得进去几句。

事实上，妈妈的确经常唠叨默默：“你看看你，每天穿戴都不整齐，浑身一副脏兮兮的样子，人家老师同学都不嫌弃你啊？你想想看，当你穿着整洁的时候，是不是在其他人面前很有自信，心情也好，也会受别人的欢迎?”

“嗯，知道了，妈!”尽管默默漫不经心地答应着，但是过后他一般会改正。

妈妈趁机给默默规定：“内衣一天一换，不能因为别人看不到就不在乎；外套、裤子也要三天一换洗；羽绒服呢，半个月必须洗一次……”

不仅如此，妈妈刚开始还会直接帮默默脱下该换洗的衣服，然后直接扔到洗衣机或者盆子里，默默只好被迫地换洗。时间一长，到了该换洗衣服的时候，默默就会主动地把衣服换下来，就不再用妈妈提醒了。

事实证明，像默默的妈妈那样，给孩子规定多久要换洗衣服，并且及时督促，这样长期下来，孩子就能养成勤换洗衣服的习惯。

方法二：为孩子挑选合适的衣服

整洁并不意味着高档、名牌、漂亮，整洁指的是整齐、干净，这是孩子在穿衣打扮时最根本的原则，仅仅需要保持衣服干净合体即可。这就需要父母千万不要忽略了孩子合理的穿着，必须帮助孩子买合适的衣服。

在给孩子挑选衣服时，应该选购柔软、有弹性、舒适的，最好是纯棉质布料的，切忌购买粗糙过硬的劣质衣服。衣服一定要合体，不能太大，也不能太小。衣服上不能有太多、太重的饰物，以免孩子在课堂上摆弄衣服上的饰物而分散注意力，不好好听老师讲课。孩子穿的裤子最好是比较宽松、透气的，方便孩子活动，也有利于孩子的身体健康成长。千万不要让孩子穿太紧的牛仔裤，裤腰不能是拉拉链或扣扣子的，最好是橡皮筋做的。总之，给孩子穿衣服不能只图好看，要以孩子穿起来舒服、合适为宜，以免造成一些不必要的麻烦。

习惯30："小狗狗，来，我们一起睡。"——与宠物保持距离，不过分接触

典型案例：

舅舅家养了一只小小的宠物狗，润润看到了非常喜欢，就"强行"把它抱回了家，还给它起了一个亲切的名字："小小"。

每天，润润都会给小小喂水、喂饭，经常陪它一起玩。放了学或者周末的时候，润润总是会带着小小去外面溜达一圈。这不，润润又带着小小去楼下的草坪玩了。只见润润拿着一些狗粮，往前上方一抛，小小就盯着狗粮纵身一跃，一口将狗粮吞了下去。"真棒!"润润忍不住夸奖小小。开始时，润润还只是嘴上表扬一下小小，后来逐渐发展成拥抱它，甚至亲吻它。

这天晚上，润润坐在沙发上看电视。小小"嗖"地一下就跳到了润润的腿上，润润马上亲切地抱住它又亲又吻。妈妈看到了，赶紧将小小赶跑。谁知润润不高兴了，对妈妈说："你为什么要赶跑小小，我喜欢抱着它。"妈妈一本正经地告诉润润："儿子，小小身

上很脏的，你不能这样抱着它。”

“它哪儿脏了？不让我抱着它，我还搂着它睡觉呢。”妈妈坚决制止：“绝对不可以，你不能和小小太亲近，它会传染疾病的！”可是，对于妈妈的话，润润根本不听，仍然和小小又亲又抱的。

现代家庭生活中，宠物已然成为了家庭不可缺少的一分子，越来越多的人喜欢养宠物，甚至与它形影不离。案例中的润润就是这样，和小狗简直就是形影不离的好朋友。不置可否，养一只宠物在孩子身边，的确可以为孩子增添许多乐趣，然而，千万不要让孩子与猫狗等宠物过分地亲密接触，这是因为它们身上的某些细菌或疾病会传染给孩子，具有一定的健康隐患。孩子的身体正处在生长发育期，抵抗病菌入侵的能力比较弱，如果与宠物拥抱、亲吻、一起睡觉等，非常容易造成交叉感染，严重威胁孩子的健康。

这里需要特别注意的是，春季一般是宠物的发情期，这个时期的宠物情绪很不稳定，非常容易抓伤、咬伤孩子。另外，这时的宠物也正处于换毛期，它们新长出来的毛十分柔软稠密，容易成为某些寄生虫的寄居地，这时和宠物亲密接触，很容易引发皮肤病。所以，父母一定要谨慎地将孩子和宠物拉开一定的距离，从而保护孩子的健康。

方法指导：

方法一：保持距离，让孩子知道宠物的危险性

日常生活中，父母一定要让孩子与宠物保持距离，与它们不能过分亲密接触。另外，没有父母的监视，千万不要让孩子擅自用手直接喂食宠物。父母必须要让孩子明白，无论宠物多么乖巧，性格是多么柔顺，但它终究是兽类，本性难改，难免会伤到人。

10 岁的盈盈是个很淘气的小女孩，一天，妈妈带她去姑姑家玩，她看到姑姑家的一只花斑狗十分可爱，便揪了揪狗狗的耳朵。

这时，狗狗对盈盈的动作有些反感，微张着嘴巴轻声地发出了“呜呜”的叫声，吓得盈盈连连后退。幸好姑姑及时赶来，喝斥了狗狗，并将它打跑了。

回家的路上，妈妈郑重其事地告诉盈盈：“宝贝，千万不要随便抚摸、乱碰陌生的宠物，那是很危险的。隔壁的朋朋几天前被狗咬伤了，现在还在打狂犬疫苗呢。”“我知道了，妈妈。”盈盈点点头，向妈妈保证。“宝贝儿真乖。”妈妈继续说道：“被拴住的狗也很危险，一定要离它远一点。还有，当你看到狗脊背上的毛都竖了起来，并且不停地发出愤怒的低吼声时，一定要马上躲开它，这是它在向你发出警告，千万不要再去招惹它了，不然它会咬伤你的。也不能揪住狗的尾巴，或者不让它吃东西，或者在它睡觉时打扰它，这都会激怒它，导致它攻击你。”

听到这儿，盈盈一副惊恐状，她说：“好可怕啊。”妈妈笑了，告诉她：“其实也不用那么害怕宠物，只要你不惹恼它，它不会主动伤害你的，但和宠物相处一定要小心。”“嗯嗯。”盈盈深深地点了点头。

从例子中可以看出，父母只要给孩子讲清楚了与宠物亲密接触的危害，孩子就会产生一定的警惕，这种做法可以从某种程度上避免孩子受到宠物的伤害。

方法二：保持宠物的生活环境干净卫生

假如家里有宠物，父母一定要使它的生活环境保持干净卫生。比如，宠物使用的碗盘要始终保持干净，必须经常消毒；宠物的排泄物和分泌物要及时清理干净，避免滞留在地面上或室内；也要注意保持宠物的身体洁净，经常为它梳洗体毛，整修指甲；宠物居住的小窝也要勤于清理打扫，避免滋生细菌或寄生虫；还要经常为宠物进行体检，定期注射疫苗，尽量做到有病早治，无病早防。还有，带领宠物从室外回家后一定要及时给宠物洗澡，注意杀灭蚊、虱、跳蚤等寄生虫，这样既可使宠物保持活泼健康，也能有效避免主人自身得病。

除此以外，一旦孩子接触了宠物，就马上要求他去洗手。一定要告诫孩子千万不要让猫狗等咬伤或抓伤自己，否则必须注射狂犬疫苗。

习惯31：“不要离屏幕那么近，小心近视！”——珍视眼睛，常做眼保健操

典型案例：

茜茜今年9岁了，别看她小，玩电脑打起游戏来可一点都不含糊，键盘能噼里啪啦地连敲好几个小时，鼠标可以一直不停地按。

每天从学校回到家，茜茜做的第一件事情就是打开电脑，然后开始聊天或者玩游戏。妈妈看到时，就会问茜茜：“宝贝，那电脑上有什么吸引你的东西？”“多着呢，你不懂。”茜茜的眼睛依然盯着屏幕。妈妈告诉茜茜：“这电脑是让你用来学习的，少玩游戏。”说着，妈妈将茜茜的身体扳正，扶着她的头往后移了二十公分，再次叮嘱她：“不许离屏幕这么近，小心眼睛疼，得了近视还得戴眼镜。”茜茜有些不耐烦地说：“好啦，妈妈，我知道啦。”可是，没过五分钟，茜茜的头又往下趴了一些，眼睛也离屏幕更近了。

唉，妈妈真担心，长此以往，茜茜的眼睛肯定会近视的，可无论怎么说她，她都不听，这可怎么办呢？

相信有不少孩子会像上述案例中的茜茜一样，经常性地近距离看书、看电视、玩电脑，并且连续几个小时不休息，身体长时间处

于紧张、疲惫状态。这样的话，非常容易使眼睛负担过重，久而久之，自然而然地就会引起近视。

事实证明，经常正确地做眼保健操可以缓解孩子的视力疲劳，有效预防近视眼的产生。然而，孩子的自制能力比较弱，很多时候并不能主动地通过做眼保健操来保护眼睛，也不能使眼睛与书本、电视、电脑等保持适当的距离，并且适当地放松休息。因此，父母在平时要加强对孩子的教育，告诉他必须从小养成良好的用眼卫生习惯，并及时教育、督促，以增强孩子爱护眼睛的意识及能力，使孩子从小就拥有一双健康、明亮的眼睛。

方法指导：

方法一：教给孩子有效护眼的方法

平时，父母要做到经常提醒孩子保护好自己的眼睛，并且一定要教给孩子正确、有效的方法，来缓解孩子的眼部疲劳，从而达到调节视力、预防近视的目的。

星期天的上午，坤坤很乖地在家里写作业。妈妈倒了一杯水给坤坤送过去，刚进到他的卧室里，妈妈就看到坤坤正在用手不停地揉眼睛。妈妈立刻制止了他：“儿子，不要老是用手揉眼睛，因为手上都带有肉眼看不到的细菌。老用手揉眼睛，这些细菌就会趁机侵入眼睛里，会引起眼睛充血，严重的话，还会引起发炎、感染的。所以，尽量不要再用手揉眼睛了。”听了妈妈的话，坤坤立刻住了手。“这就对了。”妈妈笑着对坤坤说：“你的眼睛是不是酸涩或发痒？来，妈妈教给你做眼保健操。”说着，妈妈就开始教坤坤如何做保健操：“闭眼，揉天应穴……”教完了，妈妈接着告诉坤坤：“宝贝，除了做眼保健操，用眼时间长了，还可以眺望一下远方，休息一下眼睛。在学校里，课间可以多在外面活动活动，这都有利于保护你的眼睛。”

除此以外，日常生活中父母要注意孩子的饮食，可以让孩子多吃一些明目的食品，比如，胡萝卜、鱼虾等，也可以经常喝菊花茶、枸杞茶、决明子茶等，喝这些茶不仅可以保护视力还可以降火。还有就是提醒孩子在做活动或者玩游戏时一定要注意周围的环境，避免让硬物伤到自己的眼睛。

方法二：正确用眼，预防近视的发生

绝大多数的孩子并不知道如何科学、正确地使用自己的眼睛，因而造成了用眼过度，小小的年纪就戴上了厚重的眼镜。因此，父母一定要教给孩子正确使用眼睛的方法，帮助孩子预防近视。比如，眼与书本要保持30厘米左右的距离，不能太近；不能在光线不足或太强的环境下看书；看书、写字时的姿势要正确，不能趴着或者躺着看书；不能在车上或者走路时看书，因为身体在晃动时，眼睛和书本的距离无法固定，这样会加重眼睛的负担，久而久之就会引起近视。

另外，一定要让孩子和电视保持适当的距离。假如孩子既想看电视，又不想损害眼睛，就必须要求孩子做到：坐到电视机正前方3米开外的地方；每看半个小时的电视，必须休息片刻，看看远处或花草，或者到楼下玩一会儿；每天看电视的时间要有所限制，绝对不能超过三个小时，等等。假如孩子不能够正确用眼时，父母要及时提醒并给予纠正。

习惯32：“不要再留那么长的指甲了。”——勤剪指甲，注意手指卫生

典型案例：

烁烁今年9岁了，她是一个十分爱漂亮的小女孩，为了好看，

她总是把手指甲留得长长的，最近还开始涂指甲油了。

这天晚上，烁烁又开始摆弄自己的指甲了，还把一瓶瓶的指甲油都拿了出来。妈妈总是劝说她："不要再留那么长的指甲了，就不怕藏脏东西吗？如果不小心劈裂，到时可疼了。"烁烁却不以为然："不会的，不会的，我注意着呢。"看到烁烁在挑选合适的指甲油往指甲上涂，妈妈又告诫她："这些指甲油都是有腐蚀性的，不利于身体健康，再说了你还是小孩子，就不要再涂了。"烁烁将信将疑："怎么可能呢？我涂了很多次都没有任何事情。""不信是吗？那么你闻闻指甲油的气味，这种东西对身体真的不好。""那我以后少涂就是了。"烁烁嘟着小嘴，一副很不乐意的样子。接着，妈妈拿来剪指甲刀，要给烁烁剪指甲，哪料她握紧拳头，将指甲都压住，不让妈妈剪，然后快速地跑开了，边跑边说："我不要剪指甲，就是不剪。"

妈妈无奈地摇了摇头，这孩子，真臭美。可是，烁烁的指甲已经很长了，不仅不卫生，而且时刻都有可能劈裂，这可怎么办呀？

孩子的新陈代谢比较旺盛，指甲生长得也很快，因此父母要及时提醒孩子或帮助孩子进行修剪。然而，很多时候孩子并不配合，这叫父母无从下手。究其原因，主要有两个：一是或许孩子之前有过不愉快的剪指甲经历，比如，曾经被剪到肉了比较疼；二是只觉得漂亮或好玩就留着，并不知道留长指甲的危害。对此，父母一定要告诉孩子这其中的危害，可以从以下几个方面讲起：

其一，指甲长的孩子容易抓伤自己；其二，长的指甲里面容易藏匿污垢。假如孩子有吸吮手指或用手直接拿东西吃的不良习惯，那么指甲缝里的脏东西就有可能引起消化道疾病，影响身体健康；其三，孩子的皮肤十分娇嫩，指甲也比较薄弱，再加上比较活泼爱动，假如指甲太长的话很容易劈裂，从而引起指尖出血；其四，长指甲容易在穿衣服时钩住毛衣或线衣而扳伤手指，等等。

相信孩子明白了以上几点，就会明白保持手指干净卫生，勤剪指甲的重要性，从而配合父母修剪指甲。

方法指导：

方法一：循循善诱，教孩子做个讲究卫生、勤剪指甲的乖宝贝

家长想让孩子养成良好的卫生习惯，可是孩子并不配合，他们对父母的话根本听不进去。这种情况下，父母千万不要急着向孩子发脾气，一定要心平气和地给孩子讲清楚其中的道理。

妈妈给宇宇规定每两个星期就必须修剪一次指甲。这不，剪指甲的时间到了，可是一向配合的宇宇却不愿意了，她把手缩到身后，对妈妈说："邻居家的晓莉刚帮我涂了指甲油，我不要剪。"

妈妈一看这情况，就明白不能来硬的，于是微微一笑，对女儿说："宝贝，我看到了，晓莉帮你涂的指甲是很漂亮，可是有些地方涂的指甲油已经掉了。你想想看，那些指甲油掉到哪儿去了？"宇宇回答不上来，只是看着妈妈。妈妈接着告诉宇宇："可能是洗手的时候洗掉了，也可能是吃饭的时候沾到食物上吃到肚子里了，指甲油吃到肚子里可是有害的。另外，指甲长了里面会藏着许多脏东西，用手拿东西吃的时候脏东西也会随着食物进入肚子里，那样可能会让你肚子疼。而且，你看你的指甲很薄，还软软的，不知道什么时候一不小心就会折裂，可疼了。"

听了妈妈的话，宇宇有些害怕，乖乖地让妈妈帮她剪了指甲。

当然，劝说孩子剪指甲，在孩子配合、听话的情况下，父母一定不要吝啬自己的表扬，必须及时地夸奖孩子，以便孩子坚持良好的卫生习惯。

方法二：用正确的方法，帮助孩子剪指甲

孩子还小，可能掌握不好指甲剪，不能够顺利地给自己修剪指

甲，这时候就需要父母的帮助了。需要注意的是，父母一定要用正确的方法帮孩子剪指甲。在刀具选择上，要用刀刃快、刀面薄、质量好的指甲剪，不要用一般的剪刀，以免孩子受伤；给孩子剪指甲时动作要轻快、麻利，一次不能剪得太多太狠，避免产生疼痛；剪后的指甲要圆滑，不能剪成尖的或者带棱角的。剪完后，父母要用自己的拇指肚摸一下看看指甲断面是不是光滑，如果不光滑，要用指甲剪上的小锉锉光滑；另外，孩子脚上的指甲较厚较硬，洗澡或洗脚后就会自然变软，这时再剪就十分容易了。

习惯33：“宝贝，不许抠鼻子！”——不抠鼻子、咬手指甲

典型案例：

6岁的美美是一个非常漂亮的小女孩，她性格活泼开朗，非常讨人喜爱，可是她却有一些不好的习惯，比如，抠鼻子、咬指甲等。

不知道从什么时候起，美美喜欢上了抠鼻子和咬指甲。这天吃过早餐，美美打开电视看起了她最喜欢的动画片《喜羊羊和灰太狼》，还不时被动画片中的情节逗得哈哈大笑。妈妈听到女儿那么快乐的笑声忍不住回头看了她一眼，谁知这一看竟然发现美美在那儿悠然地抠着鼻子，妈妈于是制止她：“宝贝，不许抠鼻子！”听到妈妈的呵斥声，美美下意识地停下了手。可是，过了一会，当妈妈给美美送水果时，又发现她在啃手指甲，妈妈拿起她的手一看，食指的指甲已经快被她啃“秃”了。这时，妈妈真是气不打一处来，大声嚷道：“你这孩子，吃饱了没事干了？不是抠鼻子就是啃手指甲，哪来的这么多坏习惯？”说完还朝美美的手上打了一下。

美美听到妈妈大声嚷自己，又挨了打，委屈地哭了。

抠鼻子和啃指甲，似乎是很多10岁以下的孩子爱干的事情，不知道这是习惯性动作，还是心理的原因，多数父母对此很纳闷，也很恼火。那么究竟是什么原因呢？从生理的角度来讲，孩子的好奇心很强，他对自己的身体也会有一种探索的欲望，会用独特的方式来探索，体验身体器官的神奇，久而久之就形成了一种习惯。从心理的角度来讲，当孩子出现焦躁不安的情绪时，可能会通过咬手指、抠鼻子等动作来减压。当然，还有可能是病理原因，比如，孩子的鼻子出现过敏症状，痒痒的、干干的，促使他忍不住去抠；也有可能是因为感冒等原因，导致鼻涕凝固粘在鼻孔里，让孩子感觉不舒服，刺激他用手去抠来摆脱不适感。多数孩子，包括例子中的美美都可能属于这种原因。

其实，孩子抠鼻子或啃指甲往往是不自觉的行为，父母不必为此大惊小怪，也不能像美美的妈妈那样呵斥孩子，甚至打骂孩子。这样做会打击孩子尚未成熟的自尊心，阻碍孩子身心的健康发育。

方法指导：

方法一：发现孩子抠鼻子或咬指甲，不要训斥或打骂

看到孩子抠鼻子或咬指甲，大多数妈妈的第一反应就是呵斥或采取其他惩罚措施来阻止孩子的这些行为。实际上，大多数时候，孩子抠鼻子或咬指甲时完全处在一种无意识的状态，根本就没有意识到自己的这些行为。

看到孩子的这些行为，呵斥或打骂可能当时能够阻止孩子，但是过后他还会再犯，因为这种无意识的行为会由于妈妈的“特别关注”，而使孩子变得更紧张，反过来又会刺激孩子实施这些行为。如前面例子中的美美，妈妈责令她不准再抠鼻子之后，不一会她又咬起了指甲。现实生活中，我们父母也常常碰到这样的情况，当指

责孩子抠鼻子时，妈妈的话音刚落，孩子又抠了起来，以致妈妈们常说“越不让你抠鼻子越抠”、“越不让你啃甲越啃”之类的话来。因为训斥或打骂，在这些事情上是一种负强化行为。

方法二：结合直观的图示，让孩子明白抠鼻子和咬指甲的危害

孩子抠鼻子或咬指甲是一种习惯行为，多数情况下也是一种无意识的行为，所以训斥或打骂是起不到应有的作用的。由于孩子的认识水平有限，父母单纯的讲解也很难对孩子起到作用，所以父母完全可以通过直观图示让孩子明白抠鼻子或咬指甲的危害，从而让孩子从心理上提高认识。

6 岁的镇镇是一个特别喜欢抠鼻子或咬指甲的小男孩，妈妈批评了他很多次，甚至对他采取过一些惩罚措施都无济于事。

后来镇镇妈咨询了一位医生朋友，朋友教给她了一些处理方法。首先就是要和孩子讲清楚这些行为的危害。这天吃过晚饭，妈妈看到镇镇又在抠鼻子，就告诉他经常抠鼻子不仅会导致鼻孔出血，还容易引起一些呼吸道疾病……妈妈边说还边从电脑上查到了一些相关图片让镇镇看，同时还告诉镇镇咬指甲的危害，比如，经常咬指甲会造成牙齿排列不整齐，影响容貌，咬指甲还可能造成指甲畸形，破坏甲床，引发出血或感染，损伤甲板，使甲板缩短，造成甲沟炎等。妈妈的讲解结合电脑图片说明，让镇镇明白了一些基本的健康常识。从此以后，镇镇很少再抠鼻子或咬指甲了。

教育孩子就是这样，父母只是说教是没有说服力的，如果结合一些科学图示，给孩子一些直观的示范，还是能起到比较好的效果的。

方法三：帮助孩子解决问题，培养其良好的卫生习惯

当发现孩子因为有鼻屎而感觉不舒服时，可以使用小棉签等帮孩子清理鼻子；冬天气候干燥的时候，可以在房间里放一个加湿

器，让空气变得湿润一些，另外也要让孩子多喝些水，多吃蔬菜水果。如果能让孩子的鼻子舒舒爽爽，他自然就不会再抠鼻子了。此外，平时要让孩子养成用小手绢或纸巾擦鼻涕的卫生习惯，也可以有效减少孩子抠鼻子的行为。

纠正孩子咬指甲的习惯，首先要经常给孩子剪指甲，平时也要多给予孩子心理上的关注，消除造成孩子紧张的因素，还应当引导孩子多参加一些娱乐活动，让孩子多交朋友，从而转移其注意力。当然，纠正孩子咬指甲的习惯需要有一个过程，孩子年龄越小越好纠正，所以，父母发现孩子有咬指甲的现象时要及早帮助他改掉。另外，需要提醒的是，父母要有耐心和信心，千万不能训斥或体罚孩子，更不要粗暴地打孩子。

第四章　锻炼身体好习惯：打造孩子健康体质

习惯34："我得学习，哪有时间跑步呀?"——让孩子坚持每天早晨跑步的习惯

典型案例：

陌陌今年8岁了，他的学习成绩很好，但他是一个比较懒惰的小男孩，不喜欢锻炼身体，因此体质很弱，经常生病。

这不，天气稍微转凉了一些，陌陌就感冒了，开始打喷嚏，嗓子也疼，妈妈只好带他去医院。医生告诉妈妈："这孩子三天两头感冒，原因就是身体太弱了，应该多锻炼身体才是。""那么，怎样锻炼合适呢?"妈妈问。医生建议道："每天早晨起床后喝一杯温开水，然后出去跑步，开始慢慢地跑，时间长了可以加快速度，或者延长距离。"

回到家，妈妈和陌陌商量："宝贝，以后每天早晨我喊你早点起床去跑步吧，好不好?""不好。""为什么呢?"妈妈反问他。陌

陌告诉妈妈："我得学习呢，哪有空跑步呀？再说了，跑步那么累，我才不要去。""咱们只在楼下的空地上慢慢地跑，不累的。"然而，无论妈妈怎样说，陌陌就是不肯早起出去跑步。

如今，像陌陌这样在温室中长大的孩子越来越多，他们体质羸弱，一般不是营养不良所致，主要是由于运动不足引起的。所以，父母一定不要以为只让孩子吃得好、睡得好、学习好就可以了，还应该多方面考虑孩子的综合素质，对孩子的身体健康千万不能掉以轻心。

跑步是一种全身性的运动，对于正处在生长发育高峰期的孩子，坚持跑步，可以促使他全身的肌肉有节律地收缩和松弛，有效地增多其蛋白质的含量及肌肉纤维；也能促进血液循环，增强骨细胞营养物质的供给以及骨细胞的生长能力，从而促进骨骼的正常发育；还可以促进胃肠蠕动，使其分泌更多的消化液，提高消化吸收的能力，从而增加食欲，补充营养，强壮体质；另外，坚持跑步能锻炼孩子的意志力，提高孩子的观察和感知能力，增强其韧性和耐心，促使他养成坚强、果敢的性格。

由此可见，孩子的健康成长离不开锻炼，父母要处理好孩子的学习与锻炼身体的关系，将运动健身作为推动孩子成长的催化剂。

方法指导：

方法一：循序渐进，使适当的跑步达到健身防病的作用

并不是说运动量越大孩子的身体越能锻炼得好，其实，运动和吃饭睡觉是一样的，适度就好。因此，孩子跑步时应循序渐进，通过逐步的训练慢慢增加孩子的体能。

7岁的壮壮是个非常听话的孩子，在学校里老师要求同学们早晨早起跑步。一回到家，壮壮就告诉了妈妈，并保证："从明天开始，我要从咱们家一直跑到晓彬家。"妈妈一下子笑了，对壮壮说：

"宝贝，从咱们家到晓彬家隔着三条街，足足有两千米呢。你一个小屁孩，能一下子跑这么远？"

"当然能了，不信咱们试试。"壮壮不服气地说。为了第二天的晨跑，壮壮晚上多吃了一个鸡蛋，还早早地睡了，临睡前嘱咐妈妈别忘了六点准时喊他起床。

第二天一大早，壮壮兴冲冲地起床了，很麻利地穿好衣服，喝了几口水就跑下了楼，妈妈也陪他一起出去跑。开始时，壮壮用尽全身的力气快速地跑，妈妈提醒他："慢点跑，别累着。"壮壮全然不听。跑了一小会儿，壮壮就累得大喘气儿，腿也挪不动了，妈妈就让他停下来休息一会儿。坐在路旁的椅子上，壮壮仍然感觉头有些昏昏沉沉的。妈妈语重心长地告诉壮壮："宝贝，你这样子是不行的。跑步得慢慢来，一下子就跑很长的距离就会感觉很疲劳。这样吧，咱们慢慢来，明天跑到超市那儿，后天跑到那个小区的门口。你说好不好？"

听了妈妈的话，再加上自己这次的亲身体验，壮壮知道自己的做法是不正确的，他深深地点了点头。

运动量过大会导致消耗的体力得不到恢复，时间长了或许会积劳成疾，对健康无益反而有害；运动量小，则达不到强身健体的效果。因此，只有适当的运动才能起到健身防病的作用。

方法二：贵在坚持，让孩子经常跑步才能有良好的健身效果

对于跑步这件事情，在刚开始时许多孩子会感觉新奇、有趣而非常乐意去做，然而，时间一长，就觉得枯燥乏味而不愿意去做了。这时，父母就要多给孩子讲讲早晨跑步对身体的好处，使他对跑步有强烈的好感，并且告诉他，持之以恒地跑步才能有良好的健身效果。在孩子跑累时，父母一定要鼓励他坚持下去，当他继续的时候要由衷地去肯定、称赞他，孩子听后有自豪感、成就感，那么

他就更有坚持下去的动力了。

另外，在早晨的时候父母最好陪孩子一起跑跑步，这样可以增进父母和孩子之间的亲子感情，缩小父母和孩子之间的距离。也可以和孩子一起互相监督，互相鼓励，共同提高身体素质，增强抵抗力。当然，跑累的时候，可以和孩子一起停下来做做小游戏，像你追我赶、爬双杠、走平衡木等。

习惯35：“我不想做广播体操了。”——坚持做广播体操

典型案例：

菁菁今年10岁了，上小学五年级。一天，班主任老师打电话到家里来，告诉菁菁妈妈，菁菁在课间锻炼的时候从来都不去做广播体操，请父母配合，一起说服她做广播体操。

晚上菁菁回到家，妈妈就问她：“宝贝，听说你们学校在课间都做广播体操，是这样的吗?”“是啊，但纯粹是浪费时间而已，有那个空，还不如多看会儿书呢。”菁菁不满地说。妈妈对菁菁说：“不能这样认为，学习固然很重要，但身体也很重要呀。做广播体操可以放松一下，锻炼身体，多好呀。”菁菁有些不同意妈妈的看法：“也就那么回事，同学们去操场也都是做做样子而已，没有几个人是真正认真地去做广播体操的。”妈妈继续开导她：“即使做做样子，也要到外面透透气，休息一下，对身体同样是有好处的，也有利于继续学习。”菁菁有些不耐烦地说：“有多大的用处呀，反正我不想去，也不会去的。”

面对菁菁这样一个固执的孩子，妈妈真拿她没有办法。

像菁菁这样，认为广播体操没有意义的孩子不在少数。其实，

做广播体操，能够促进血液循环，调节身体各部分的肌肉、关节和韧带的灵活性。对增进呼吸系统、运动系统、心脑血管系统以及神经传导系统的功能具有十分重要的作用，对促进孩子身体的正常发育和全面发展意义重大。

广播体操是根据人体生理卫生保健的需要来编排和要求的。因为孩子上课用脑时，大脑血流量会明显增加，身体其他各系统的血流量就会相应减少，时间一长，就会影响孩子的健康。而安排孩子在课间做广播体操，可以帮助其增加机体的血流量，从而平衡身体各系统，使其正常运作。

另外，广播体操动作舒缓、大方，乐曲健康明快，可以调整孩子的心态，愉悦孩子的心情，放松孩子的神经，陶冶孩子的情操，也可提高孩子身体的协调能力，锻炼其意志力。

方法指导：

方法一：循循善诱，让孩子爱上做广播体操

想让孩子坚持做广播体操，需要父母在平时多讲讲广播体操的好处，让孩子对广播体操有一个全面、正确的认识，从而促使孩子爱上做广播体操，并坚持下去。

放学了，佩佩跟妈妈唠叨："烦死人了，老师又要求我们做广播体操，只是伸伸胳膊伸伸腿而已，一点都不好玩。"

妈妈听到后，耐心地告诉佩佩："宝贝，你知道吗？广播体操是专门针对像你这么大的学生而创立的健身操。你想想看，在课堂上，你的两只眼睛是不是因为长时间地盯着黑板，变得又干又涩？上课时始终保持一种姿势，身体会不会感觉很僵硬、疲惫？而做广播体操呢，对减轻身体的疲劳，预防近视等都大有好处。在做广播体操时，不仅能够呼吸到新鲜空气，而且能伸展肢体，活动筋骨，缓解了学习的压力，放松了紧张的情绪，何乐而不为呢？做完了广播体操，然后再以饱满的精神投入学习，就能够达到事半功倍的效果，也不觉得太累了。”

听了妈妈的话，佩佩觉得很有道理。从那以后，她不再唠叨了，在学校里做广播体操时非常认真，还经常主动帮助老师组织同学们整队呢。

由此可见，只要孩子清楚了广播体操的益处，那么，他就会珍惜做广播体操的时间，认真、自觉地做好广播体操。

方法二：让孩子教父母做广播体操，以提高他的兴趣

假如孩子不经常做广播体操，那么父母可以让他教给自己做，并借机夸奖他，以提高孩子做广播体操的兴趣。

一天下午放学回到家，阳阳嘴里一边哼哼：“二二三四五六七八，三二三四……”一边摇头扭腰的。妈妈看到了，问他：“宝贝儿子，你在做什么呢？”

阳阳告诉妈妈：“体育老师今天教我们做广播体操了，我在练习呢。”“是吗？看起来很有趣呢，你教教妈妈好不好？”听到妈妈也想学习，阳阳更加带劲了，马上同意：“好。”然后做上肢运动、伸展运动、跳跃运动……阳阳做得可认真了，教得也很仔细，妈妈竖起大拇指夸奖他：“真棒！做得太好了！动作很标准！”

做完了整套的广播体操，妈妈拿着一块巧克力，说：“我要犒劳一下我的体操老师，奖给你这块巧克力当做礼物吧。”“太好了！”阳阳接过来，说：“谢谢妈妈！”

除此之外，父母也可以请老师在孩子做广播体操时，在全班同学面前表扬一下他，还可以对经常和孩子一起玩的同班同学说：“做广播体操时，你们一块去。”如此三管齐下，孩子就能长期地坚持做广播体操了。

习惯 36：“吃饱饭我就不想动了。”——晚饭后散散步

典型案例：

一到了晚上，祥祥就会显得很懒惰，每天吃过晚饭之后，他就会一屁股坐到沙发上看电视，然后到房间里写作业，完事了就去睡觉。

妈妈看到祥祥这状态，就想拉他出去走走。于是，妈妈坐到祥祥身旁，问他：“宝贝，陪妈妈到外面散散步好不好?”“不要。”祥祥一口拒绝了。妈妈问他：“为什么呢? 去吧。”祥祥不情愿地回答：“我不想动了，到外面去多累呀，还是在家里看电视比较舒服。”妈妈继续劝他：“宝贝，你知道吗? 刚吃饱了饭就坐在那儿看电视，就会越来越胖，小肚子也会越来越大的。赶快和妈妈一起出去走走吧，外面人可多可热闹了。”祥祥却不以为然：“妈妈，我真的不想去。”

无奈的妈妈只好自己出去散步了，祥祥这孩子，让他下楼散会儿步可真难呀！

俗话说：“饭后百步走，活到九十九。可是，像祥祥这样一吃过饭就不想动弹的孩子还真是大有人在。现实生活中，许多孩子吃完饭就习惯性地往沙发上一躺，目不转睛地看电视，或者一动不动地坐在电脑前玩游戏等，这很容易加重肠胃的负担，尤其是刚吃完饭就玩电脑游戏，脑部和肠胃都急需供氧，这种情况下对肠胃的损害是很大的。针对这种情况，父母要告诉孩子晚饭后散步的好处。

比如，可以对孩子讲，晚饭后散步可以促使胃肠蠕动增加，有利于消化，更容易让他的身体长高或变得强壮；还可以让他头脑清

醒，心情愉快，少生病，等等。相信孩子明白了其中的道理，会对散步感兴趣的。当然，最好和孩子一起散步，这样才有利于孩子慢慢养成习惯。

方法指导：

方法一：散步要选择合适的时间、地点

吃过晚饭，最好不要立刻带孩子去散步，应该先让孩子休息大概 15 分钟左右，使胃里的食物消化一些，再出门活动，就更有利于消化吸收了。散步的时间也是有讲究的，最好在一个小时以内为宜。假如时间太短的话，身体就得不到有效的锻炼。而如果时间过长呢，会使孩子更加兴奋，从而导致睡得比较晚，身体得不到充分的休息，恐怕会影响第二天上课的状态。

散步的地点也要好好挑选一番，不能在大马路边，否则的话车来车往的，孩子就成为吸尘器了。可以在小区里走一走，也可以到广场上看热闹，如果离家不远有小公园就再好不过了。

方法二：享受天伦之乐，动员全家人一起散步

想一想，在每个温馨的夜晚，全家人在一起愉快地散步，边走边聊天，是一件多么惬意的事情。如此一来，不仅让父母放松心情缓解压力，也会让孩子释放多余的精力，而且这也是一家人交流沟通的好机会，有利于培养相互之间的感情，增进亲子关系。

每天傍晚，吃过晚饭，妈妈就会喊上爸爸，拉着冉冉一起，到小区里的空地上散散步。

徐徐的轻风吹拂着脸颊，很舒服。从家到小区的空地有一段距离，冉冉总会观察到一些小细节：角落里哪棵月季的花儿开了，张阿姨又换了一条新裙子，隔壁的宠物狗被拴上了一条链子……来到空地上，人可真多呀，这边是邻居李奶奶组织的老年舞蹈队，那边是王爷爷举行的歌唱比赛，还有许多孩子穿着溜冰鞋在中间穿梭。

冉冉可高兴了，她一会儿听听唱歌，一会儿学学跳舞，还嚷嚷着要妈妈给她买一双溜冰鞋。

要回家了，妈妈问冉冉："我们一家人在一起散步很好，对不对？"冉冉深深地点点头，肯定地说："对。妈妈，我们明天再来吧，以后我们每天都来散步好不好？""好。"

千万别小看散步这件小事，因为从中能够体现出浓浓的亲情。一家人其乐融融地在一起享受天伦之乐是一件多么幸福的事情。所以，让每天晚饭后的散步成为一种习惯吧。

习惯37："我不喜欢打球。"——选择球类运动

典型案例：

月月今年上小学四年级了，她是一个很不爱活动的小姑娘。

星期天，妈妈收拾房间时整理出了一副乒乓球拍。收拾完房间后，妈妈拿着球和拍子问月月："乖，和妈妈一起去打球吧。""我不去。"月月不答应。妈妈问："为什么呀？"月月皱起了眉头："我不喜欢打球。"妈妈继续问："为什么不喜欢呢？打球可以锻炼身体，很有意思的。""哎呀，妈妈，我不去啦，我都不会打乒乓球。"妈妈笑了笑，说："原来是这样啊，没关系，没打过肯定不会，妈妈教你。你看你越来越胖了，打打球还可以减肥呢。"可是，月月仍然不同意："不，我不要学，打球太累了，不想去。"

无论妈妈怎样劝说，月月就是不去打球，真拿她没办法。

孩子不想参与球类运动，很大一部分原因是由于不清楚球类运动的益处，当然也有很多孩子对球类运动不感兴趣。因此，父母一定要让孩子明白球类运动的好处，培养孩子对球类运动的兴趣。

事实上，孩子经常做球类运动，有利于增强体质、促进健康。因为做球类运动时要在场地上不停地移动、跳跃、转体等动作以便将球击到对方的场地，因此增加了上、下肢和腰部肌肉的力量，加快了全身的血液循环。球类运动还可以控制体重、塑造体形，促进身高增长，等等。

首先，由于球类运动要求孩子在短时间内对瞬息万变的球路做出判断并果断地给予反击，所以，长期进行球类运动，还能提高孩子神经系统的灵敏性和协调性。其次，在运动的过程当中，孩子能逐渐学会调整自己的状态，面对无法预料的情况时能控制好自己的情绪并快速想出应对的方法。另外，球类运动对孩子良好性格的形成能产生巨大的影响，培养他的意志力、自制力、责任感以及团队协作、密切配合等品德，这些对孩子的成长都至关重要。

如上所述，孩子清楚了球类运动对身体的益处，就会自发地投身于练习当中。父母还应当让孩子明白，孩子身体健康是父母最大的心愿，这在一定程度上比学习好要重要得多。

方法指导：

方法一：教给孩子正确的打球方法，让他对球类运动感兴趣

球类运动不仅能满足孩子跑动的需求，而且还有竞技的乐趣，避免了枯燥、乏味，容易使孩子爱上它。然而，刚开始时，孩子可能会因为球类运动比较复杂，不能够完全掌握技巧或者规则而畏惧打球。这时，父母就要教给孩子正确的打球方法，让他对球类运动产生浓厚的兴趣才行。

爸爸是个乒乓球迷，每次电视上有乒乓球赛，爸爸都会看，像一些国际级别的大赛，更是每次都不落下。

受爸爸的影响，晖晖也经常会看球赛。这不，星期天的上午，父子俩人又坐在一起看电视乒乓球比赛了。晖晖忍不住赞叹：“哇，

他们可真棒！”“是啊，你想不想像他们一样？”爸爸问晖晖。“想。”晖晖毫不犹豫地回答。“那么你和爸爸一起练习打球吧。”晖晖想了想，说：“可是我不会呀。”爸爸立刻回答：“我可以教你呀。”说做就做，爸爸拿着球拍、球，带着晖晖一起来到了离家不远的小公园里。那儿有乒乓球桌，晖晖来到桌旁，他感觉无从下手，不知道怎样打。爸爸告诉晖晖打球时的动作：身体前倾站稳，仔细看球，迅速判断球的位置，果断出手反击，连续攻球不能放松。只有勤动脑，多动手才能打出好球，等等。

在爸爸的指导下，经过一段时间的练习，晖晖打乒乓球的水平越来越高。一有空闲，他就缠着爸爸去打球，不去都不行呢。

由此可见，为孩子讲解运动的规则，让他知道应该怎样去打。一旦孩子迷上了某项球类运动，并且做得非常好，那么他就会主动地去参加了。

方法二：最好的亲子运动，和孩子一起打球

不知道身为父母的你听没听说过打球是最好的亲子运动？经常和孩子在一起像玩游戏那样打球吧。千万不要小看了这些小运动，打球看似普通，其实可以有效增加家庭成员之间的感情。

星期天的上午，天气很好，妈妈想带群群出去玩玩。但是，出去做什么好呢？这时，妈妈看到墙上很长时间都没有用过的羽毛球拍，好久没打羽毛球了，嗯，就是它了。

妈妈将羽毛球拍摘下来，和群群商量：“亲爱的，咱们一起去打羽毛球好不好？”群群有些顾虑：“可是，妈妈，很久没打，我都不会了。”“没关系，我可以再教教你呀。再让你三个球，你看行不行？”听到这话，群群一口答应下来：“行，没问题。”

于是，母子俩来到附近的一个公园里，看好了场地，开始了。“你先练练。”妈妈对群群说。于是，群群开始拿着拍子上下打球。

差不多了，妈妈问他："你在哪边？"群群感觉了一下风向，说："这边。"他毫不客气地选择了顺风的场地。"机灵鬼。"妈妈笑着用嘴努了一下群群，群群也咯咯地笑了。为了让群群多赢球，妈妈还给自己画了一个直径大约2米的圆圈，规定出圈打球就算失分，这下子，更乐坏了群群，他得了好多分，越打越带劲。

该回家了，群群问妈妈："咱们下次什么时候再来打球呀？""由你来决定吧，我随时奉陪，宝贝儿子。"妈妈笑着回答他。

动员孩子一起做球类运动，不仅可以让孩子的身体更加健康，更重要的是，能够和孩子和谐地在一起，分享快乐。

习惯38："来，陪爸爸一起下围棋吧。"——培养孩子对棋类的爱好

典型案例：

豪豪今年10岁了，他是个非常聪明的孩子，可就是有些懒惰，不爱活动，无论爸爸妈妈教他做什么，他都不乐意去做。

爸爸呢，是个围棋迷，哪怕两天不下棋，手就发痒。这不，星期天的上午，豪豪正在家里看电视，爸爸的"棋瘾"又犯了，想让妈妈和他一起下，可妈妈要整理房间。于是，爸爸想到了豪豪，便走到客厅里，对他说："乖儿子，陪爸爸一起下围棋吧。""不要，我不会。"豪豪立刻拒绝了。爸爸仍不放弃："不会我可以教你啊。"然而，豪豪看都不看爸爸一眼，直直地盯着电视，说："不，我还是看我的动画片吧。"爸爸不依不饶，说："看电视多没意思呀，还是和我一起下棋吧。"豪豪依旧不同意："我才不下棋呢，我要看电视。"

哄了半天也不能让豪豪下回棋，爸爸无奈，只好去找其他的事

情做了。

像豪豪这样对棋类运动一点都不感冒的孩子不在少数，其中主要的原因在于孩子并不清楚它的有趣、有益之处。因此，父母可以告诉孩子棋类活动的好处，使孩子对它产生浓厚的兴趣。可以从以下几个方面讲起：

其一，棋类运动有助于智力开发，增强想象能力，增强分析能力和记忆力；其二，棋类运动能够提高思维的逻辑性、灵活性、敏捷性和严密性；其三，棋类运动能够丰富文化生活，增进与周围人之间的友谊，陶冶高尚情操；其四，棋类运动能够培养顽强勇敢、坚毅沉着、机智灵敏等许多优秀的意志与品质……当然，在跟孩子讲解棋类运动的这些好处时，可以结合实际的例子或者孩子的具体情况，用孩子比较容易接受的方式或语言讲解，这样效果会更好。

总之，棋类运动是将竞技、艺术、文化融为一体的智力类体育项目，能够有效地提高孩子的智商和情商，增强孩子的综合能力。

方法指导：

方法一：培养兴趣，让孩子爱上棋类运动

俗话说得好："兴趣是最好的老师。"想要让孩子爱上棋类运动，首先就要让他对棋类运动产生十分浓厚的兴趣才行。

一天，爸爸买来了一副精致的五子棋，回到家里，就要和震震玩几盘。可是，震震一点都不会。于是，爸爸和妈妈先开始玩，震震在一旁看着。

爸爸和妈妈一边下，一边告诉震震下棋的规则，教给他怎样摆放棋子，怎样布局，等等。看了一会儿，震震吹牛说自己已经学会了，迫不及待地将爸爸赶走，和妈妈下了起来。虽然刚开始输了几盘，但震震很聪明，渐渐地棋艺就赶上妈妈了，偶尔还能赢妈妈一局，每当这时，他别提有多高兴了。

每当在家里空闲的时候，震震就会缠着爸爸或者妈妈下棋，有时候输了就不服气，要求继续再下，不下都不行呢。

由此可见，只要孩子对某项棋类运动了解得越来越多，规则掌握得越来越全，水平越来越高时，那么他的兴趣就会越来越浓。

方法二：多鼓励表扬，经常陪孩子一起下棋

父母最好抽出空来多陪孩子一起下下棋，为了增添趣味性，可以和孩子进行比赛，也可以事先准备好奖品，赢了就可以拿到奖品，这样一来，下棋也就成了非常好的亲子游戏。

孩子刚开始学习下棋时，可能会一直输。这时，父母千万不要嘲笑孩子，一定要帮他找出失败的原因，像朋友一样安慰、鼓励他，来增加孩子的信心。时间一长，即使经常失败，孩子也能坦然面对。父母也要告诉孩子下棋时需要专心、耐心、细心，并让他懂得“棋错一步，满盘皆输”的道理，以此来提高孩子的心理承受能力。当然，父母偶尔也要故意输给孩子几回，尤其是对于输不起的孩子，不然的话，孩子可能会对棋类运动失去兴趣。

每当孩子走对了一步棋或者走出了一步妙棋时，父母绝对不能视而不见，一定要竖起大拇指夸奖他：“这步走得真好，太聪明了！”“哎呀，这步棋可真妙，你是怎么想出来的？”如此一来，孩子就会更加喜欢棋类活动了。

习惯39：“和同学们一起参加比赛感觉挺好的！”——积极参加各种体育比赛

典型案例：

一天早晨，隔壁的晓雨来找磊磊一起去学校。只见晓雨没有穿校服，而是穿着一套宽松的运动服，脚上一双运动鞋。见到他穿成这个样子，磊磊妈忍不住问：“晓雨，你怎么不穿校服反而穿成这样?”

晓雨回答说：“阿姨，磊磊没有和您说过吗？我们班和三班的同学今天要举行足球比赛，我穿成这样是要去参加比赛。”磊磊妈笑了笑，说：“是这样子啊，那么预祝你取得好成绩。”“谢谢阿姨。”晓雨懂事地说。妈妈接着问磊磊：“你怎么没有换上运动服呢?”磊磊在一旁不屑地说：“我没有报名参加什么足球比赛。”“为什么呢?”“妈妈，我不想参加好不好，一点意思都没有。”

妈妈告诉磊磊：“和同学们一起参加比赛挺好的呀，不仅锻炼身体，还能增进和同学们之间的友谊……”磊磊却不以为然，妈妈还没说完，他就拉着晓雨边跑边向妈妈道别：“妈，我走了。”

参加各种体育比赛，能够给孩子提供展示自我的机会，使他的表现欲望得到满足，还可以帮助孩子树立正确的竞争意识，激发他积极向上、勇于进取的精神。然而，像磊磊这样，不喜欢看比赛，也不喜欢参加各种体育比赛的孩子有很多。这是由于孩子并不清楚参加体育比赛的益处。因此，父母一定要想办法引起孩子的兴趣，让他乐于参加体育比赛。

在参加体育比赛的时候，由于同伴的加油和助威，孩子就会感觉到自己受到他人的尊重，自己在集体中的重要性，能够有效地增强孩子的自信心和自尊心。在参加体育比赛时，孩子能清楚地认识到集体力量的巨大，使他自觉自愿地为集体增光，这是培养孩子集体荣誉感的好方法。假如比赛胜利了，它所带来的快乐和成功的体验，可以帮助孩子增强自信心。假如比赛失败了，那么就会增强孩子总结经验的能力以及抗挫折能力。由此可见，多参加各种体育比赛，对孩子的身心健康发展有良好的促进作用。

方法指导：

方法一：多陪孩子欣赏各种体育比赛，刺激他对体育比赛的兴趣

平时，父母要抽出一些时间，多陪孩子欣赏各种体育比赛，在这期间，父母也可以给孩子讲一下关于体育项目的有关知识。另外，在家里父母也可以经常和孩子进行一些比赛。

暑假里，爸爸一有空就会看各种体育比赛，并且也会带着峥峥一起看。这一次看的是足球比赛，刚看了没几分钟，峥峥就觉得无趣不想看了。爸爸拉着峥峥，告诉他："儿子，你知道吗？足球是目前世界上最受人们欢迎、影响力最大的体育项目，许多国家都把足球定为国球呢。"峥峥半信半疑："是吗？足球有那么好吗？""当然了，一场精彩的足球比赛，可以吸引成千上万的观众呢。你看，看那观众席上，人真多啊。"顺着爸爸的手指，峥峥看了看电视上，真的有很多人正聚精会神地看球赛呢。峥峥也被感染了，于是坐下来好好地看比赛。

不仅喜欢上了看比赛，峥峥还经常参加学校组织的各种体育比赛呢。

由此可见，和孩子一起热情高涨地观看或者进行一些比赛，不仅能够缓解生活、工作以及学习上的压力，而且能够激发孩子热爱体育比赛的兴趣。

方法二：让孩子明白，友谊第一，比赛第二

平时，父母要鼓励孩子多参加学校里组织的一些体育比赛，如拔河、跳远、田径，等等，次数多了，孩子就能积极主动地参加各种比赛了。同时，父母也要关注孩子的心理素质和状态，让孩子明白比赛的目的、意义以及作用，从而正确地引导孩子，让他认识胜负、输赢的关系，使孩子树立起"重在参与"的竞争意识。可以这

样告诉孩子：比赛最重要的是发挥出自己的水平、检验自己的能力，坚持“友谊第一，比赛第二”的优良作风。这样一来，孩子才能以平常的心态参与到比赛当中。

习惯 40：“学不会没关系，只当玩水好了。”——在保证安全的条件下游泳

典型案例：

放暑假了，妈妈给宽宽报了游泳班，期望他能学好游泳这项技能。在报名前，宽宽还是很愿意去学习的，可上了一次之后，就跟妈妈说不想学习了。

前几节课，宽宽嫌水太凉不肯下水，妈妈以为是他怕水，习惯了就好了。可都已经上了 5 次了，宽宽还是不想去学，一说要去游泳馆就哭哭啼啼的。妈妈问宽宽为什么，他说难学，还经常挨老师的批评。妈妈只好开导他：“学不会没关系，只当在玩水好了。既然报上了名就要坚持学完，如果真不想学的话下学期就不报了。”可是，宽宽还是不能放下心里的包袱，一说去学游泳就显得很紧张。于是，妈妈和教练沟通，问是不是给宽宽的压力太大了。教练却不屑地回答：“孩子不给些压力哪能学会呀？”

现在，妈妈很郁闷，对于宽宽学习游泳这件事情，是该放弃还是该坚持呢？放弃吧，担心宽宽养成知难而退的坏习惯，将来承受不了挫折。坚持吧，看他紧张害怕的样子，真的很委屈。

游泳是一种生存技能，也是一种体育锻炼，最好每个孩子都要去学。至于学习到什么程度，还需要父母根据孩子的具体情况而定。像宽宽这种情况，父母不要着急，学不会千万不要责怪他，只

要培养出他良好的水感就可以了。

游泳是一项有益于身心健康的健身活动，既能培养孩子的生存技能，也能帮助孩子锻炼身体。具体而言，游泳能够促进孩子身体的健康发育，增强孩子身体的协调性和心脏功能，从而使孩子锻炼出一颗强而有力的心脏；游泳还可以加快新陈代谢，增强人体对外界的适应能力，从而提高孩子对疾病的抵抗力和免疫力。此外，在游泳时，水对肌肤、汗腺、脂肪腺的冲刷能够起到很好的按摩作用，使皮肤光滑而富有弹性，有利于孩子的皮肤健康。

由此可见，游泳对孩子综合能力的提升十分有利，对孩子智力、身心等发展大有好处。所以，父母不妨紧跟时尚，教孩子学一学游泳。

方法指导：

方法一：和孩子一起游泳，其乐无穷

假如孩子不乐意学游泳或者不喜欢游泳，父母可以陪他一起去，这样孩子心理上会有安全感。当然，和孩子一起游泳也会其乐无穷。

妈妈给尧尧报了游泳学习班，开始时，他很害怕，不敢下水，还在游泳池边哭了。跟着教练学了几次后，尧尧说没有学会，就不想学了。

妈妈耐心地劝说尧尧：“乖儿子，现在放弃挺可惜的，今年放弃，明年肯定还要学的。”可是，尧尧一副很沮丧的样子，对妈妈说：“我不想学，真的不想学了。”这可怎么办呢？妈妈思来想去，决定也报名和尧尧一起学习游泳。

第二天，两人来到游泳馆，妈妈就一直陪着尧尧，在水里玩耍或者做一些教练教的基本动作。尽管花费了不少时间，但尧尧进步很大，基本的动作慢慢地都学会了，游得距离也越来越远，以前只能游一半，现在一口气能游一个来回。最后，在妈妈和尧尧的共同努力下，尧尧在游泳馆举行的比赛当中还拿了二等奖呢。妈妈很高兴，尧尧也很开心。

需要注意的是，孩子学习游泳时父母一定要不间断地督促他练习，不然效果不好。在学习的过程中，父母要耐心地鼓励孩子，避免他半途而废。另外，父母最好制订一个适合孩子特点的学习计划，使孩子渐渐对游泳产生浓厚的兴趣，从而增加他学习的动力。

方法二：安全第一，避免一切不利因素

孩子游泳时一定要注意安全，在游泳的过程中，必须有父母的陪同，并根据孩子的水性、年龄、身高等因素，选择安全的水域游泳。

在下水前，父母不能让孩子吃过多的食物，避免食物压迫气管。当然，为了给孩子补充体力，可在游泳前半小时让孩子吃些食物，不饿即可。游泳前，父母还要教孩子先做些准备活动，让他舒展一下四肢，还可以用冷水帮他擦身，以快速适应水温。由于孩子的体力有限，孩子在水中的时间不宜过长，当他感觉疲劳或不舒服时，一定要让他马上上岸，以免发生意外。当孩子大汗淋漓时不宜马上再次进入水池，要先用毛巾擦干汗水，待毛孔收缩后再进入水池中，以免身体受到刺激。另外，游泳结束后，父母一定要督促孩子清洁身体，避免游泳池中的化学药剂或细菌、病毒等留在皮肤上。需要补充的是，在学习游泳时，一定要找专业的教练，也要保持适当的运动，只要培养孩子的游泳爱好就行。

习惯41：“宝贝儿，出去活动活动，别老在家待着。”——多参加户外活动

典型案例：

涵涵先天体质较弱，每逢流行感冒来袭，她必中招。因此，爷

爷奶奶爸爸妈妈都对涵涵保护有加，成天不让她出门，除了上学以外就让她天天在家待着，怕她在外面伤风感冒。

八九岁的年纪，正是好动的时候。虽然有大人的限制，但依然阻挡不住涵涵的活动。有一次，涵涵和几个小伙伴在楼下玩踢毽子，奶奶看到了，赶紧拿了条围巾，快速地跑下了楼，对涵涵说：“宝贝，又出汗了吧，快，围上，别让风吹着了，小心感冒。快，跟奶奶回家玩去。”说着，奶奶就用围巾帮涵涵把头和脖子都围了起来，并不顾涵涵的反对将她拉回了家。

对于大人们限制自己出门这件事情，刚开始时涵涵不怎么习惯，因为房间里没有什么好玩的，只有毛毛兔、芭比娃娃等乖乖女玩的玩具，但时间一长，涵涵也就习惯了，反正也出不去，在家里看看图画书、电视，玩玩电脑游戏也很自在。

后来，妈妈发现涵涵越来越沉默寡言了，性格也很孤僻。她想：虽然孩子乖乖地待在家里不会被风吹日晒，但是还是应该多到户外活动活动比较好。

有关调查显示，目前我国儿童身体的各项发育指标都有明显的提高，但是，孩子的体能却在逐渐下降，稍微运动一下就显得很累，抵抗力也比较弱，假如一个班里有一个孩子感冒，就会迅速传染一大片。为什么生活水平提高了，营养丰富了，孩子长高长胖了，可他们的体能却呈下降的趋势呢？原因主要有三个方面。第一，许多父母像涵涵的长辈们那样，将她捧在手心里，担心外出参加户外运动会使她感染疾病，殊不知，越是这样体能越差，从而形成恶性循环。第二，父母认为孩子的身体很壮实，没有必要再做体能锻炼，这是糊涂的认识，就像缺少一顿饭就不能够补充能量一样，缺乏运动就会减弱体能。第三，许多父母觉得孩子整天在家动个不停，运动量早就够了。其实不然，孩子身体自然的生长是不能

取代户外运动的，尤其是攀爬、骑车等大量运动是孩子成长必不可少的。

假如孩子缺乏户外运动的刺激，那么他就会对运动持消极的态度，没有热情也没有技能。如此一来，器官和肌肉长期得不到有效的锻炼，以致体型走样，运动能力低下，甚至智力也会受到一定程度的损害。所以，父母一定不要按照自己的需要来安排孩子的空闲时间，千万不要让孩子在孤独中成长。父母可以帮助孩子选择形式多样的且适合他的户外运动，来满足他基本锻炼的需要。

方法指导：

方法一：忙里偷闲，多带孩子到户外做运动

假如父母很少带孩子外出到户外做运动，那么孩子就几乎没有外出游玩的欲望，更不知道户外游戏的乐趣。因此，父母要尽量抽出时间，多带孩子到户外做运动。

每逢周末或者节假日，妈妈都会抽出时间，和峥峥一起到户外做各种运动。比如，去公园跑步，去郊外踏青，等等。

这不，春天来了，天气晴朗，周末爸爸妈妈就带着峥峥一起去爬山。这下，峥峥可高兴了，一路上他都是蹦蹦跳跳的，精力十足。开始爬山了，峥峥快速地跑在最前面，妈妈追在后面提醒他："不要爬太快，还有很长的距离呢，不然一会儿你就没有力气了。"峥峥握起拳头，对妈妈说："我还有很多力气呢。"尽管这样说，但还没爬一半，峥峥就坐在路边的岩石上，不肯继续往上爬了。妈妈也坐下来，对峥峥说："宝贝，累了吧？休息一下。你看，草儿都发出了嫩芽，满山都变得绿油油的了，还有许多小花儿，五颜六色的，多么好看。太阳照在身上暖洋洋的，春风拂面可真舒服。""对呀，对呀，这比在书上看到的图画要漂亮、生动多了。"爸爸也参与到了谈话当中。

过了一会儿，妈妈拉着峥峥继续爬山。可是，峥峥直嚷嚷着太累了，不想再爬。妈妈于是鼓励他："泰山那么高你都爬上去了，这小山头算得了什么？走吧，马上就到山顶了。"峥峥深吸了一口气，站起来和爸爸妈妈一起继续往上爬。

户外运动做什么，应该怎么做，父母最好不要硬性安排，而要让孩子自主选择、自创玩法，同时父母要积极参与其中，以自己饱满的热情感染孩子，从而激发他运动的兴趣。

方法二：多带孩子到大自然中，并教他掌握运动的技能

户外活动对孩子的成长是非常有利且十分重要，因此，父母要让孩子从小就养成户外运动的习惯，并教他掌握更多的运动技能。

大自然对孩子有着强烈的吸引力，对培养孩子的观察力、动手能力、交往能力、思考能力等都十分有帮助。在孩子的眼里，树林是他的朋友，蚂蚁是他的伙伴，和大自然的一草一木亲近，孩子就能够和自然亲密对话。有空的时候，可以带孩子去踏青春游，和他一起走一走、看一看、摸一摸、说一说，使孩子感到自由轻松，沉浸在自然环境的美好之中。假如有条件的话，父母还要带从小被"囚禁"在高楼大厦里的孩子去农村，让孩子体验一下农村生活。

需要注意的是，所有的户外活动必须在安全的前提下才能进行，家长要查看活动场地是否合适，活动用具是否存在质量问题，等等，并充分考虑到孩子的身心承受能力。

第五章　学习好习惯：让孩子拥有丰富学识

习惯 42：“老师课堂上是怎么讲的呢？”——养成上课认真记笔记的习惯

典型案例：

10 岁的辉辉今年上小学五年级了，令妈妈头疼的是，他上课时不认真听讲，也不记笔记，因此他的成绩一直很不好。

据老师反映，辉辉在上课时总是玩钢笔、文具盒、矿泉水瓶等物品，也经常和同学交头接耳，从来都不记笔记。因此许多知识辉辉都是一知半解，每次做作业时稍微有些难度就需要妈妈辅导。一天晚上，辉辉开始写作业了，刚翻开书本，辉辉就咬着笔杆发呆。妈妈走过来，看到辉辉这个样子，就猜出了八九分，便问他：“宝贝，你是不是又遇到难题了？”辉辉撅起小嘴，说：“是啊，妈妈，有道题我不会做了。”妈妈看了一下，问他：“老师没有讲吗？”“讲过了，可是我忘记了。”辉辉回答。妈妈接着问他：“课堂上你没有记笔记吗?”辉辉低下头，小声地回答：“没有。”妈妈有些生气，继续问他：“你是怎么回事啊?”看着妈妈严厉的目光，辉辉没有再说话。妈妈叹了口气，语重心长地对辉辉说：“儿子，给你说过多少次了，在课堂上要认真听老师讲课，并且要记好笔记，不然的话，你这个样子怎么能提高成绩呢?”辉辉向妈妈保证：“我知道了，妈妈，以后我肯定会认真听讲，记好笔记的。”

然而，无论是批评还是辉辉自己保证，他都不能做到认真听讲、记好笔记，眼看就要升初中了，妈妈真替他担心。

有很多孩子都像辉辉一样，上课时注意力不集中，没有把心思放在学业上，不认真地做笔记。如此一来，势必会影响孩子的学习成绩以及智力的发展。所以，父母一定要时常提醒孩子，上课时注意听讲，并且认真记笔记。

父母可以讲道理给孩子听，告诉他注意力是学习和生活的基本能力，注意力集中与否直接影响学习成绩的好坏，听讲的最大“敌人”就是注意力涣散。集中注意力，上课时就能提高听课效率，进而提高学习效率。

有些孩子比较懒惰，在课堂上不愿意自己动手记笔记，或者在下课之后抄别人的笔记。针对这种情况，父母要告诉孩子，只有自己亲手在课堂上认真地记笔记，才能更好地理解、消化、掌握所学内容，增强记忆。当然，记笔记以不影响听课、思考以及理解的效果为前提。当记笔记与听课发生矛盾时，要以跟随老师的思路听讲为主，笔记可以缓记或者补记。不然的话，会影响听课效率和学习成绩。

方法指导：

方法一：教给孩子做笔记的方法，并教给他如何正确使用

孩子上课认真做笔记的好习惯并不是一天两天就能够培养出来

的，父母一定要教给孩子正确记笔记的方法，让他始终对笔记保持兴趣，并坚持下去。

暑假刚过，莉莉该上五年级了。这天下午放学回到家，看到莉莉一副惆怅的样子，妈妈就关心地问她怎么了？莉莉告诉妈妈，老师要求课堂上记笔记，但她不知道应该怎样记才好。

妈妈让莉莉坐在书桌旁，然后拿出几本笔记本，一项一项地教给莉莉应该怎样记：“宝贝，你看这儿有几本笔记本，以后呢，你要把不同科目的笔记分别记在不同的笔记本上。”莉莉点了点头，妈妈继续告诉她：“在课堂上记笔记时，要把握好时机，老师在黑板上板书时，要抓紧时间抢记，老师在讲授重点内容时，要挤出时间速记、简记。下课以后，要抽时间尽快补记。笔记的内容也很重要，重点、要点、难点以及课本上没有的内容一定要准确地记下来。对于没有弄懂的问题，也一定要记下来，课后好好思考或者询问老师。当然，记笔记并不是为了记而记的，而是为了使用而记。所以要经常翻看笔记，加深对所学知识的理解，达到温故知新的效果。明白吗？”

听了妈妈的一番讲解，莉莉深深地点了点头。

家长教给孩子正确使用笔记，能够帮助孩子端正记笔记的态度，不敷衍了事，从而使他更好地消化巩固所学的知识。

方法二：检查孩子当天的功课听懂了没有

只要孩子在课堂上专心听讲，一般都能听懂老师所讲的内容。因此，父母要时常“考考”孩子，检查一下他上课时有没有认真听讲。

泰泰放学回家了，妈妈问他：“儿子，今天你学了什么？”泰泰回答：“几个生字，还有几道题。”“你都学会了没有？”妈妈继续问道。泰泰不假思索地说：“学会了。”

这时，妈妈翻开了泰泰的课本，他指给妈妈看今天所学的内容。看到了一道题，妈妈问泰泰："这个我也不会呢，你能不能给妈妈讲讲？"泰泰看了看，说："这个还不简单吗？妈妈，我来教你。"于是，妈妈坐在一个小板凳上，认真地听泰泰讲，到了知识点的关键之处，妈妈还会故意向泰泰提问，让他回答。讲完了，妈妈夸奖泰泰："真好，妈妈都听懂了。"

从那以后，泰泰没事的时候就要求给妈妈讲课听，没有时间听都不行呢。渐渐地，泰泰的学习兴趣浓厚了许多，学习成绩也提高了不少呢。

像泰泰的妈妈那样，让孩子给自己讲题，能有效地提高孩子上课专心听讲的兴趣。为了在父母面前大显身手，孩子也一定会认真听讲。

习惯 43："我不敢问老师问题。"——大胆提问、质疑

典型案例：

一天晚上，玮玮正坐在书桌前写作业。妈妈端来一杯牛奶给玮玮喝，看到他正拿着铅笔发呆，便问他怎么了。玮玮说有道题不会做了，妈妈问："这道题老师没有讲吗？"玮玮回答："讲过了，可是我没有听明白。""那么，你没有问老师吗？"妈妈继续问道。"没有，我不敢问。"玮玮小声地说。"为什么不敢问老师呢？"玮玮回答："我害怕老师和同学们说我笨。"妈妈轻轻地叹了一口气，告诉玮玮："宝贝，其他人不会说你笨的，老师反而会夸你是个不懂就问的好孩子。以后有不明白的就问老师，知道了吗？"玮玮点了点头。

在一次家长会上，老师向妈妈反映，玮玮从来不主动回答老师提出的问题。于是，妈妈鼓励玮玮："老师喜欢上课积极回答问题的学生，如果你不回答，老师就不喜欢你了。"玮玮噘起小嘴嘟囔："可是，我害怕回答错了。""错了不要紧，正好可以注意到自己哪方面没有学好，再好好地学学。""嗯。"玮玮答应了。

然而，性格内向的玮玮仍然不敢向老师提问题，也总是不能积极地回答问题。

养成向老师大胆提问题的好习惯，能够提高孩子的学习成绩，扩大他的知识面。更重要的是，可以增强孩子主动发现问题并解决问题的能力，培养他的创新实践精神。

然而，在老师把发问权交给孩子时，绝大多数的孩子会像上述案例中的玮玮一样，保持沉默或者告诉老师没有问题可问，在课堂上听讲时遇到问题当场主动提问的孩子更是少之又少。久而久之，孩子就会丧失向老师提问的意识和习惯，学习时不能真正地去思索。因此，父母要注重培养孩子向老师提问的好习惯，使他不断取得进步。

在老师提出问题时，往往也只有为数不多的孩子踊跃回答。众所周知，孩子在课堂上积极回答问题，不仅能集中注意力，锻炼口头表达能力，还能促使孩子的思维更加活跃，提高他的临场发挥能力。在课堂上，老师讲授的都是重点知识，孩子在上课的时候积极思考，一些问题就能当堂解决，从而加深了对知识的记忆和理解，从而提高孩子的学习效率。所以，培养孩子上课积极回答问题的好习惯，对孩子更好地领悟知识大有裨益。

方法指导：

方法一：给孩子总结回答问题的好处，鼓励他积极回答问题

许多孩子担心自己回答问题时，万一答错了会让老师和同学们

笑话。这时，父母就要帮助孩子端正心态，将上课时回答问题的好处告诉他，让孩子认识到，回答问题对学到的知识有帮助。

老师向妈妈反映，恒恒在学校里总是不能积极地举手回答问题，为了这件事情，妈妈特意找到恒恒谈心，问他是怎么个情况？

恒恒小声地对妈妈说："我要是回答错了，那多丢人哪。"妈妈耐心地对恒恒说："乖儿子，如果不回答就不能知道自己的错误了，到考试的时候仍然容易犯错，成绩就不理想，那时不就更丢人了。答错的好处就是可以把知识记得更牢，只要你积极地回答问题，即使在课堂上丢了人，到考试的时候却能取得更好的成绩，那时候就不会丢人了。"恒恒听了，点了点头。妈妈笑了，接着告诉他："班里有那么多同学，老师不可能每次都会叫你回答问题，在其他的同学回答问题时可以认真思考，想想自己是怎么解答的。同时呢，也要听取同学的不同解法，判断自己的答案是不是正确。这样呢，你就能看到自己不足的地方，从而改正。"

经过一段时间的锻炼，现在的恒恒已经能够非常自然地将手举起来回答问题了，并且，他的成绩也提高了不少呢。

除此之外，父母也要让孩子知道，多回答问题可以提高学习效率，锻炼思考能力，所以，每次回答问题的机会都值得去努力争取。只要举了手，就说明孩子在专心听讲、认真思考，这对他学到新知识同样是很有帮助的。

方法二：帮助孩子克服羞怯心理，鼓励他多问问题

许多孩子不敢向老师提问题，是由于性格内向、羞怯。因此，父母要培养孩子的自信心，让他正视自己，勇于表现自己。并且要鼓励孩子多问问题，告诉他向老师提问的重要性。

芮芮是个不爱说话的小女孩，有一次，妈妈问她："宝贝，老师讲的课你都能听得懂吗？"芮芮回答："有的能听得懂，有的听不

懂。”“那听不懂的你问不问老师呀？”芮芮摇摇头。

妈妈语重心长地对芮芮说：“宝贝，不明白的问题一定要向老师问，问了才能明白，学习成绩才能提高。假如不问的话，学习当中的问题得不到及时解决，时间一长，不明白的问题就会越来越多，学习起来就会越来越困难。”“可是，我害怕提问题时老师和同学们笑话我，怎么办？”妈妈抚摸着芮芮的头，告诉她：“宝贝，不会的。上次李老师还夸奖你助人为乐呢，你们班的小玉同学还告诉我你经常帮她辅导功课，这说明大家都很喜欢你。向老师提问题，不仅不会遭到耻笑，老师还会夸奖你是个不懂就问的好孩子呢。”

芮芮高兴地笑了，在妈妈的说服下，慢慢地，芮芮也能大胆、主动地向老师提问了。

父母可以请老师配合，当孩子向老师提出他所疑惑的问题时，请老师热情洋溢地在全班同学面前表扬他，从而增强孩子的自尊心，多次之后，孩子提问的热情就会越来越高。

习惯44：“没必要预习功课，反正明天老师也要讲。”——课前一定要先预习

典型案例：

丹丹今年11岁，正在上小学六年级。老师在课堂上要求同学们课前预习，课后及时复习，但丹丹却常常做不到。

眼看着就要升入初中了，妈妈很为丹丹着急，可她自己却不慌不忙。每天晚上早早地写完家庭作业以后，就会玩玩游戏或者看看电视，不肯多看一眼课本。每次妈妈对丹丹说：“乖女儿，去预习一下明天的功课吧，再复习一下以前学习过的知识。”丹丹有些不

耐烦："反正明天老师也要讲，根本没有必要预习。再说了，我这学期学得挺不错的，用不着复习。"妈妈语重心长地告诉丹丹："孩子，预习是学习的基础，能够起到事半功倍的效果。复习呢，可以温故而知新，帮助你提高成绩……"妈妈还没有说完，丹丹就不屑地说："好啦，妈妈，老师讲课的时候我很认真地听了，课本上的知识我都懂。好妈妈，我都上了一天的课了，你就让我娱乐一下吧。"

妈妈很无奈，无论怎么劝，丹丹都不愿意预习，也不复习功课。

预习能够提高孩子听课的效率，达到事半功倍的学习效果；及时复习呢，可以加深理解记忆，提高学习成绩。然而，一些孩子比较懒惰，宁肯多玩一会儿或者挨老师批评也不乐意预习或者复习。这时，父母就要给孩子讲道理，让他明白提前预习和及时复习对学习的益处，从而帮助他养成良好的学习习惯。

预习之后，孩子会带着问题去听课，目的性和针对性会更强，几乎所有的问题都能在老师的指导下当堂解决，对所学的知识也能加深理解，听起课来也会更加轻松、从容；预习也能增强孩子的求知欲望，可以启动他的好奇心和主动学习的积极性；预习还能使孩子获得心理上的优势，从而激励孩子更加热爱学习。

孩子所学的知识主要是间接的书本知识，并不是自己实践得来的，往往印象不怎么深刻，再加上孩子每天学习的内容很多，也不容易全部都牢牢记住。因此，只有运用科学的记忆方法，及时进行复习，才能记得久、记得准。根据复习的时间和内容，可以大致分成两种：一种是课后复习，一般情况下在当天进行，复习的内容主要是当天所学的知识；另外一种是系统复习，指的是在较长一段时间之后，集中一段时间对较多的知识进行复习。经过这两种复习，就完全能够帮助孩子巩固知识、查漏补缺、排除学习时所遇到的疑难问题。

只要孩子明白了预习和及时复习是提高学习效率和学习成绩的重要环节，相信他会努力做的。

方法指导：

方法一：教给孩子提前预习的方法，并坚持检查预习的效果

孩子听课的效果，取决于课前的准备——预习做得如何。因此，父母平时要督促孩子对以后要学习的内容进行提前预习。有些孩子，不知从何下手，这时，父母就要教给他适当的方法，来帮助孩子。

妈妈非常关心辰辰的学习，每天晚上当他写完作业之后，就会叮嘱他："明天的讲课内容预习了没？"

如果还没有，妈妈就会坐到辰辰身旁，叫他拿出课程表，对照着看一看第二天上什么课。然后让辰辰通读一遍课本上的内容，有新的公式或者单词的话，就多读几遍，留下印象。不能理解的知识就用笔标上问号，在重点内容画上相应的记号。在老师讲解的时候重点听这部分，加深理解和记忆。妈妈还告诉辰辰，课前预习用不着太深入，只要能把最基础的概念和例题看懂就可以了。

每当辰辰预习完以后，妈妈还会"检查"一下他预习的效果，抽几道题让他做一做。做对了，就会大力表扬辰辰，做错了也没关系，再耐心地给他讲一讲。时间一长，辰辰能够主动地预习了，学习成绩也在慢慢提高。

孩子的自制力较弱，必须靠父母的监督才能促使他长期坚持下来并形成习惯。因此，父母要付出一些时间，提醒孩子预习新课程的同时，也要对他预习的结果进行检查。

方法二：教给孩子及时复习的方法，并要求他进行整理、归纳

在孩子复习的时候，父母最好能够参与全过程，这样才能了解孩子所学的知识是否有漏洞。

晚上吃过饭，艳艳就很乖地开始写作业了。可是，写着写着，艳艳进行不下去了，有一道题难住了她，她于是翻开课本照着抄了起来。

这一幕正好被妈妈给看到了，妈妈对艳艳说：“孩子，你应该先复习一下今天所学的知识，将记的笔记重点复习一下，再动笔写作业才行。这样的话，就能巩固知识，减少困难了。”艳艳听着，点了点头，表示赞同妈妈的说法。“你也可以采取过电影的方式，有空的时候就在头脑中搜索一下课堂上老师所讲的内容，努力回忆出来。如果实在回忆不上来，再翻开课本或者笔记看一下，着重记记。当天复习当天学习的内容，到了周末呢，还要对一周所学的内容进行复习，每月可以进行一次知识总结、整理、归纳。”妈妈这样告诉艳艳。艳艳听后，点了点头。

其实，只要孩子明白，课后复习越及时，遗忘的越少，等时间长了再复习，遗忘得多了就等于重新学习，那样会花费更多的时间。那么，孩子会做到及时复习的。

习惯45：“让我抄抄吧，快点抄完我们一起去玩。”——独立、按时完成作业

典型案例：

10岁的欢欢今年上小学五年级了，他是个聪明活泼的孩子。但是欢欢写作业时总是拖拖拉拉。

星期天，凯凯来家里找欢欢一起写作业。只见凯凯翻开作业本，握着笔很专注地写着。而欢欢呢，要么吃点饼干，要么玩弄魔方，没有闲着的时候，但就是不写作业。凯凯时而催促欢欢：“快点写作业吧，写完了咱们就出去玩。”欢欢却不着急：“我写作业很快的，你把你的写完就行了。”

等到凯凯写完了作业，欢欢连一个字还没有写呢。看到凯凯在收拾学习用品，欢欢说：“让我抄抄吧，等抄完了咱们就可以出去玩了。”凯凯犹豫说：“老师说过不能抄袭别人的作业。”欢欢却不以为然：“没事，老师不会知道的。”于是，凯凯不情愿地将作业本递给了欢欢。

老师布置的家庭作业，是孩子学习的一个重要组成部分，能够让他更熟练、系统地理解、掌握课堂上所讲到的知识点，是帮助孩子巩固知识，提高学习成绩的重要手段。

然而，有些孩子像案例中的欢欢一样，不愿意自己下工夫做作业，要么抄袭他人的作业，要么在家里缠着父母替他解答。这样的孩子，学习的自觉性和自学能力比较差，很难真正地掌握知识，一旦离开了父母或者老师的检查督促，将不愿或者不知道应该怎样学习了。因此，父母要让孩子知道，独立、按时完成作业是每个学生的职责，是他自己义不容辞的责任，是他分内的事情。

方法指导：

方法一：不做“监工”，让孩子独立完成作业

许多父母在孩子写作业时喜欢坐在旁边“监工”，或者一旦发觉孩子的作业有差错或者不会做时，就马上指出来并给他讲解。殊不知，这样做容易使孩子对父母产生依赖性，也妨碍他独立思维能力的发展。所以，父母尽量不要陪着孩子写作业，让他独立完成最好。

皮皮这孩子可调皮了，晚上在家里要么看电视，要么模仿着侠客的样子耍几招功夫。写作业时，也会拖拖拉拉，一边写一边玩，经常写到10点钟。

没办法，妈妈就又搬了一张椅子，倒上两杯水，坐在皮皮旁边，边喝边看他写作业。可是，妈妈这样做居然产生了效果：皮皮确实老实了不少，终于端端正正地坐在那儿写作业了。可是事情并不像妈妈想的那么顺利，皮皮一会儿说脖子疼，一会儿说屁股疼，一会要看数学，一会又要看英语。后来，妈妈才了解到，那是因为皮皮心理紧张，遇到了难题，害怕妈妈训斥，才换另外一个科目。没想到，好心监督，却成了皮皮的心理负担。

后来，妈妈没有再坐到皮皮身旁了，而是给他规定：每天8点钟必须开始写作业，只要完成了，便可以离开书桌。这下，皮皮可高兴了，他总是能快速地写完作业，然后继续和他的假想敌过招。

事实也如此，父母陪孩子写作业会引起孩子的紧张情绪，增加他的心理压力，反而不利于学习。因此，父母可以适时地给予孩子辅导和点拨，不一定非得陪着他写作业。

方法二：帮助孩子分析不能按时完成作业的原因，从而对症下药

孩子不能够按时完成作业是有许多原因的，比如，孩子贪玩不乐意做；作业难度太大；作业太多……对此，父母可以针对具体原因，找到解决问题的方法，让孩子主动、按时完成作业。

一天下午放学回到家，晶晶就和妈妈抱怨："我们数学老师真不好，每天都布置那么多作业，写都写不完，烦死了。"妈妈没在意，对她说："不着急，慢慢写呗。"

吃过晚饭，晶晶和同桌打电话："我打算今天不写作业了，太多了，写完不得10点了，连一点玩的时间都没有，我已经做好准

备挨老师的批评了……”可能是同桌在那边劝晶晶，最后她不高兴地挂掉了。这时，妈妈走过来，问晶晶：“老师布置了多少作业呀？他没有按照你们的能力来布置吗?”晶晶撅起小嘴，拿着课本指着对妈妈说：“您看，这儿两页，这儿三页，这儿还有一页，都要写完，今天晚上不用睡觉了。”妈妈看了看，给晶晶想了一个好办法：“亲爱的，你看，一共是 6 页，这样，你每做完两页就自由活动 10 分钟，你想休息也好，想看电视也行。等玩好了，你再去写作业，写了两页，再去玩。这样的话，写作业的时候你就认认真真地写，玩的时候好好玩，也不会感觉作业特别多，需要写的时间太长，反正是边写边玩，也有玩的时间。”

晶晶想了想，照妈妈的方法去做了。由于将作业分成了若干份，写起来也就不觉得很多很累了。

需要注意的是，当孩子不能够按时完成作业时，父母一定要冷静对待，不要过分指责或者责罚孩子，否则容易导致不良后果。父母要想办法激励孩子写作业的兴趣，可以适当地给孩子一些奖励或表扬。

习惯 46：“今天我又迟到了。”——按时上学，不迟到

典型案例：

10 岁的岩岩今年在上小学四年级，他是个很淘气的孩子，不好好上课、学习，经常迟到、早退。

每天早晨，妈妈喊了岩岩一遍又一遍，可他总是赖在被窝里不肯起床。妈妈做好了早餐，岩岩仍然在睡觉。于是，妈妈对他说：“儿子，再不起床早饭就凉了。”岩岩却不以为然，他闭着眼睛

“嗯”了两声，翻了个身继续睡。妈妈见岩岩依然故我，就警告他：“再不起床我就真不管你了。”可是，岩岩假装没有听见。半个小时后，岩岩揉着眼睛起床了，但这时离上课时间只剩下不到20分钟了。这可怎么办？岩岩慌忙穿好衣服，刷牙洗脸上厕所，拎起书包就跑出了家门……到了学校，上课铃声早已响过，岩岩又迟到了。

下午下班回到家，妈妈惊讶地看到岩岩正坐在沙发上看电视。看了看时间，离岩岩放学还有10多分钟呢。于是，妈妈问他：“你下午没有上课吗？怎么这么早就回来了？”岩岩告诉妈妈：“下午有两节课是音乐课，我可讨厌上音乐课了，就回家了。”“那你这样做不是早退了吗？还经常迟到，你这个学还想不想上了？”岩岩却满不在乎地说：“音乐课那么烦人，我才不要上呢。”

这孩子，不好好上课，学习成绩也不好，真愁人！

迟到或者早退，是生活中司空见惯的一种现象，成年人上班有时也会由于这样那样的原因而迟到或早退，甚至公司里有人经常性地迟到、早退。孩子上学，由于特殊的原因偶尔迟到一次也是可以理解的，但如果像案例中的岩岩那样，习惯性地迟到、早退而影响学习成绩时，就需要引起父母的注意了。

孩子经常性地迟到、早退，虽然老师批评，同学提醒，父母责罚，但是似乎都不管用，还满嘴理由与借口。其实，每次迟到或者早退时，孩子的心里都是诚惶诚恐、忐忑不安的。如此一来，孩子就不能以最佳的精神状态投入到每天的生活和学习当中，直接影响他的身心健康发展。所以，父母要想尽办法，帮助孩子改掉这些不良的习惯。

方法指导：

方法一：让孩子认识迟到、早退的危害

假如孩子经常性地迟到、早退，父母就应该告诉他那样做的危害，让孩子在思想上有个正确的认识。

楠楠是个比较拖沓磨蹭的孩子，每天去学校之前都会收拾好半天，还总是找不着这找不着那。

这天，楠楠已经走出家门要去上学了，可她突然想起来文具盒忘记带了，于是告诉妈妈又匆忙地返回家里拿来文具盒。到了学校，老师已经在讲课了，楠楠只好硬着头皮敲门进去，老师批评她：“你怎么又迟到了？”可能是老师或者同学的眼神让楠楠有些受不了了，她不想在学校里待着，还没到放学的时间就跑回家了。

当妈妈得知详情后，语重心长地对她说：“宝贝，你今天到教室的时候，老师和同学们都已经开始上课了，影响了老师和同学的思路，耽误了大家的时间，他们肯定会不高兴的。你早退又耽误了一些时间，没有听完课，时间长了就会影响你的学习。等你长大了，走向职场如果仍然迟到、早退，就会失去公司的信任，可能也会失去工作机会。所以，从明天开始，别再迟到、早退了，好吗？”

听了妈妈的话，楠楠点了点头。第二天早晨她起得早了些，并提前准备好了上学的物品。

像案例中楠楠这样的孩子，父母要督促她提前准备好第二天上学要带的物品，也可以让孩子把上学时需要带的物品列一张清单贴在墙上，以提醒他自己。

方法二：减轻孩子对上学的抵触情绪，从而减少迟到、早退现象

有些孩子因为对学习缺乏热情和兴趣，或者跟老师、同学闹矛盾，却不擅长用语言表达不满，只好用迟到、早退的方式来逃避。针对这种情况，父母要帮助孩子减轻对学习的抵触情绪，提高他的学习兴趣，从而提高学习成绩，让老师和同学们对他刮目相看。等形成良性循环后，孩子就能够逐渐改掉迟到、早退的坏习惯。当孩子取得进步时，父母要适当地给予鼓励和奖励，以刺激孩子学习的积极性。

习惯 47：“这字怎么写得歪歪扭扭的?”——保持卷面整洁，书写要工整

典型案例：

萧萧今年9岁了，他写的字非常糟糕，一个个歪歪扭扭、大小不齐的。以前，妈妈以为萧萧慢慢就能写工整的，可没想到一点转好的迹象都没有。

这天，萧萧拿着一张试卷，愁眉苦脸地过来让妈妈签字。妈妈看到试卷的标题下方有几个鲜红的字：字体潦草，卷面不整洁。妈妈对萧萧说：“你看，被扣分了吧。早就告诉过你，把字练一练，就是不听。给你买的字帖，也不好好地临摹。”妈妈一边说着，一边将试卷翻到另外一页，指着上面的一道题目说：“你看，这道看图说话的题目，已经预留了出这么大的空间，你还是不够用，非得写到外面去。一个个张牙舞爪的，真不清楚老师是怎么看明白的。还有，字写错了斜着划一道就可以了，为什么非得涂那么黑?”

萧萧低下头，一副很委屈的样子，说：“我也练了，可就是写不好怎么办呢?”妈妈只好安慰萧萧：“字也不是一下子就突然写好了，平时再加紧多练练，慢慢地，就能写好了。”然而，无论怎么着，萧萧的字仍然写得像天书一样。

俗话说得好：“文如其人，字如其人。”由此可见，字是一张名片，能够显现出一个人的文化修养和性情才能。对于孩子来说，写字可以帮助他巩固、理解知识，锻炼他左右脑的平衡，提高他的观察力、注意力及分析能力，同样可以增强孩子的意志，陶冶他的情操，培养他的审美能力。然而，仍有许多孩子像萧萧那样，字写得

不够工整、漂亮。有的老师为了改善学生的卷面状况，考试时对于书写规范、卷面整洁的孩子适当地加分，反之不加分甚至还会扣分，这从某种程度上对规范孩子的书写起到了一定的积极作用。

当然，规范孩子的书写也需要父母的大力支持与配合，孩子在家里写作业时，父母要提醒和督促孩子书写端正，字迹大小均匀，不随便涂抹。时间一长，孩子就会牢固树立“卷面整洁，书写工整”的意识，从而摒弃不良的书写习惯，让自己的作业及试卷看起来赏心悦目。

具体而言，如何让孩子养成良好的书写习惯呢？

方法指导：

方法一：重在教孩子练好基本功

培养孩子卷面整洁、书写工整的良好习惯，父母在平时就要教孩子练好基本功，而且这一项要常抓不懈。

聪聪今年 10 岁了，正在上小学 5 年级。从上幼儿园开始，妈妈就经常教她练字。

每天吃过晚饭，聪聪写作业时，妈妈就会对她说：“宝贝，要记得把字写端正哦，字体的大小要保持相同，不能忽大忽小，也不能七歪八扭的。作业本也要保持整洁，在写某道题的答案之前，要把答案想清楚再写，不能随意乱写。”考试之前妈妈也会提醒她：“考前要检查好文具，准备好各种笔和工具，便于书写或答题时选择。另外，考试答题时出现笔误是难免的，交卷前一定要进行详细的检查。出现错误要涂改时，一定不能改得乱七八糟。”

在妈妈“预防针”的提醒下，聪聪的作业本一直很干净，字体也十分漂亮，她也从来没有丢过卷面分。

在平时，父母一定要对孩子严格要求，在帮他检查作业时，不仅要注意答案是否正确，也要看他的书写是否工整，卷面是否整洁。另外，尽量不要让孩子使用涂改液或更正纸等工具，要教他想好了再下笔，不能轻率地书写。

方法二：耐心引导，用心鼓励

平时，父母要让孩子将练字带入日常的各科作业中，必须对他反复强调一笔一画都要认真地写，每一个字都要做到工整，不能粗心、随意。孩子书写时，父母要注意他的笔顺，尽量帮他做到规范、正确。可以教孩子注意每个字的布局、结构等，有空时，父母也可以让孩子欣赏一些好的书法作品，培养他的书写兴趣。

另外，孩子在成长的过程中需要赞美和鼓励的陪伴，父母可以挑出孩子写得比较好的字，然后赞赏他说："这几个字写得挺好，你看，横平竖直，架构也比较平稳，不算大也不小……"这样一来，肯定比单纯地批评孩子效果要好得多。只要孩子取得了哪怕丁点儿的进步，父母也要及时给予夸奖和鼓励，这样才能增强孩子的自信心，从而激励孩子写得更好。

习惯48："我不知道先做哪门功课好。"——制定合理的学习计划

典型案例：

8岁的昕昕今年上小学三年级，虽然他平时学习挺用功，但他的学习成绩一直都不怎么理想。

每天下午放学回到家，昕昕就打开书包写作业。这天，昕昕像以前一样在书桌前认真地写啊写，妈妈给他倒了一杯牛奶，便坐在旁边看着他。妈妈发现，昕昕学习时像个无头的苍蝇一样，一会儿学数学，没过几分钟又翻开了语文课本。妈妈于是问昕昕："儿子，

你有没有制订一个适合自己的学习计划?”“什么学习计划呀?”昕昕反问。妈妈告诉他：“就是先做什么，后做什么，做到哪种程度或水平，心里都要有个数。像你这样，平时不注意对知识的积累和巩固，学习效果自然好不到哪儿去，怎么能考出好成绩呢。”昕昕听得有些不耐烦了，说：“可是，妈妈，我数学遇到了两道难题，想了半天也没做出来，我只好绕道学语文。”结果都晚上10点多了，昕昕的语文和数学作业也没有完成。

有许多像昕昕这样的孩子在学习时都比较盲目，没有计划，这直接导致孩子不能很好地实现学习目标。俗话说得好：“凡事预则立，不预则废。”意思是说，无论做什么事情，如果事先有了打算和计划，那么就能取得好的效果，否则的话，就容易失败。

孩子的学习也是一样的道理，没有明确学习计划的孩子，心理压力比较大，总觉得有许多事情都需要去做。打个比方，有的孩子明明在写着英语单词，可他的脑子里却惦记着数学题，没过一会儿又想起作文还没写呢？这样一来，孩子既浪费了时间和精力，又不能够实现预期的学习效果。如果制订了学习计划，就可以帮助孩子有步骤、有条理地实现学习目标，逐步帮助孩子提高学习效率和成绩。

因此，每个孩子都应该制订一套完整的且适合自己的学习计划，并且脚踏实地、一步步地完成它。

方法指导：

方法一：留有余地，帮助孩子制订切实可行的学习计划

孩子的学习计划不能制订得过高，否则的话，不仅难以执行，而且容易挫伤孩子的自信心。因此，在帮助孩子制订学习计划时，一定要留有余地，充分考虑好其可行性。

一天下午，霖霖放学回到家，拿着一张试卷让妈妈签字。妈妈

一看，试卷上面用红色的笔赫然写着“70分”。妈妈没有说什么，就在家长签字一栏里写上了自己的名字。

霖霖低着头，对妈妈说：“妈妈，老师说了，让我们想想下次考试时要考多少分，我明天告诉老师我要考90分吧，以后我肯定会努力学习的，争取考90分。”妈妈微笑着对霖霖说：“宝贝，你现在的成绩是70分，如果在短时间内一下子考到90分有些难度。你可以这样，每天晚上按时预习、复习，下次考75分，下下次考80分，再再下次考85分……慢慢地，你会发现自己一直都在进步。还有呢，计划不如变化快，在实现计划的过程中可能会遇到一些问题和困难，你可不能半途而废呀。”

听了妈妈的话，霖霖想了想，说：“不会的，妈妈。我能坚持下去，还会把以前落下的功课都补上的。”妈妈抚摸着霖霖的头说：“真乖。”

当孩子计划执行结束或者执行到某个阶段时，父母应当帮助孩子检查一下是否达到了目的。假如没有，就要找出原因，进行必要的调整，或修改学习计划，使其更加科学、合理。

方法二：帮助孩子制订长期计划和短期计划

长期计划指的是在一个比较长的时间内，比如说一个学期或者某个年级中，孩子想要达到什么样的目标，应该有一个大致的计划，不需要很具体，只要做到心中有数就行了。短期计划指的是一个月、一周甚至是几天或一天的时间内的明确目标和任务，孩子清楚了短期计划，就有了努力的方向。

这两种学习计对孩子而言都很重要，父母应当为孩子安排好这两种计划，同时要监督孩子的计划执行情况，不要让计划成为空话。

习惯49：“不用问同学了，我的成绩是最好的。”——虚心向别人求教

典型案例：

舜舜今年10岁了，正在上小学五年级，他是个聪明好学的孩子，学习成绩很好，是班里的尖子生。

一天晚上，舜舜吃过饭就去自己的房间写作业了。写着写着，有一道题难住了他。舜舜翻开课本，发现课本上没有，笔记上也没有记。这可怎么办呢？舜舜坐在那儿抓耳挠腮，一副焦虑不安的样子。这时，妈妈正好进来看到了舜舜的窘态，便问他怎么了。舜舜说明了情况，妈妈看了看，然后给他出主意：“要不，你打电话问问同班同学吧。”“不用问了，妈妈，我的数学成绩是全班最好的，我都不会，其他人就更不用说了。”舜舜有些自豪地说。妈妈于是对他说：“那你就明天到学校问问老师吧。”舜舜却不以为然：“不用问老师，等我想一想也能答得上来。”

于是，舜舜继续埋着头，在草稿纸上演算了一遍又一遍，最终还是没能解答出来。

虚心向他人学习、求教，能够使自己获得更丰富的知识。可是，现实生活中有一些孩子却偏偏像舜舜一样，骄傲自大，认为自己不明白而问别人是一件很丢人的事情。其实，不懂就问，对于孩子而言是一件很容易的事情，但有的孩子却好面子，不好意思请教老师或同学，也不问父母，遇到问题就放在那儿了，日积月累，问题越积越多，学习的阻力就会随之增大。

因此，父母平时要多注意培养孩子谦虚好学的态度，让孩子明

白“天外有天，人外有人”的道理。鼓励孩子向比自己强的人学习，甚至鼓励孩子向不如自己的人学习。另外，在孩子提问题时，不要轻视孩子，而是应当鼓励和表扬他这种精神。让孩子明白，不懂就问是一种良好的学习习惯，也是一种谦虚的表现。

方法指导：

方法一：帮助孩子改掉不懂装懂的毛病

有些孩子有很强的虚荣心，为了给别人留下一个“博学”的印象，以获取他人的认可，或者得到一种心理上的优越感，常常不懂装懂，来掩饰自己在学识方面或者能力上的不足。这时，父母要帮助孩子改掉这个毛病，让他明白，承认不懂并不是一件羞耻的事情。

星期天的上午，姑妈带着表妹然然来家里作客，两个孩子在一起玩得可开心了。

过了一会儿，然然看到了门上的对联：春满人间福满门。由于是繁体字，然然不知道“门”应该怎样念，于是，便问晓晓：“姐姐，姐姐，这个字念什么呀？”晓晓看了一眼，说：“这你都不认识吗？真笨！”然然眨了眨眼睛，继续问：“那这个字念什么呀？”晓晓自己不知道，当然说不出来，只好说：“我不告诉你。”说完，就跑到自己的卧室玩了。

妈妈听到了两个孩子的谈话，她知道以晓晓的水平根本不认识繁体字的“门”。姑妈和然然回去了，妈妈问晓晓：“对联上的那个字你真的认识吗？”晓晓低下了头。妈妈语重心长地告诉晓晓：“宝贝，你不知道可以问妈妈。虚心向别人求教和诚实地承认自己不懂不是一件丢脸的事情，不懂没关系，只要想办法弄懂就行了。任何人的知识和能力都是有限的，都会有自己不明白的事情，这很正常。赢得大家的认可靠的是真才实学，而不是在别人面前吹嘘。”

晓晓点了点头，不好意思地说："我知道了，妈妈。"

平时，父母也要以身作则，敢于向孩子问自己不懂的问题。当孩子回答错了或说："我不懂"时，父母千万不要讽刺挖苦，更不要训斥责怪孩子。不然的话，会挫伤孩子的自尊心，为了不遭到耻笑，孩子就会更加不懂装懂。因此，父母应该肯定孩子实事求是的精神，允许孩子说："我不懂"。

方法二：教孩子虚心向周围的人求教

父母要培养孩子谦虚的品格，让他不懂就问，虚心向周围的人，比如，父母、老师、同学等求教。鼓励孩子经常和大家在生活和学习方面进行交流，以便提高自己。

当然，父母有一些不如孩子的地方，也应当虚心向孩子学习。父母这样做，一定会潜移默化地影响孩子，从而激励孩子虚心向别人学习。

习惯 50："我才不爱看那些没用的书。"——多阅读课外书，开阔眼界

典型案例：

皓皓今年上小学三年级了，每当写作文的时候，皓皓就感觉无话可说，根本写不出来。

为了帮助他写好作文，妈妈给皓皓买了许多课外书籍，有文学名著，有儿童小说，有小学生作文选……刚买回来时，皓皓感觉很新鲜，还会看一下，可是过了没几天就把这些书扔在一边再也不看了。

每天晚上只要写完了作业，皓皓就会离开书桌去玩玩具或者游

戏，根本不去看书。妈妈只好苦口婆心地劝他："儿子，写完作业后就多看看这些课外书吧，这些图书凝聚了作者的智慧，可以帮助你提高写作水平。"然而，皓皓却不以为然："看这些书能有什么用啊？还不如多看会儿动画片呢，那些课外书一点意思都没有，我才不要看呢。"

妈妈很无奈，这孩子怎么不爱读书呢？

在孩子积累知识的过程中，不能没有书的陪伴。广泛的阅读不仅能够丰富孩子的知识，开阔他的视野，而且能够开启孩子的智慧，陶冶他的情操，甚至对孩子未来形成正确的人生观、价值观和世界观都有重大的影响。

然而，现实生活中有不少孩子像皓皓那样，不喜欢阅读课外书，认为读书没意思。看来，孩子对图书的兴趣并不是与生俱来的，需要父母及老师循循善诱，一步步培养孩子爱好阅读的习惯。当然，父母也要起到榜样的作用，带领、引导孩子进行课外阅读。此外，父母最好和孩子一起制订灵活可行的阅读计划，在帮助孩子安排好课堂学习的同时，充分合理安排阅读时间，将课外阅读与休闲结合起来。

另外，父母也要考虑一下孩子的学业负担是不是繁重。假如孩子的课堂作业已经很多了，那么父母就不要强迫孩子每天必须阅读课外书籍了，必须留给孩子一些自由活动的时间来缓解他的学习压力，帮助他放松心情。

方法指导：

方法一：激发孩子对课外书的兴趣

培养孩子多看课外书的兴趣，父母要给予正确的引导。给孩子买书时，要注意知识性与趣味性相结合，以适应孩子的心理特点。父母不妨将选择的权利交给孩子，去书店的时候带孩子让他挑选自己喜欢的课外书。

筱筱可喜欢听故事了，每天晚上都是在妈妈讲的故事的陪伴下入睡的。这不，筱筱又缠着妈妈讲故事给她听了。可是，妈妈还有事情没有做完呢。

于是，妈妈拿出一本《儿童故事精选》给筱筱，并告诉她："宝贝，你看，妈妈讲的故事都是通过看这些书才知道的。这是其中的一本，你先拿去看看吧。"筱筱却不乐意："不嘛，我不要看书，我要听妈妈讲故事。"妈妈对筱筱说："可是，今天妈妈有许多事情要做呢。宝贝，这本书可有意思了，这上面有许多个小故事都特别有意思，比妈妈讲得还精彩呢。""是吗?"筱筱看了看封面，还拿在手里翻了翻。妈妈继续对她说："小时候，我最喜欢看这样的故事书了，你也可以经常看看。"听了妈妈的话，筱筱将书捧在手里，有滋有味地看了起来。

有空的时候，妈妈就会和筱筱一起看书，和她交流交流心得，还鼓励她把书中的故事情节讲述出来。筱筱也很乐意看书，她开阔了视野，丰富了知识，有时还和妈妈一起讨论。

从例子中可以看出，只有引起孩子的阅读兴趣，调动他阅读课外书的热情，孩子才会主动读书，而他的阅读水平也会逐步提高。

方法二：提供良好的阅读环境，让孩子满眼是书

培养孩子良好的阅读习惯，首先要为孩子提供一个良好的阅读环境。比如，孩子正在安心看书的时候，父母做事情尽量要放轻动作，电视、音响等音量要调小一些。这样一来，孩子就不会分神，从而能集中精力阅读了。

除了真正对孩子有害的课外书，父母一定不要刻意约束孩子阅读的范围和种类。假如条件允许的话，父母可以多买些书放在孩子每日见到并触手可及的地方。只要孩子每天所见的都是书，即便他

只是随意翻翻，时间一长也会对书籍产生兴趣。

当然，读书的氛围也很重要。除了常抽时间和孩子一起看书之外，节假日的时候可以多带孩子去书店、图书馆等场所，带孩子进入阅读的场所，那么他就会不由自主地阅读了。

第六章　思维好习惯：让孩子充满智慧

习惯 51：“我怕被人嘲笑，不敢提问。”——培养孩子善于提问的好习惯

典型案例：

10 岁的小蕊正读小学三年级，她的性格比较内向，平时不爱说话，和同学交往也很少。多数孩子小时候对一切充满了兴趣，满脑子装的都是问题，可是在爸爸妈妈的印象中，小蕊从小几乎没问过什么问题。当然，老师也反映小蕊很少问问题。

在小蕊 6 岁那年，爸爸出差回来给她带来了一个非常可爱的玩具娃娃，这个娃娃会说会笑，会唱会跳，非常神奇。可是，尽管小蕊也非常喜欢这个玩具，但她并不怎么感到好奇，也不想知道这种娃娃为什么会有这种神奇的功能。爸爸问她：“蕊儿，你想知道这种娃娃为什么会唱会跳吗?”蕊蕊摇摇头，似乎并不关心。爸爸有些失望，本来想借这个机会，来启发孩子的思考，可是这孩子怎么一点好奇心都没有呢？

后来，爸爸妈妈出行时总喜欢带上她，他们希望女儿能多见见世面，也想激发一下女儿的好奇心，培养她善于思考和积极提问的习惯，可是女儿似乎对什么事情都兴趣不大，更别说提什么问题了。

“唉，这孩子怎么会这样呢？”父母对这个不爱问问题的孩子似乎也犯了愁。

伟大的科学家爱因斯坦曾经说过：“提出一个问题，比解决一个问题更重要。”善于提问说明孩子的求知欲强，也说明了孩子比较善于思考。当然，不善于提问并不能说明孩子没有求知欲，也不能说明孩子不善于思考。孩子不善于提问的原因是多方面的，父母们不必着急，应当“对症下药”解决问题。

一般情况下，孩子在小时候会对很多事物感到好奇，满脑子都会充满问号，可是像例子中的小蕊这样不喜欢问问题的孩子还是比较少见的。当然，孩子不喜欢问问题，可能有多种原因。比如，性格的原因，有的孩子性格内向，不太喜欢向别人问问题，但是并不代表他们心中没有问题，他们可能更倾向于通过自己的努力去寻找答案。还有的孩子，心中有问题，但出于各方面的顾虑，不好意思问问题，这当然是对年龄稍大些的孩子而言的。还有一种孩子，可能本身对事物并没有太大的兴趣，例子中的小蕊有可能就属于这样的孩子。针对这样的孩子，父母一定要鼓励孩子多提问、善于提问，认真对待孩子提出的每一个问题，激发并保护他的求知欲。

当然，孩子提出问题之后，父母不仅要认真地回答，还要适当地启发、提问，以引导孩子深入思考，从根本上掌握解决问题的办法。当孩子在父母的正确引导下解决问题之后，就会感到非常兴奋，也会充满自信心和成就感。久而久之，善于提问的习惯就能养成。

方法指导：

方法一：认真对待孩子提出的问题

10岁前，孩子随着年龄的增长好奇心也越来越强，遇到问题，就会不断地追问父母“为什么”，直到把你问得筋疲力尽、理屈词穷。面对这种情况，有些父母会显得不耐烦：“哪来的这么多‘为什么’？大人正忙着呢，自己一边玩儿去，别烦我！”孩子得到这样的答复，多数会带着遗憾，悻悻离去；也有的孩子被父母的吼叫吓住了，可能会止不住地流下眼泪；但无论如何，父母这样做都会产生一系列的后果。比如，以后遇到类似问题不再向父母请教；刚刚萌芽的想法还没来得及冒出来就被各种担忧吓了回去；对于想问而又不敢问的问题会通过不正常的渠道来解决，等等。

所以，对于孩子提出的任何问题，父母都应当抱以认真的态度来回应，来解决。不仅如此，还应不失时机地多问孩子几个“为什么”，以启发孩子的思考，激发孩子提问的兴趣，这样孩子渐渐就会养成爱提问的好习惯。

方法二：掌握回答孩子问题的技巧

孩子的小脑瓜里常常会有千奇百怪的想法，自然也会问些五花八门的问题，有些问题在父母眼里简直很幼稚，很古怪，甚至让人很难堪。但是无论如何，父母都不要对孩子的问题漠然视之或者喝斥，因为只要能够提出这些“问题”，就说明孩子的大脑在思考。既然如此，父母就应该正确引导和鼓励孩子，对一些比较“棘手”的问题采取适当的技巧来回答，甚至可以和孩子一起寻找问题的答案。

6岁的峰峰对自己从哪里来的很感兴趣，他记得自己曾经问过妈妈这个问题，当时妈妈告诉他，他是妈妈从肚子里生出来的。可是，现在6岁的他已经不满足这个答案了，他想知道更深层次的答案。

这天从学校回来，峰峰又问妈妈："妈妈，老师今天跟我们讲，说我们都是妈妈生出来的好孩子，可是妈妈为什么会生孩子呢？爸爸怎么不会生呢？"看来小峰在学校没好意思问老师，就把这个问题带回家里来了。妈妈听了这个问题一怔：看来问题有些严重了，这"坏"孩子怎么想起这个问题来了？尽管这样想着，但是妈妈并没有责怪峰峰或者回避问题，她稍稍思索了一下便回答道："宝贝儿子是爸爸和妈妈爱的结晶，是爸爸和妈妈共同生育的。"小峰听后，似懂非懂地点了点头。妈妈见小峰似乎还有疑问，于是带着小峰来到电脑旁。不一会儿，妈妈从网上搜到了几个关于儿童性教育的网页。妈妈边让小峰看示意图，边给他讲解。在妈妈耐心、细致的讲解下，小峰终于明白怎么回事了。

小峰妈妈回答孩子问题的方式非常值得父母们借鉴。

习惯52："看，月亮在树梢上睡觉呢！"——积极联想的孩子更聪明

典型案例：

读三年级的杨杨是个非常富有想象力的小姑娘，深得老师和同学们的喜爱。这天放学后杨杨照例坐在客厅的小书桌旁写作业，一旁的爸爸走过来，当看到女儿的作文本上写着"月亮静静地躺在树梢上睡觉，太阳躲在云层里偷偷地看着它……"这样的话语时，马上提醒女儿："你怎么能够这样写呢？月亮和太阳能够同时出现吗？赶紧改过来，再说了'月亮挂在树梢上'这不是很好的句子吗？为

什么非要写成‘月亮在树梢上睡觉呢’？”

听爸爸这么一问，杨杨也不知道该怎么回答了，只好按照爸爸的意思改了回来。

从例子中可以看出，杨杨是一个非常富有想象力的孩子，不幸的是她丰富的想象力被自以为是的爸爸给抹杀了。“月亮挂在树梢上”是很好的一句话，可是“月亮静静地躺在树梢上睡觉”不是更有想象力，更富有诗意吗？另外，“太阳躲在云层里偷偷地看着月亮睡觉”这样的表述看起来有问题，但凡有些天文常识的人都知道，在特定的日子月亮和太阳是可以同时出现的，我们的古人就有“日月同辉”的说法，杨杨的表述又有什么问题呢？即便孩子的表述不符合天文常识，她这种丰富的想象力也是值得肯定的。

现实生活中父母或老师扼杀孩子想象力的例子并不少见，父母或老师总以为自己见多识广，以为孩子的想法是异想天开，所以总是以自己的“权威”压制孩子，“纠正”孩子的“错误”，这样做就扼杀了孩子的想象力。

一个缺乏想象力的孩子，只能循规蹈矩，成为复制父母和老师言行的机器，相信任何一位父母都不希望看到这样的结果。那么，具体而言父母应当怎么做呢？

方法指导：

方法一：丰富孩子的知识

知识是想象力的基础，要想培养孩子的想象力，父母要经常有计划地带孩子到大自然中去，让孩子多接触山川河流、花鸟虫鱼以及其他自然景观等。有条件的家庭还可以带孩子乘汽车、火车、飞机等交通工具去旅行。孩子的见识广了，想象力自然会丰富。

此外，父母也可以多让孩子读一些图画书，多做一些游戏，让孩子在文字和游戏中展开丰富的联想。

方法二：保护孩子的想象力

培养孩子的想象力，还要充分保护孩子的想象力。在一些父母眼里总认为孩子的想象很幼稚，而自己也懒得理睬孩子这些小儿科的“异想天开”，可惜孩子宝贵的想象力就在这种淡漠之中消失殆尽了。下面我们来看一位伟大的妈妈是怎样保护儿子的想象力的。

在美国的一个家庭里，一位小男孩正在开心地玩耍，他玩得非常高兴，不断地在沙发上跳过来蹦过去，似乎想要飞出去一样。这时他的妈妈从厨房里走出来叫他吃晚饭，男孩兴奋地对妈妈说：“妈妈，我要飞到月亮上去！”慈爱而机智的母亲，既没有扫孩子的兴，也没有给孩子讲一些天文方面的大道理，只是微笑着说：“去吧儿子，但不要忘记回家吃饭！”

很多年过去了，这个孩子真的登上了月球，在月球上迈出了“人类的一大步”——他就是世界著名的宇航员阿姆斯特朗。而他返回地球的第一句话就是：“妈妈，我回来了！”

有一位伟大的母亲，才会有一位伟大的儿子。阿姆斯特朗的母亲无疑是伟大，但是她教育孩子的方式并非多么伟大，她只是用很普通的一句话进入到了孩子的内心，从而保护了孩子那宝贵的想象力的火花。

方法三：给孩子充分想象的空间

想象力在各种智力因素中是最需要空间的，因为想象就是在原有事物的基础上运用发散思维展开丰富的联想，让原有的事物发酵、膨胀、升华从而形成新的事物。这个过程就需要突破时空和原有事物的局限，从而达到一种理想状态。当然，这一过程也需要更多的创造力。可是在现实生活中，很多父母却没有给孩子足够的想象空间，结果扼杀了孩子的想象力。

给孩子充分想象的空间要求父母尊重孩子的想法，即便有些想

法看起来很幼稚、很荒唐，父母也一定要耐着性子支持和鼓励孩子，启发孩子的想象力。

习惯53："妈妈，这些思考题我都不会做。"——独立思考、独立解决问题

典型案例：

小凯是家里的独生子，爸爸妈妈把他视为"宝贝疙瘩"，爷爷奶奶对他更是宠爱有加，所以他从小就事事依赖父母，无论遇到什么问题总是找大人们来解决，自己根本不想动脑子。

这天，他吃过晚饭做家庭作业时遇到了几道不会的数学题，于是对着在厨房洗碗的妈妈大喊道："妈妈，有几道题我不会做，你来帮我一下。"妈妈听到他的喊声，放下手中的碗筷，赶紧从厨房里赶了过来，帮他做出了答案。可是妈妈转身刚走了没几分钟，又听到小凯大声喊他爸爸帮忙："爸爸，我的文具盒怎么扣不上了？你过来看看怎么回事。"正准备洗澡的爸爸听到喊声，穿上衣服从卫生间里出来，帮小凯扣上了文具盒……

小凯平时总这样，无论遇到什么事情、问题，总是喊爸爸妈妈来解决。对此，他的爸爸妈妈已经习以为常了。

孩子未来的成长和成功都离不开独立思考和独立解决问题的能力。很显然，任何一位父母都不可能陪伴孩子度过一生。那么，这种情况下，孩子独立思考的能力就显得十分重要了。生活中，像小凯这样的情况并不少见。现在的孩子大多数是独生子女，多数父母对独生子女非常偏爱，而孩子们似乎也过惯了"饭来张口，衣来伸手"的生活，遇到困难和问题从来不想动脑子靠自己的努力来解

决，多数情况下会让他们的保姆——父母来帮忙。

这种情况下，孩子独立思考问题、独立解决问题的能力就会大打折扣，而父母似乎也已经习惯了这种生活。从例子中可以看出，小凯的父母就属于这样的父母，在他们眼里或许认为：我们也有自己的事情要忙，与其慢慢引导孩子独立思考、独立解决问题，还不如直截了当告诉他答案或帮助他解决更方便一些。可是，这样长期下去就会形成一种恶性循环：孩子一遇到问题就会找父母解决，而父母“义不容辞”的做法，又加剧了孩子对父母的依赖，这样怎么可能培养出孩子独立思考、独立解决问题的能力呢？

方法指导：

方法一：给孩子提供独立思考的机会

生活中，常常会听到一些父母抱怨自己的孩子遇事懒得思考，不动脑筋，可是父母们可曾想过，在孩子成长的过程中，你给他独立思考的机会了吗？孩子遇到问题时大多数父母会直接告诉他答案或者替他解决，从来不给孩子独立思考和解决问题的机会，长此以往会扼杀孩子的思考能力和创造能力，更谈不上培养孩子独立解决问题的能力了。

对于10岁左右的孩子而言，他们的好奇心和探索欲正是旺盛的时候，这时候孩子的小脑袋瓜里充满了无数的“为什么”，在这一阶段如果父母能够正确引导孩子，启发孩子，那么孩子的好奇心和求知欲就会越来越强烈，他的思考能力和独立解决问题的能力也会越来越强。因此，培养孩子独立思考的习惯，父母首先要给孩子留出更多独立思考的机会。

方法二：培养孩子独立思考的能力

培养孩子独立思考的能力，父母要学会引导孩子思考。在与孩子相处或交谈的过程中，可以用商量的口吻与孩子进行讨论或协商，给孩子更多思考的余地。比如，可以问孩子“你觉得怎么样会更好”、“你为什么这样想”等问题，以启发孩子的思考。

萌萌的妈妈非常注重培养女儿独立思考的能力，生活中萌萌遇到问题或者难题后，妈妈都会巧妙地启发她的思考。

有一次，萌萌问妈妈：“妈妈，飞机为什么能在天上飞呢？”听到这个问题，萌萌的妈妈没有像其他父母那样直截了当告诉孩子答案或者一句话敷衍了事，而是面带微笑地问她：“宝贝，你这个问题很好，你认为飞机为什么能在天上飞呢？”萌萌瞪着小眼睛思考了一会儿说道：“妈妈，是不是飞机也像鸟儿一样有翅膀，所以才能在天上飞啊？”妈妈马上夸奖道：“哎呀，我们家的小公主可真是聪明伶俐，竟然能知道飞机为什么能在天上飞呢！”萌萌听到妈妈的夸奖，站在一旁“咯咯”地笑个不停。

萌萌的妈妈无疑是一位明智的父母，在多数父母面临孩子的问题直接给出答案时，萌萌的妈妈有效地启发了孩子的思考。相信，在这样的教育方式引导下，萌萌一定能养成独立思考的好习惯。

习惯 54：“苹果里怎么会有五角星？”——引导孩子多角度考虑问题

典型案例：

6 岁的小震刚刚进入小学一年级，有一次老师布置了一道非常有趣的课外作业，让他们拿回家做，第二天再交上他们的作业。这道题是这样的：如何在苹果里发现五角星？

小震回到家吃完晚饭就开始坐在书桌旁思考这个问题，可是想来想去也找不到答案。于是他走进厨房从冰箱里拿了一个苹果细心观察起来，可是苹果浑身上下都找不到一个五角星啊？最后他只好把苹果切开来看，可是依然没有五角星的影子。是不是老师的作业有问题呢？小震托着小腮帮百思不得其解。这时爸爸走了过来，问明情况后从厨房又拿了一个苹果，然后当着小震的面把苹果横向切开了——令人惊奇的现象出现了，苹果里果然有一个“五角星”。“哦，原来是这样！”小震兴奋得手舞足蹈。

爸爸趁机告诉小震，老师出这道题的目的就是考察学生们多角度思考问题的能力。

“横看成岭侧成峰，远近高低各不同”，苏轼《题西林壁》中的这两句诗就是告诉我们，同一事物，从不同的角度去看，就会产生不同的效果。从教育意义上讲，就是要培养孩子多角度看问题的能力和习惯，这对孩子的成长十分重要。例子中小震的老师出了那么一道题，目的也是为了考察孩子们多角度思考问题的能力和习惯。为什么小震最初没能找到答案呢，原因就在于他已经习惯了父辈们传下来的“切苹果”经验——纵向切法，用这种方式永远也无法从苹果里找到“五角星”。

的确，生活中像小震这样不懂得多角度看问题的孩子不在少数，造成这种状况的主要原因在于父母或老师的教育方式，这种教育方式让孩子已经习惯了定势思维，习惯了从单一的角度来看问题，解决问题。然而，未来社会的发展是千变万化的，孩子未来的生存环境和面临的竞争也将充满更多的变数，要想让孩子更好地立足于未来社会，从现在起就必须要重视培养孩子多角度思考问题的能力和习惯。

那么，具体而言，应该怎么做呢？我们来看下面的方法指导。

方法指导：

方法一：不要给孩子的思维设限

生活中有很多父母会自觉不自觉地给孩子的思维设限，比如，告诉孩子什么事情应该怎样做，不应该怎样做。如果孩子按照自己的意图做事，就会受到奖励，反之则会受到惩罚等等。如此一来，孩子的思维模式就跟父母越来越趋于一致。这种情况下，孩子就很难养成多角度思考问题的习惯了。所以，锻炼孩子多角度思考问题的习惯，父母一定不能给孩子的思维设限。下面我们来看一则小故事。

一位牧师为了准备第二天的演讲主题而绞尽脑汁地思考着，可是一旁的小儿子非要缠着他讲故事，牧师被孩子搞得很不耐烦，于是随手从桌子上拿了一张旧地图撕成了几片，然后对孩子说道："乖儿子，如果你能把这张地图拼起来，我就会给你讲故事，你可以用任何方式去做。"牧师的儿子听了这话，接过地图碎片开始在地板上认真地拼起来。

不一会儿，牧师的儿子把地图拼好了，他兴奋地告诉牧师："爸爸，你看，我把地图拼好了！"牧师感到很诧异：一个几岁的孩子是如何在几分钟之内把一张世界地图拼好的呢？于是他问儿子，儿子回答道："爸爸，地图的背面有一个小人，我把那个小人拼好了，地图也就拼好了。"听了儿子的回答，牧师感触颇深，当然他第二天的演讲题目也有了，那就是：只要人是正确的，你的世界就是正确的。

故事非常有哲理意义，然而我们这里要讲的不是它暗含的哲理，而是这位牧师的教育方式。牧师为了转移儿子的注意力，以便自己能够安心准备第二天的演讲题目，而给孩子出了一道难题。不过，他并没有为孩子指出解决问题的思路，也就是说没有把孩子的思维固定在一个点上，而是说了这样一句话"你可以用任何方式去做"，正是这样的一句话给孩子提供了更广阔的思路，从而使难题迅速得到解决。相信我们各位父母也一定能够从中受到一些启发吧？

方法二：引导孩子多角度看问题

引导孩子多角度看问题，父母要教给孩子一些方法。比如，父母可以给孩子讲讲盲人摸象的故事。让孩子明白，如果单纯地从一个角度看问题，那么就只能看到事物的局部，甚至会对事物产生错误的认识。

另外，当孩子在生活中遇到失败、挫折时要教孩子学会从另一个角度来看待，让孩子从失败或挫折中寻找积极的因素，从而积蓄奋起的力量。

习惯55："我同桌太讨厌了。"——教孩子学会换位思考

典型案例：

这天小伟放学回到家，把书包往沙发上一扔，气呼呼地进自己的房间去了。妈妈见儿子放学回来了，就招呼了一声，可是小伟并没有应声。妈妈想，小伟今天这是怎么了，怎么不像往常那样一脸兴奋地大叫"妈，我回来了"呢？

想到这里，妈妈来到小伟的房间准备问个究竟，只见小伟一声不吭地坐在床边似乎在生闷气。妈妈见状问道："谁惹我们的小伟生气了？""妈，你说说，我同桌小颖怎么这么不讲道理，我不小心弄脏了她的作业本，她非让我赔，你说我怎么赔呀？"小伟一吐为快。"弄脏了别人的作业本，别人肯定会不高兴的，让你赔也有她的道理，你就为她再买一本不就得了？"妈妈开导小伟。小伟似乎有自己的道理："一个作业本，又不是什么值钱的东西，至于吗？"

“儿子，如果别人弄脏了你的作业本，一句‘对不起’都没说，也不赔你，你会善罢甘休吗?”妈妈反问道。小伟听了这话，没有吱声。妈妈继续开导小伟：“做人做事多换位思考一下，很多事情你就容易想通了。”

显然，例子中的小伟不懂得换位思考，他只是站在自己的角度来看问题，在他眼里同桌是一个喜欢斤斤计较的人，所以他对同桌缠着他让他赔作业本的行为感到很不理解，甚至很气愤。生活中，这样的孩子并不在少数，为什么会这样呢?原因在于，现在家庭的孩子大多数是独生子女，他们从小养尊处优，父母们对他们娇生惯养，久而久之，他们就会养成以自我为中心的思维习惯，做事喜欢从自己的利益和角度出发，不太顾及别人的感受。其实，这对孩子没什么好处，表面上看似自己“沾了便宜”或“占了上风”，但实际上会导致他在人际交往方面出现很多问题，最终受害的还是他本人。

所以，父母要引导孩子学会换位思考，让孩子多站在他人的角度想问题，这于人于己都有利。

方法指导：

方法一：鼓励孩子正确认识自己和他人，多为他人着想

前面我们说，孩子不懂得换位思考主要是因为他们没能正确认识自己和他人的关系，总是以自己的利益为核心，而不顾及别人的利益和感受。针对这种情况，父母就应当多引导孩子学会换位思考，站在别人的角度上考虑一下双方的利益关系，让他有一种感同身受的感觉，这样孩子就比较容易把握双方之间的平衡。

另外，遇事也可以让孩子多为他人想一想，对他人多一些宽容和理解，这样长期下来，孩子就会养成换位思考的习惯。

方法二：结合实际例子，引导孩子换位思考

家长结合实际的例子引导孩子，使孩子有一种身临其境的感觉，这样比单纯地说教效果要好得多。

明明是一个比较调皮捣蛋的男孩子，他经常给同班的同学起外号，什么“癞蛤蟆”、“水泡眼”“呆头鹅”等。

有一次，他给一位同学起外号，那位同学急了，跟他动起手来，结果两个人都被老师叫到了办公室，当然，挨批的是他。让他感到气愤的是，老师竟然当着全班同学的面点了他的名，这让他实在下不了台，整个下午他都闷闷不乐。放学回到家，他一屁股坐在沙发上长吁短叹。妈妈得知了详情，问他：“如果别人也这么给你起外号，你是不是也很气恼？”明明抬头看了一眼，没有吱声。妈妈接着说道：“假设别人叫你‘淘气包’，你肯定也不乐意吧？其实你的那些同学也是这种感受，同学之间开开玩笑也无妨，但要懂得尊重别人，不要把玩笑开过了头。”明明点了点头，似乎明白了一些道理。

孩子毕竟是孩子，很多事情和道理需要父母的引导和启发，尤其在换位思考方面需要父母结合实际的例子，让他“身临其境”，他才更容易明白道理。

习惯 56：“树上到底还剩几只鸟呢？”——鼓励孩子进行发散性思考

典型案例：

6 岁的男孩小瑞刚刚入学，妈妈感觉这孩子从生下来就比较木讷，做事一板一眼，规规矩矩，甚至自己在家玩游戏也总是那些一成不变的老套游戏，从来不知道换个花样玩。

妈妈觉得这孩子不够聪明，于是有意识地加强了对他的训练。这天吃过晚饭，妈妈辅导完儿子的作业就给他讲了一个故事。妈妈说：“儿子，妈妈考考你，树上一共有10只鸟，猎人开枪打死1只，还剩几只？”小瑞稍稍思考了一下，说道：“还剩9只？”“儿子，你再仔细想一想，到底还剩几只？当然也可以有多个答案。”妈妈显然对儿子的回答不满意。“9只嘛，10只减1只不是等于9只吗？我觉得就这一个答案啊。”小瑞似乎有些纳闷。妈妈叹息着摇了摇头，然后解释道：“理论上应该是9只，但你仔细想一想，枪声一响，树上的其他鸟早被吓飞了，怎么会是9只啊？”

显然，小瑞的妈妈主要想考查一下孩子的发散性思维能力，可是事与愿违，小瑞偏偏在这方面不能尽如人意。的确，生活中有不少孩子像小瑞那样循规蹈矩，发散性思维能力不强。

未来的社会充满了不确定性和多元性，这种情况下就需要孩子拥有足够强的发散性思维能力，以便在未来的社会竞争中占据优势。所谓发散性思维，主要是指从不同的方向、角度去设想，并通过知识、观念的重新组合，探求更新、更多的答案或方法，最终使问题获得圆满解决的思维方法。这种思维方法具有多样性、灵活性和创造性等多种特点，有利于孩子在未来社会的竞争中脱颖而出。当然，这种能力对于解决孩子学习上的难题，提高孩子的学习成绩也大有好处。

然而，现在的教育总是以标准答案来要求孩子，不符合标准答案就被认定为错，以至于孩子做题时只求标准答案，不求一题多解，更不敢标新立异。数学思维固然重要，然而灵活多变的发散性思维更有利于提升孩子的思维能力和创新能力，以利于孩子更好地适应未来的社会。

方法指导：

方法一：让孩子的思维自由发挥

要想培养孩子的发散思维能力，父母一定要让孩子的思维自由发挥，不要以标准答案来要求孩子。下面我们来看一个课堂上的故事，或许这位老师的做法能给我们一些启发。

上课铃响了，老师快步走进了教室，在黑板上写下一个大大的“0”，然后转身面向大家。同学们面面相觑，不知道老师的葫芦里到底卖的是什么药。这时只见老师扫视了一下全班同学，然后说道：“同学们，今天我们来上一堂特殊的想象课，猜猜黑板上的这个‘符号’是什么？”同学们先是一愣，接下来开始议论纷纷，你一言我一语地说起来。“像零！”“像眼镜片！”“像面包圈！”“像十五的月亮！”“像妈妈的肚脐眼儿！”“哈哈……”全班哄堂大笑。

老师并没有责怪同学们不着边际的想象，相反她还鼓励同学们说：“孩子们，你们的想象力的确很丰富，老师认为这堂课上得很有意义。”

的确，这堂课上得很有意义。如果老师写完那个“0”之后，问同学们“这是几”，那么绝大多数同学一定会回答“零”。显然，这样的问话方式束缚了孩子的思维，也激发不出孩子的想象力。

方法二：通过讲故事培养孩子的发散性思维能力

孩子都爱听故事，而故事也很容易激发孩子的想象力，尤其是让孩子给不同的故事续结尾，更能激发孩子的想象力。父母尤其是妈妈可以给孩子讲一童话故事或者寓言故事，但要留下一个带有悬念的结尾，然后让孩子补充上。无论孩子补充的结尾好与否，父母都要耐心的引导，给予必要的鼓励。长期坚持下去，孩子就能够养成运用发散性思维的习惯。

方法三：通过解题或游戏培养孩子的发散性思维能力

我们习惯上向孩子提的问题都有一个标准答案，这样的问题不利于培养孩子的发散性思维能力。所以，平时我们可以多为孩子找一些一题多解的问题让孩子解答，或者通过让孩子玩一些锻炼发散性思维能力的游戏。长期这样坚持下去，也有利于培养孩子的发散性思维能力。

习惯 57：“老师说的应该不会错。”——让孩子不要迷信“权威”

典型案例：

一个小学三年级的孩子在做数学家庭作业，他的爸爸在旁边看着，这个孩子抓耳挠腮了思考了大半天，才解出了答案。一旁爸爸看不下去了，用一个简单的方法三下五除二解答了出来。可是孩子却说：“老爸，我们老师可没这么教过，他教的方法就是我刚才用的方法，您用的方法不知道行不行。”

爸爸说：“数学题要求的就是结果，你看咱俩得出的结果是一样的，而且我这种方法比你那种方法简单多了，这种解法不是更好吗?”儿子听后，默不作声。爸爸接着开导儿子：“儿子，老师教的方法固然不错，但你也不能仅仅局限于老师讲的，更不能认为老师说的就全是对的，自己要学会辨别是非。”儿子听后，点了点头。

“不唯书，不唯上”，这是前人对我们的忠告，可是在中国现有的教育模式下，多数学生对老师有着盲从的心理，在这些学生的眼里，老师就是权威的、正确的、不容置疑的。有时候，他们甚至相信老师超过了相信父母，经常把“老师是这样讲的”、“老师让我们这么做的”之类的话挂在嘴边，就像例子中的孩子一样只相信老师教的，而不相信父母的。当然，在这里我们不是贬低老师的价值和权威，只是不想让孩子丧失本该拥有的批判性思维方式，因为这种思维方式对于孩子长大后在复杂的社会中生存具有非常重要的意义。

现在的孩子盲目地迷信老师，缺乏批判性思维能力与现有的学校教育有直接关系。学校教学多采用“填鸭式”、“满堂灌”等传统教学方式，考试中也往往追求标准答案、采取一刀切的方式。这样很容易抹杀孩子的想象力、创造力，让孩子成为十足的“书呆子”。培养孩子不迷信书本、不盲从权威、敢于标新立异的批判性思维方式，有利于提高孩子的思维能力。当然，培养孩子的批判性思维能力不是让孩子处处唱反调，专挑别人的错，而是让孩子去粗取精，去伪存真，拥有自己独立的思想。

方法指导：

方法一：为孩子创造良好的家庭氛围

有些孩子唯老师是从，唯父母是从，这主要是因为他们生活的环境有些“专制”，不够“民主”。比如，有的父母教育孩子，从小到大都要求孩子听自己的话，对自己的要求或命令不能有丝毫的违背，否则严加斥责，甚至拳脚相加；有的老师教学方式僵化，要求学生“唯命是从”，在这样的教育环境下孩子怎敢“批判性思维”呢？

所以，对父母而言，一定要为孩子创设一个自由、民主、宽松的家庭环境，在尊重孩子的基础上使孩子能够无拘无束地积极思考。

方法二：相信孩子，鼓励孩子勇于挑战权威

客观而言，老师和父母比孩子的知识丰富，知道的也多，所以孩子听老师和父母的话也无可厚非。但是老师和父母再权威也有出错的时候，他们都不是万能的，尤其是现在的孩子越来越聪明，他们甚至在某些方面比父母知道的还要多，因此孩子完全有资格挑战父母的权威，而父母应当给孩子这样的机会，甚至鼓励孩子挑战自己或老师的权威。当然，也包括挑战其他的权威。下面我们来看一个例子。

一年级的数学卷子上有这样一道题：小明家养了4只鸡，1只公鸡，3只母鸡，每只鸡一天下1只蛋，问小明家的鸡一天一共下几只蛋？大多数孩子给出的答案是4只，全班只有2个学生的答案为3只，他们的理由很简单——公鸡不会下蛋。所以，回答4只的同学都被老师判错。

其中一位回答4只的同学，认为自己的答案也正确，回到家后他把自己的理由告诉了妈妈，他的理由是："老师题目中已经说了'每只鸡一天下1只蛋'，难道公鸡不是鸡吗?"妈妈说道："对呀，儿子，你的想法很有道理，是老师考虑的不周到。"得到妈妈的肯定，儿子乐得美滋滋的。

的确，这个孩子的理由很有道理，这也从侧面反映了题目的不严密和老师的武断，可贵的是这位父母很明智，她的肯定鼓励了孩子敢于挑战权威的勇气。

习惯58："鸡蛋怎么可能会竖在桌子上呢?"——思维灵活、善于变通

典型案例：

读小学4年级的乐乐非常想要一架遥控飞机，为这事儿他缠了爸爸好多天。爸爸因为工作忙，也一直未来得及给他买。这个周末

爸爸正好有空，他对乐乐说：“儿子，你是不是想要一架遥控飞机?”“是啊，爸爸，可是你总是没空给我买，我都等不及了。”儿子似乎颇有怨言。“那好，儿子，爸爸今天有空给你买，不过在买之前，我要考你一道题。你如果能把一个熟鸡蛋立在桌子上，爸爸就给买遥控飞机，如果立不起来，那这个愿望就不能满足你了。”

乐乐想了想同意了，爸爸从厨房里拿了两只事先煮好的熟鸡蛋，递给了乐乐。乐乐拿着鸡蛋在桌子上摆过来弄过去，根本无法把鸡蛋竖立起来，于是他又拿起另一只鸡蛋，结果也无法竖立起来。这时爸爸拿过其中一只鸡蛋，轻轻地在桌面上一磕，蛋壳破碎了，鸡蛋稳稳当当地在桌面上竖立了起来。乐乐也拿起另一只鸡蛋，轻轻在桌面上一磕，鸡蛋也稳稳地竖立在了桌面上。爸爸微笑着说：“做事要学会变通，这次算你通过了考试。走，咱们去买遥控飞机去。”

把鸡蛋竖立在桌子上，按照一般的思路几乎是做不到的，即便这只鸡蛋是一只熟鸡蛋。但是稍微变通一下，换一种思路，鸡蛋就很容易竖立在桌面上。这个例子与古罗马的一则小故事有异曲同工之妙。故事说的是一位预言家在罗马城设下了一个难解的死结，并且预言能解开这个结的人将会统治整个亚细亚。当时身为马其顿统治者的亚历山大，决定去解开这个结，可是他试了各种方法都无法解开这个结，最后一怒之下他挥剑砍断了罗马结——这个结就这样解开了。

结合前面的例子和这个故事来看，灵活的思维方式和善于变通是多么的重要。灵活变通对孩子的学习而言，就是不仅仅满足于一般的解题方法，还要学会根据实际情况和要求的改变，灵活地采用不同的方法来解题。比如，试着从不同角度、不同层次、用不同的方法迅速确定问题的思路，从而产生举一反三、触类旁通的效果。

让孩子养成思维灵活、善于变通的思维习惯，我们来看看下面几点方法。

方法指导：

方法一：让孩子明白事物是相对的和不断变化的

但凡有一点哲学常识的人都知道，任何事物都是相对的和不断变化发展的，没有什么是绝对的和一成不变的，这个道理同样应当让孩子明白。孩子只有明白了这样的道理，思维才不会僵化。可以给他举例说明，比如，行驶的汽车中，他坐在车里看到的车子是静止的，当他站在车子外面再看车子，车子就是运动的；昆虫幼时是蛹的形态，长大后就可以变成蝶的形态。当孩子明白了这样的道理，在学习和生活中就不会再那么固执、死板，也敢于突破原有的思维模式，增强看问题、解决问题的灵活性。

方法二：用有趣的小故事启发孩子的思维

小故事是孩子喜闻乐见的，而小故事中所蕴含的道理也更容易为孩子所接受。给孩子讲一些有关思维方式的小故事，孩子应该能在欣喜之余明白一些道理。

为了让儿子从小懂得变通的道理，宇宇妈给他讲了这样的一个小故事。

宇宇妈说："从前有两对父子去看戏，可是只买了3张票，结果他们都进了剧院，这是为什么？"宇宇听完后稍稍思考了一下，说道："4个人买3张票怎么能进去呢？难道其中一个小孩儿不用买票？"妈妈摇了摇头："这几个人都过了免票的年龄，你再想想。"宇宇想了想又说："难道有一个人逃票进去了？""剧院把关很严，不可能有人逃票。"妈妈补充说。"嗯……我想不起来了，妈妈你能告诉我答案吗？""这两对父子其实只有3个人，所以买了3张票，想想这是为什么？"妈妈提示宇宇。"哦，难道是爷爷、爸爸、孩子三个人，其中‘爸爸’既是‘儿子’又是‘爸爸’?”宇宇脑瓜一转，兴奋地回答道。

“乖儿子，你真聪明，这个故事就是要告诉我们思考问题要灵活变通，不能死心眼儿。”妈妈总结道。

的确，按正常的思维，两对父子应当是4个人，也就是说他们要买4张票才能进戏院。但是既然他们买了3张票就进了戏院，那这两对父子就有可能不是4个人，那么什么情况下两对父子会是3个人呢？答案只有一个：当这两对父子是祖孙三代人时。给孩子讲了这样的故事，又给他深入讲解一下，想必他印象会很深刻的，而这种方式自然也非常有利于培养他灵活思维的习惯。

习惯59：“河流可以是银白色的!”——培养孩子的创造力

典型案例：

莹莹是学前班的一位小朋友，她平时特别喜欢画画，她常常画各种各样的花草、树木、河流、小房子、小动物等。虽然笔法有些幼稚，但表现力却很强，也很形象、生动，因此她也经常能够得到妈妈的夸奖。

这天，课堂上老师让小朋友们画一画自己美丽的家园，莹莹很兴奋，高兴地和其他小朋友一起画起来。大家都画了红色的房子、青青的草地、绿绿河流的和蓝蓝的天空。可是莹莹似乎对这些色彩太熟悉了，她想有些创意，于是她把房屋、树木、河流等全画成了银白色。可是等她把图画交给老师之后，老师并没有给她评高分，原因是她不如别的小朋友画得“真实”。

放学后，莹莹闷闷不乐地回到家，把这件事情告诉了妈妈。妈

妈说："别的小朋友都把树木、花草、河流画成绿色的，你为什么把它们画成银白色的呢？"莹莹委屈地说："我画的是'冬天下雪后的家园'嘛。""哦，这样啊，你按正常的色彩画就行了，没必要把家园画成冬天的。"

莹莹听后，轻轻"哦"了一声，心里却更加郁闷了。

孩子的创造力大多是被一些父母和老师给抹杀掉的，我们的教育主张"标准答案"，主张"整齐划一"，主张"随大流"。可惜的是，孩子很多有创意的想法就这样被抹杀掉了。就像例子中的莹莹，她画的画本来很有创意，至少比别的孩子更有创意，但是这种创意却没有得到老师和父母的肯定，反而被浇了一瓢冷水。试想，这样的教育方式怎么可能培养出孩子卓越的创新思维能力呢？

创造性思维是思维的最高层次，也是一种积极、主动的独特思维活动，对孩子思维能力的发展以及今后的学习生活都非常重要。所以，各位父母一定要注意保护孩子的想象力和创造力，认真对待孩子的每一个创意火花。

下面我们来看具体的方法指导。

方法指导：

方法一：让孩子有丰富的知识积累

创新必须是在现有事物上的创新，既然如此，创新就离不开丰富的素材和一定的生活积累。对于孩子来讲，创新虽然不需要丰富的阅历，却也离不开丰富的知识积累。因此，为了培养孩子的创新能力，首先要让孩子多读书、多听讲故事、多亲近大自然、多参加社会实践活动等，这样孩子的脑子里就会拥有更多的创新素材，从而为创新打下基础。

方法二：培养孩子无尽的想象力

有一句话说得好：想象力是智力发育的种子，是思维腾飞的翅膀，是创造力的源泉。由此看来想象力对创造力而言是多么的重要。因此，要想培养孩子的创新思维，必须要培养孩子的想象力。下面我们来看一则美国的案例。

在里根当总统的时候，一批小学生到户外去玩耍，他们在草丛中发现了一只奇怪的蛋，于是欢呼起来。同时，大家看着面前这只奇怪的蛋，开始七嘴八舌地议论起来。有的说是麻雀蛋，有人说是恐龙蛋，还有人说是鸭蛋、鸡蛋。最后大家都猜不出来，就把这颗不知名的蛋抱回了家，然后放在孵化箱里面孵化。孩子们耐心地等待着结果，看到底出来的是什么。他们等啊，等啊，蛋壳破了，里面的东西出来了，孩子们全部惊呆了。哇！什么？里根总统，这个蛋壳里面出了个里根总统。

这个故事是1984年美国全国推荐的一篇优秀小学生作文，这篇作文充分体现了美国孩子的想象力。我们的父母看了这样的作文可能会认为孩子对总统大不敬，但是美国的父母却鼓励孩子异想天开，让孩子充分发挥想象力和创造力。

方法三：激发孩子的创新意识

激发孩子的创新意识，父母在生活中应适当地给孩子一些需要创新思维的练习机会，比如，在让孩子做某件事时，可以让孩子考虑一下如何做更省时省力，如何做更有新意，等等。当然，父母应当在一旁给予必要的指导，而一旦孩子的想法有创意，父母还应当及时鼓励，以保护孩子创新的热情。

当然，创新并非一件易事，养成创新思维的习惯也不是一朝一夕的事情，父母应当保持足够的耐心和细心。

第七章　理财好习惯：决定孩子一生的财富

习惯60："没有零花钱，在同学面前很没面子！"——树立正确的金钱观、财富观

典型案例：

一个一年级的孩子在学校门口大哭大闹，他的妈妈在一旁耐心地劝说着，可是孩子说什么也不听。妈妈见劝说无效，责骂了孩子一通，便狠心离去。结果还是老师把孩子领进了教室。事后老师询问得知，孩子之所以哭闹是因为妈妈没有给他5元钱的零花钱。可是，当老师来到孩子家家访时却发现，这个孩子家庭生活条件很差，居住条件也很简陋。孩子的妈妈说，一家三口每天的生活费用才十几元，可是她每天都要挤出5元的零钱给孩子做零花钱，但当天实在拿不出那5元钱了。儿子却不依不饶，认为妈妈让他在同学面前很没面子，所以才会大哭大闹。

生活中不乏这样的例子，有些孩子家庭条件并不怎么好，却要求吃好的、穿好的、玩好的、用好的，认为这样在同学面前才有面子，才能被人瞧得起。这其实是孩子的虚荣心在作怪，与孩子不正确的金钱观念有重要关系。孩子认为有钱才有面子，有钱才能被人瞧得起，不给钱就不去上学，这就走入了金钱的误区。金钱的确很“能”，但绝对不是万能。孩子年龄小，对金钱的认识比较肤浅、单一，容易被它的表象所迷惑。

当然，孩子对金钱的认识除了受社会或同学之间的影响之外，父母的做法及教育方式也是重要的原因之一。有的父母比较娇惯孩子，尽管家庭并不富裕，但却省吃俭用满足孩子的一切需求，可悲的是并没有同时向孩子灌输正确的金钱观念和财富观念。总之，父母要告诉孩子金钱是生活中必不可少的重要部分，但它绝不是衡量一个人的唯一指标，更不能用金钱来衡量一个人成功与否。

方法指导：

方法一：让孩子明白金钱的真正意义

孩子从小耳濡目染，吃的、喝的、玩的、用的都可以用金钱买到，他们的幼小心灵渐渐就会认为，金钱简直无所不能。这或许是孩子对金钱的最初的认识。然而，这样孩子只是看到了金钱的表面现象，却不了解金钱的真正含义。

父母正确的做法应该是让孩子明白，钱只是平常物，并没有想象中的那样神通广大。父母可以给孩子举这样的例子，比如，钱能买来各种各样的书却买不到渊博的知识，钱能买到可爱的玩具却买不来快乐；钱可以解决很多问题，但钱不能解决所有问题；钱能买到的东西很重要，但钱买不到的东西或许更重要。

另外还应让孩子明白，钱是辛勤劳动、努力工作的结果，要想获得更多的金钱和财富就要多学知识，勤奋工作。当孩子明白了以

上的内容，相信他会对金钱有一个客观全面的认识。

方法二：让孩子明白金钱来之不易

金钱看起来能买很多东西，做很多事情，但也应当让孩子明白金钱是来之不易的，是需要通过父母辛勤劳动才能换来的，不是从ATM机里自己跑出来的。父母还应当告诉孩子，无论父母们从事何种职业、何种工作，他们的本质都是一种劳动，是劳动就要付出辛勤、努力、汗水和智慧等。这样，孩子就不会只看金钱的表面，而不解其中的含义，从而对金钱有一个全面的认识。

方法三：教孩子正确使用金钱

父母要让孩子明白，钱是用来满足合理的生活需要的，而不是满足不正当欲望的。要把钱用到有价值有意义的事情上。

梅子是一个三年级的小学生，自从上小学后妈妈每天都会给她一些零花钱。这些零钱，梅子除了用来购买少量零食外，大多都用在了购买学习用品上。当然，有时候这些零钱也会有一些节余，梅子一般都会把节余下来的钱放在储蓄罐里。妈妈会鼓励她把这些钱用在更有意义的事情上。

比如，玉树地震时，妈妈就动员梅子把自己储蓄的零花钱全拿出来捐献出去了，尽管数额不大，但却代表了梅子的一片爱心，梅子也一直为自己的这一举动感到骄傲。通过这件事，梅子对金钱有了更深的了解。

其实，只要父母有心，完全可以通过生活中的一些小事教育孩子如何使用金钱，如何把金钱用在更有意义的事情上。

习惯61：“妈妈，帮我把零钱存起来。”——让孩子从小学会储蓄

典型案例：

彤彤是个非常聪明的孩子，也非常讨人喜欢，但是却有一个小小的毛病，那就是特别爱花钱买东西，什么小食品啊，小玩具啊，小宠物啊。由于家庭条件还不错，妈妈给她的零花钱也总是花不完，平时要5块给10块，要10块给20块，甚至会给50块。小孩子的消费能力毕竟有限，每周彤彤都会余下不少零花钱，尽管如此，她还是照要不误。

要的钱依然没有花完，聪明的彤彤就把那些“大票”整理起来放在一起，而那些零钱就胡乱放在一边。时间一长，彤彤的零钱扔得到处都是，每次妈妈都能收拾出一大把。后来，妈妈决定给彤彤买一个储蓄罐，好让她把这些零钱都“存”起来。

其实，彤彤的例子在我们的生活中很普遍。现在，人们的生活水平的确提高了很多，有很多家庭生活都比较富裕，加上独生子女的原因，大多数父母都很舍得让孩子“花钱”。有的家庭不仅爸爸妈妈给，爷爷奶奶给，连叔叔阿姨也给。这种情况下孩子的“腰包”就鼓了起来，然而就像例子中所说，孩子的消费能力毕竟是有限的，他们必然要余下不少零钱，可惜的是多数孩子并没有明确的理财和储蓄意识，他们大多会把花不完的零钱随手乱扔，尤其是一些硬币。这样不仅会让孩子养成花钱大手脚的习惯，还会造成一定程度的浪费，更不利于培养孩子正确的理财观念和储蓄习惯。所以，父母完全有必要引导孩子养成储蓄的习惯。

商品经济社会，理财能力是非常重要的一种生存能力，而储蓄

是理财的一种基本方式。若孩子能养成良好的储蓄习惯，就能激发他的理财意识。所以，父母不妨从给孩子买储钱罐开始，鼓励孩子存钱，培养他的理财观念。在这种简单的“储蓄”过程中，孩子渐渐会明白理财的意义。

方法指导：

方法一：培养孩子的理财观念，激励孩子储蓄

当孩子手里的零花钱有剩余时，父母应该鼓励孩子把这些零钱存起来，培养孩子的储蓄观念。为了让孩子感受到存钱的乐趣，父母可以给孩子买一些造型可爱的储蓄罐。为了让孩子明白“钱能生钱”的道理，父母也可以为孩子在银行单独开设一个账户。

这天晚上，妈妈拿出家里的存折和存单开始计算上个月的收支和盈余情况。彤彤也跑过来凑热闹，还好奇地问道：“妈妈，你在算什么呢?”妈妈回答说：“我在算算咱们上个月收入了多少钱，花了多少钱，还有咱们家还剩下多少钱，然后可以把这些剩余的钱存进银行里，让它‘生’出更多的钱。”“钱可以生钱吗?”彤彤更加好奇了。“可以啊，如果把剩余的钱存在银行里，银行就会付给我们利息，这样钱就可以‘生’出更多的钱来了。”妈妈解释说。“哦，原来是这样啊。”彤彤似乎明白了，然后笑着跑开了。

过了一会儿，她竟然把她的小猪储蓄罐抱来了，然后打开盖子把里面的钱一股脑往桌子上倒，边倒边对妈妈说：“这是我平时攒的零花钱，你也帮我存在银行，让它生钱吧。”妈妈看着这些零碎的纸币和硬币，笑着说：“好，乖宝贝，你真懂事，我帮你存起来。”

当然，除了像例子中彤彤的妈妈这样引导孩子储蓄之外，还要鼓励孩子坚持下去，为此父母可以采取多重激励的方法。比如，父母可以帮助孩子设定储蓄目标，当孩子达到这个目标时，给予额外

的奖励，还可以告诉孩子，当他年终的储蓄达到指定的金额时，便可以获得更高的奖金，储蓄额越高，奖金额也越高。这样，孩子在有“甜头”的情况下会积极储蓄的，长期坚持下去，孩子就会养成良好的储蓄习惯。

方法二：引导孩子合理使用自己的储蓄

培养孩子储蓄的习惯不仅仅是为了让孩子树立正确的理财观念，也是为了让孩子体验到储蓄的实惠。那么，具体如何让孩子体验到这种实惠呢？或者说如何让孩子正确使用这些积蓄呢？父母除了给孩子提供计划内的生活必需品支出外，可以让孩子用他自己的积蓄购买心仪已久的小物品如溜冰鞋、洋娃娃等。

当然，带孩子去买这些东西时，可以让孩子自己付钱，然后买到东西后，可以这样问孩子：“用自己的积蓄，买自己的喜欢的东西，感觉好不好？”这时孩子一定会兴奋地回答：“好。”这简单的一问一答，瞬间就能够加深孩子对储蓄的理解，激发孩子储蓄的热情。

另外，在这里需要特别提醒父母的是，当孩子的积蓄达到一定的数额时，父母一定要兑现自己的诺言，不能失信于孩子，或者偷偷地把孩子的积蓄再“据为已有”，这样会伤害孩子的感情，打击孩子储蓄的积极性。

习惯62：“这个，这个，还有这个我都要买！”——引导孩子理性消费，货比三家

典型案例：

今天是周末，聪聪可高兴了，因为妈妈答应带他一起去离家不

远的超市去购物。

一吃完早饭，母子两个人就出发了，聪聪一路上蹦跳着，还不断地唠叨着自己要买的东西："我的文具盒太旧了，我得买个新的；对了，还要买一架小飞机，隔壁家朋朋那个多好玩啊；还有，别的小朋友都有小滑板了，我还没有呢……"听着聪聪没头没尾的唠叨，妈妈开玩笑说："儿子，你是不是要把超市里所有的东西都'搬'回家啊？""那可就太好了。"聪聪调皮地回答到。

不一会儿，两个人来到超市，聪聪来回穿梭在各个货架间，不停地往购物车里拿东西，妈妈皱起了眉头："儿子，你还真想买这么多东西啊？""当然了，这些都是我想要的，你不是有钱吗？""有钱也不能这样买啊，而且有些东西去外面小商店买更便宜一些，儿子快别拿这么多了。"妈妈劝说聪聪。"不嘛，不嘛，我就要在儿买。"看来聪聪想耍赖了。

例子中的聪聪小小年纪似乎就成了一个购物狂，只要自己想要的东西都会毫不犹豫地往购物车里装，劝都劝不住。现实生活中，这种情况并不少见，许多孩子和大人一块去超市，见到自己喜欢的东西就往购物车里装，不管父母同不同意，更不管价格贵不贵，似乎小小年纪就成了一个"购物狂"。这样下来，家庭的确会多出一笔开支，更严重的是这样会让孩子养成奢侈、浪费的恶习，以至于影响他未来的理财观念和消费习惯。小时候养成的不理性的消费习惯，甚至会让长大后的孩子陷入财务危机。

所以，孩子小时候，父母一定要让孩子养成理性消费的习惯。培养孩子良好的消费习惯，让孩子学会理性消费，不同的父母会采取不同的教育方法，有的父母认为应该让孩子了解家庭的经济状况，使孩子心中有数，从而理性消费；也有的父母认为可以告诉孩子挣钱的艰辛，孩子一旦明白了钱财来之不易，就不再随意消费；

还有的父母认为应该减少给孩子的零花钱数量，从源头上限制孩子消费。这些想法都有一定的道理，但针对不同的情况，不同的孩子，应当采取不同的措施或方法。

当然，给孩子讲明理性消费的必要性，让孩子明白理性消费的意义才能从根本上解决问题。

方法指导：

方法一：为孩子列一个购物清单

孩子毕竟是孩子，由于年龄等原因，孩子消费不理性的现象时有发生，为了规避孩子消费不理性的行为，父母不妨在带孩子购物前为孩子列一个购物清单。琪琪的妈妈就是这么做的。

琪琪从小被家人娇生惯养，好吃的好玩的，见什么要什么。随着琪琪的一天天长大，妈妈认为不能再像以前那样惯着女儿了。所以，这天去超市购物之前，妈妈特意和琪琪商量好，两个人共同写了一份购物清单，到超市后，母女俩对照着购物清单一样一样买东西，按照“购物清单”上的标示，她们很快就把要买的东西找齐了，然后去收款台结账。

由于这种购物方式有了很强的指向性，琪琪在购物时不再漫无目的，也没有多余的心思去拿别的商品了。

列购物清单，可以有效地把孩子的注意力吸引到单子所列的商品上来，从而很好地减少了孩子购物的随机性，当然也从某种意义上促进了孩子的理性消费。

方法二：不要无条件满足孩子的购买欲望

很多父母都经历过孩子在商场里哭闹着要求购买某种商品的场面，这种情况下父母真是左右为难：买吧，东西太贵，或者没有必要；不买吧，孩子在商场里哭闹，引来众人的围观，让人很难为情。这种情况下，有的父母会不顾孩子的哭闹甩手而去，有的父母

对孩子一顿喝斥甚至打上一巴掌——但无论何种方式都不能从根本上解决问题，而且这些处理方式都是不科学的。

此时，父母应该耐心解释，为孩子讲出合理的理由，分析其中的道理，绝不能因为孩子哭闹而迁就孩子。还有，在超市购物时，许多孩子都喜欢随意地把货架上的东西扔进购物车。此时，父母应该告诉孩子，买东西要经过父母的同意。

总之，父母不要无条件满足孩子的购买欲望，一定要让孩子学会理性消费。

习惯63：“儿子，你花钱得有个计划。”——建立消费预算，学会管理金钱

典型案例：

小磊是四年级的小学生，他学习成绩不错，家庭条件也不错。为了表示对他的鼓励，妈妈每周总会多给他一些零花钱。可是时间长了，妈妈发现小磊的零花钱依然不够花，本来就多给着钱呢，小磊的钱怎么会不够花呢？

这一天，小磊又朝着妈妈要零花钱，妈妈问他：“儿子，周一我给了你那么多零花钱，怎么还不够呢？你都花到哪儿去了？”“我买了铅笔盒、圆规、小玩具、炸鸡腿……”小磊一口气说了一大串。还没等他说完，妈妈就打断了他：“行了，行了，哪这么多东西要买啊，有些东西根本就没必要买，你知道吗？”“嗯，可是我觉得有足够的零花钱呢，所以就买了。”小磊解释说。“哦，傻儿子，以后你花钱得有个计划，不能妈妈给你多少你就花多少，听明白了吗？”“嗯。”小磊似乎意识到了自己的错误。

给多少钱就花多少钱，这是不少孩子的通病。似乎父母给的这些钱，不花完就算完不成任务，或者不花完就不好意思再要，甚至有的孩子会认为这些钱不花白不花。结果呢？多数有这些想法的孩子零花钱都不够花，只会超支，没有节余，最后不得不伸手向父母要。有这些习惯的孩子一般理财意识不强，不懂得建立基本的消费预算。因此，让孩子学会有计划地消费，是每一位父母义不容辞的责任。

父母给了孩子零花钱后，还要引导孩子有计划地使用零花钱，帮助孩子合理分配零花钱，最好和孩子一起制订出一个消费计划，并监督孩子执行。等消费结束或消费计划执行完后，还应当及时给孩子提出建议，以总结消费经验或调整消费计划等。这样，渐渐就能让孩子养成有计划消费的习惯，提升孩子的理财能力。

具体而言，如何帮助孩子建立消费预算，让孩子学会管理金钱呢？

方法指导：

方法一：让孩子分清“想要”和“需要”

对于我们大人们而言，“想要”和“需要”是比较容易分开的，想要的就是自己主观上想拥有的，需要的就是客观上应该要买的，从这一点来看，想要的未必是需要的，而需要的也不一定是想要的。比如，对孩子而言，他可能非常想要某种玩具，可是家中同类的玩具已经有好几个了，那么这种情况下就不需要再买这类玩具了。可是，孩子毕竟是孩子，他们看到自己喜欢的玩具或食物就禁不住要买，不管家里有没有，或者不管家里有多少。

针对这种情况，父母应当多给孩子一些指导建议，让孩子分清哪些东西该买，哪些东西不该买。平时多给孩子讲一些购物、消费方面的例子或道理，孩子渐渐就能分清什么是该买的，什么是不该买的，从而让孩子学会制定合理的消费预算，有计划地进行消费。

方法二：让孩子体验当家理财

每个人都愿意自主地决定自己的生活，因为自主能够带给人们足够的乐趣和主动性，孩子也不例外。“不当家不知道柴米贵”，如果父母能够让孩子体验一下当家做主的感受，那么他就能知道当家的不容易，甚至学会精打细算，既要有计划还必须节约。

瑶瑶虽然只有 10 岁，但已经学会当家理财了，这得益于妈妈的培养和训练。

周末，妈妈带瑶瑶去公园玩，她们计划一共消费 50 元钱。于是妈妈把 50 元钱交给瑶瑶，告诉她：“今天的车费、餐费、买玩具的钱都给你。如果有节余，剩下的钱归你。如果超支后果自负。”因为缺乏经验，第一次理财瑶瑶超支了。

在买了一个玩具后，瑶瑶发现手里的钱花完了，回家的路费都没了。怎么办呢？只好向发妈妈要，可是妈妈说不给就不给。最后，两个人只好从公园走回了家。受到“超支的惩罚”后，瑶瑶吸取了教训。妈妈再给了钱后，她会先大致计划一下，然后再合理分配各项支出。渐渐地，瑶瑶就学会当家理财。

另外，父母可以时常带孩子一起上街买菜、去超市购物等，可以充分利用这些机会，让孩子明白理财的重要性，并学会购物，学会怎样花最少的钱买最多最好的东西。多给孩子一些这样的锻炼机会，孩子就能学会管理金钱。

习惯64：“宝贝，花钱得学会记账。”——教孩子买东西要记账

典型案例：

10岁的小雷是家里的独生子，由于爷爷奶奶的娇惯，他从小就养成了花钱大手大脚的坏习惯。妈妈给的零花钱，对他而言经常不够用。你问他都花在哪儿了，他也不知道。为了查清儿子的“资金流向”，妈妈决定让他把每个月的支出都记在账本上。

星期一，妈妈在给他零花钱的同时，还给了他一个小账本，并且告诉他说：“儿子，这一周的零花钱全在这里了，现在全交给你了。当然，你还要把这一周所买的东西记到账本中，并附上日期和价格，周末我要对账，如果对得上我就接着给你下周的零花钱，如果对不上，下周的零花钱就会受到限制。听明白了吗?”“嗯，知道了妈妈。”小雷尽管有些不情愿，但为了下周能有足够的零花钱，他还是点头答应了。

转眼到了周末，当妈妈检查儿子的账本时，发现上面井井有条地记录了本周的开支，妈妈仔细一算，再问了问节余情况，果然对得上。妈妈很高兴，当时就表扬了小雷，并且给他提出了更合理的消费建议。自然，小雷听了妈妈的表扬也很高兴。

生活中像小雷这样，不记账的孩子有很多，父母给多少零花钱就花多少，自己想怎么花就怎么花，父母以为“这不是什么大事儿”，孩子也以为“我自己的钱我想怎么花就怎么花”，其实这涉及到一个人的理财观念和理财习惯，有助于孩子有计划地消费，合理

地利用手中的零花钱。

通过记账，可以帮助孩子掌握某一阶段的收入和支出的情况，随时修正自己的消费计划，为以后积累财富奠定良好的基础。具体而言，让孩子自己在账本上面记录消费明细，可以使孩子学会精打细算，掌握一些基本的理财技能，有利于提高孩子的财商。当然，父母应当定期对孩子的账本进行复核或检查，并且及时给出指导和建议。

方法指导：

方法一：给孩子一个小账本，教孩子记账

孩子没有养成记账的习惯，根本原因在于父母，或许父母本人都没有这个意识，又如何能要求孩子做到呢？所以，要让孩子养成记账的习惯，父母首先要有这个意识，不妨从给孩子一个记账本做起。

父母给了孩子记账本，可以让他这样给自己记一笔账：每个月得到了多少零花钱，都买了哪些东西，价格是多少，都做一个明细出来，然后每周或每月做一次总结。父母通过这种方式，可以有效掌握孩子的财务状况，而孩子也可以通过这种方式提升自己的理财能力。

当然，刚开始孩子没有经验，父母应该耐心引导，帮助孩子把最近一个时期的收支情况记录下来，让孩子慢慢养成记账习惯。当然这是对于有一定算术基础的孩子而言的，大约从孩子读三四年级开始，就可以慢慢让他记录简单的账目了。

另外，为了便于孩子记录收支明细，在孩子购物时还要让他养成保留发票或购物小票的习惯。这样，何时购物，购买的数量和价格都会一清二楚，记起账来也就非常快捷、明了。在没有发票或购物小票的情况下，应当提醒孩子在记账本上及时记录明细，免得遗忘。

方法二：对孩子的消费及记账行为进行监督或奖惩

如果只是单纯地给孩子一个小账本，而没有有效的监督与执行，那么孩子很可能无法坚持下去，而且这样的记账也会流于形式。

辉辉家庭经济状况比较好，每周妈妈都会给他不少零花钱，但是无论给他多少，他都会想尽办法花完，然后妈妈又会照例给他下周的零花钱，但是当妈妈问他这些钱都花在哪里时，他却回答不上来。

为了避免辉辉乱花钱，妈妈送给他一个精美的小账本，让他把每周的消费情况都记在小本子上。妈妈只是简单交代了几句记账的方法，别的没有过多安排，平时也没有督促和检查，等到周末的时候，她才想起来问辉辉这一周的消费情况，并要求辉辉拿出记账本核对。妈妈拿出小本子一看，才发现账本上只是简单记录了前两天的消费、支出情况，后面几天的根本就没有记。

妈妈问儿子为什么后几天的账没有记，辉辉推脱说自己忘了记了，妈妈叹了一口气，没有再说什么。

现实生活中，像这样的例子并不少，你要求孩子做什么或者怎么去做，如果你没有有效监督他执行，他过几天就会不了了之。避免出现这些问题的方法就是，有效监督，奖惩适度。

另外，记账是一件比较繁琐的事情，需要长期坚持才能见效，父母平时要多给予孩子鼓励。

习惯65：“妈妈，我的压岁钱你不能动。”——让孩子学会正确对待压岁钱

典型案例：

瑞瑞是家中的独子，确切地说也是家中的独二代，正因为如此，爸爸妈妈、爷爷奶奶以及外公外婆都非常宠爱他。尤其是爷爷奶奶和外公外婆，更是把他视为宝贝疙瘩，每年过春节时都会给他不少零花钱，这些零花钱一般情况下都由他自己来支配。

这不，今年春节，爷爷奶奶和外公外婆共给了瑞瑞两千多块钱压岁钱，妈妈认为这些压岁钱数额较大，由自己来保管比较合适，于是对瑞瑞说：“乖儿子，这笔钱由妈妈替你保管好不好？到时候这些钱还是你的，妈妈不花。”“不行，给我的压岁钱就是我的，又不是给你的，你凭什么要替我保管？”瑞瑞显然不同意。妈妈气得一句话说不出来。

过春节给压岁钱是我国一种非常重要的民俗，他代表了长辈对晚辈们的希望和厚爱。但是现代社会，随着生活水平的提高，压岁钱的数额越来越大，压岁钱问题甚至成了父母和孩子的一大“经济纠纷”，在这个问题上双方各执己见，寸金不让。那么父母究竟该如何对待孩子的压岁钱呢？是自己替孩子保管，还是由孩子自由支配？

我们先来分析一下双方对待压岁钱的心理。对大多数孩子而言，压岁钱就是长辈们给自己的，也应当属于自己自由支配和使用的，父母无权干涉；对父母而言，压岁钱数额较大的话，就会担心孩子胡乱花掉，反正这些钱早晚也是给孩子花，不如暂时由自己保管着。

这样一来，双方的矛盾就出来了，一方想自由支配压岁钱，一方想管制约束压岁钱。其实，最好的方法就是教孩子管好自己的压岁钱。

具体我们看下面的方法。

方法指导：

方法一：教孩子合理使用压岁钱

压岁钱只要孩子能够合理使用，不妨交给孩子自己管理，这样既省了父母的心，也锻炼了孩子的理财能力。但是怎样才算合理使用呢？父母应当怎样教给孩子呢？

父母可以引导孩子用压岁钱买一些学习用品、有益的图书或者给长辈等买一些有意义的礼物，也可以用来做一些爱心活动等。我们来看下面的例子。

颖颖是一个非常可爱的小女孩，深得长辈们的喜爱，这年春节外公又给了她几百元压岁钱。妈妈认为才读小学二年级的颖颖没有能力正确支配这几百元压岁钱，但又不忍心将孩子的压岁钱“没收”，便决定指导孩子用这几百元压岁钱做一些有意义的事情。

晚上回到自己家，妈妈问颖颖：“乖女儿，外公对你好不好？”“好啊，当然好了！”颖颖高兴地回答道。“你看看外公使用的那根拐杖还是妈妈多年前给买的，着地的那一头都磨损很严重了，你说该不该为外公买一根新的？”“当然了，妈妈。”颖颖不假思索。“那你愿不愿意用外公给你的压岁钱买一根呢？算作你对外公的一种回报。”“嗯，这个……好吧，妈妈。”颖颖犹豫了一瞬间，就同意了。

第二天，母女俩就从老年用品店为老人买了一根新拐杖。

其实，孩子都是懂道理的，只要父母能够耐心、细致地引导，他们都能够把压岁钱用在有意义的地方。

方法二：指导孩子将压岁钱用于投资

压岁钱不仅可以用作孩子的零花钱，还可以用来投资，这对于传统的中国父母来说似乎有些不可思议，这么点钱怎么用来投资呢？其实，投资需要的本钱不在多少，而且对于孩子而言投资的意义远不止于赚钱，更重要的是让孩子早早地养成正确的理财观念。

激发孩子的投资意识，把正确的理财观念传授给孩子，父母应该从某一经济概念或孩子的兴趣开始。美国的父母经常会将股票、债券、基金等当做礼物送给自己的孩子，以培养孩子的理财观念，而中国父母则喜欢给孩子压岁钱，但对于这笔压岁钱，父母不是粗暴没收就是放任孩子乱花，这非常不利于培养孩子的金钱观和财富观，更不利于提高孩子的理财能力。其实，父母完全可以学习美国父母的做法，帮助孩子把这笔钱变成未来的财富，比如，拿压岁钱购买具有升值潜力或收藏意义的物品（股票、债券、基金、邮票、纪念币等）。这对于孩子的成长具有非凡的意义。

习惯 66：“你的钱可以用来赚更多的钱。”——带孩子一起尝试小型投资

典型案例：

小凯是小学五年级的学生，他是家中独子，但他的爸爸兄弟姐妹众多，因此都对这个小侄子宠爱有加。平时除了爸爸妈妈给的零花钱，叔叔和姑姑也经常给小凯零花钱，因此小凯的零花钱总也花不完，他也总是想尽办法买自己喜欢的东西。结果，自己房间里吃的、喝的、玩的总是搞得满满的，有些同类玩具都有好几个了，他在商场看到后还是会买回来，吃的喝的那就更不用说了……

妈妈见儿子这么能“糟蹋钱”，有些心疼，但是把儿子的钱“收归己有”，儿子又不乐意，这该怎么办呢？妈妈的确犯了愁。

现在，孩子手中的零花钱越来越多，而五花八门的玩具、零食等也随着孩子的零花钱与日俱增，吸引着孩子的眼球，孩子的腰包渐渐被掏空，这可令父母们慌了神。不给孩子零花钱，孩子要哭闹，可是给了孩子零花钱，又担心孩子胡乱花。不少孩子就像例子中的小凯那样，有了花不完的零花钱就会重复买一些吃的、玩的等，这的确令父母很犯愁。

即便是家庭条件不错，孩子的零花钱也不是越多越好，而是够用就好。那么，孩子多余的零花钱该怎么使用呢？除了储蓄之外，最好的处理方法就是教他用来投资。投资，对于我们大人来讲并不陌生，但是对孩子而言，似乎跟他们的生活不太沾边。然而，投资理财能力却是当今商品经济社会的必备生存能力之一，是孩子必须要具备的。

美国十分重视孩子的理财教育和投资能力培养。美国的孩子在中学阶段一般要尝试参与股票、债券等投资活动，以此来锻炼投资能力，丰富投资经验。对此，我们中国的父母也不妨借鉴一下美国的教育经验，及早提升孩子的投资理财能力。

方法指导：

方法一：让孩子学会把手中的“钱”变成更多的钱

投资的目的就是让手中的“钱”生出更多的钱，当然这个“钱”既可以指货币，也可以指有价证券或实物等。孩子手中的零花钱、压岁钱以及其他的实物都可以作为投资的对象。下面我们来看一个例子。

洛克菲勒7岁那年，有一天在树林里无意中发现了几颗火鸡蛋，他想：如果这些火鸡蛋孵出了小火鸡，再把小火鸡养大，然后卖出去肯定能挣到很多钱。于是，他经常在火鸡窝旁守着，等到小火鸡被孵出来的时候，他就把它们抱回家养着。

感恩节前，小洛克菲勒将自己养大的小火鸡卖给了附近的农庄，他因此获得了一笔可观的收入。当然，小洛克菲勒没有把这笔钱花掉，而是拿钱投资给了耕作的佃农们，等到秋收后他连本带利又收了回来，这样他就有了更多的钱。

父母可以引导孩子把手中的“钱”变成更多的钱。比如，父母可以引导孩子向他的小伙伴“租赁”玩具，并象征性地收取少许费用。父母也可以直接从孩子的手中“借贷”他的零花钱，等到一定期限后再连本带利“还”给孩子等。这样孩子手中的“钱”就会变成更多的钱了。

方法二：让孩子学会挖掘投资的价值

生活中有很多投资的方式，也有很多方式具有投资的价值。对于孩子而言，学会简单的投资方式之后，还要从现有的投资方式中挖掘更多的投资价值，这样孩子的投资能力才能不断得以提升。

美国钢铁大王卡耐基年幼时，家境贫寒，父母无法供养其读书，他只能辍学在家。

有一次，别人送给小卡耐基一只可爱的小兔子，很快这只小母兔又生下一窝小兔子。可是，卡耐基犯了难：因为他买不起胡萝卜等饲料来喂养这窝小兔崽。后来，他拍脑袋一想，计上心来——请左邻右舍的小孩子都来参观这些活泼可爱的小兔子。小朋友们都非常喜欢小兔子，卡耐基趁机宣布，谁愿意认养一只兔子，他就用这个小朋友的名字为小兔子命名。小朋友都齐声欢呼并赞同卡耐基的“认养协议”。

于是，小兔子有了漂亮的名字，而卡耐基担忧的饲料问题也顺利解决了。

投资不仅仅是一种能力，更是一种智慧，而我们中国的孩子最缺少的正是这种智慧。希望父母们能够从这则小故事中受到启发，进而启迪孩子的投资智慧。

方法三：帮助孩子总结投资的经验和得失

孩子毕竟是孩子，在学习投资的过程中难免会遇到一些难题或者出现一些失误，这种情况下父母要及时指导，并及时帮助孩子总结每一次投资的经验和得失，借以帮助孩子不断地提升投资的能力。

习惯67：“妈妈，我也要买名牌鞋。”——养成勤俭节约、不攀比的好习惯

典型案例：

佩佩是一个聪明伶俐的小女孩，深得家人的宠爱，平时她想要什么，父母就会给买什么。但这种教育方式也导致了她攀比浪费、不懂节约的坏习惯。她不仅要吃好的，穿好的，还养成了喜欢攀比的坏习惯。

周末上午，佩佩去邻居家找小伙伴童童玩，童童穿了一双漂亮的小红皮鞋，佩佩看到了非常羡慕：“哇，你这双小皮鞋真漂亮啊！”“那当然了，我这双小皮鞋是叔叔从国外带回来的名牌鞋呢，贵着呢！”童童得意地炫耀道。“哦，真是好看，我也得让妈妈给我买一双。”佩佩显然不想“落后”于人。

回到家后，佩佩便缠着妈妈给自己也买一双名牌童鞋。尽管妈妈再三解释，鞋子只要穿着大方、舒适就行，小孩子没必要买名牌鞋，但是佩佩无论如何都听不进去。

妈妈感到很无奈：“这孩子怎么会这样呢？”

当今社会，生活条件有了很大的改善，多数父母对孩子宠爱有

加，要什么给什么。这表面上是在爱孩子，本质上却有可能害了孩子。孩子在这种无忧无虑、养尊处优的生活中，渐渐就会变得好吃懒做，甚至容易形成攀比浪费的坏习惯。例子中的佩佩就是这样的孩子。本来孩子与成人一样也具有攀比心理，如果父母的教育方式不妥，就会刺激孩子的这种心理。由此看来，避免孩子形成好吃懒做、盲目攀比的坏习惯，父母首先应当改自己的教育方式。

父母应当帮助孩子树立正确的劳动价值观和金钱观，让孩子从小养成勤俭节约的好习惯，让孩子从身边的小事做起，从小养成不盲目追求名牌、不与同学攀比、不爱慕虚荣的生活习惯。

下面我们来看具体的方法指导。

方法指导：

方法一：父母要为孩子做出勤俭节约的好榜样

随着社会的发展和生活水平的提高，很多父母逐渐丧失了合理消费、勤俭节约的意识和习惯，在衣、食、住、行、用等方面追求“好”、“新”、“贵”、“潮”。受父母消费行为的影响，孩子们也渐渐养成了奢侈浪费的不良习惯，根本不知道节俭。

小乐的爸爸是一家装修公司的小老板，为了拉到更多的业务，在客户面前显得“有实力”，他贷款买了高级轿车，又穿了一身名牌，还经常出入高级酒店。当然，周末的时候偶而也会带上小乐。

小乐耳濡目染，也渐渐养成了一些不良习惯，穿衣上他要求穿名牌，吃饭上他要求吃大餐，连文具盒都要买最好的。当然，浪费对他来讲更是家常便饭了。

一次家长会上，小乐的爸爸得知了小乐在学校的情况，听了老师的建议，他决心以后注意自己的言行，免得给孩子带来更多不良影响。

由此看来，培养孩子勤俭节约的习惯，关键在于父母要在日常生活中注意言传身教、以身作则，通过生活的点滴为孩子树立节俭节约的好榜样。

方法二：让孩子懂得珍惜金钱的意义

培养孩子勤俭节约的好习惯，首先要让孩子懂得金钱来之不易，每一分钱都凝聚着家人的心血和汗水，不要乱花。还要让孩子明白，拿着父母的血汗钱去挥霍，去表现自己的“豪爽”和“大方”是可耻的，这是不尊得父母劳动成果的表现。此外，还要让孩子知道，节省下来的金钱可以用在更重要的地方，从而让金钱发挥更大的价值。

当孩子明白了这些道理之后，相信他渐渐就会树立起节约意识。

习惯68：“做家务就能有零花钱。”——靠自己的劳动赚钱最快乐

典型案例：

小岑是小学三年级的学生，她品学兼优，深得老师、父母、同学的喜欢。在生活方面她做得也很好，从来不铺张浪费，乱花钱，而且她还经常通过自己做家务的方式来赚取零花钱。

在妈妈的建议下，每周三和周日，小岑都会自觉地做家务，扫地、拖地、擦拭家具，整理厨房等。刚开始小岑不知道该怎么打扫，效率也比较低，妈妈只能付给她少量的报酬。后来她越来越熟练了，效率提高了，她得到的报酬也随之增加。

小岑对自己辛勤劳动挣来的零花钱格外珍惜，她把这些钱都用在了一些有意义的事情上。当然，时间长了，她也攒下了自己的一

些积蓄。

生活中，让孩子通过劳动赚钱的例子并不多见，大多数父母认为没那个必要。现在生活水平提高了，不缺钱花了，孩子什么时候缺钱，直接要好了。大人们哪有工夫盯着他们劳动，然后再给他们“开工资”，这不是多此一举吗？这是多数父母很现实的做法，看起来也很有道理，但实际上却是对孩子的教育不负责任。我们都知道，让孩子通过劳动来赚取零花钱这种现象在美国社会很普遍，也很正常，这种做法早已为大多数美国家庭所接受。这是美国的孩子比我们国家的孩子生存能力强的重要原因之一。再看看我们的孩子：饭来张口，衣来伸手，什么时候要钱什么时候有，多幸福啊！

这就是中国父母对孩子的“爱”，可惜这种“爱”会毁了孩子。试想富裕家庭中有多少“败家子”，这难道都应该归责于孩子吗？其实最应该为此负责的是他们的父母，是他们溺爱孩子的教育方式。

那么，如何教育孩子通过劳动赚取自己的零花钱呢，我们看下面的方法。

方法指导：

方法一：让孩子通过劳动赚钱关键在于执行

很多父母都明白让孩子通过劳动赚钱的好处，可是在现实生活中却很少有父母真正这样去做。所以，对父母而言，让孩子通过劳动赚钱关键是父母要去做，而不是停留在口号上。

小洛克菲勒是美国著名的大富豪，尽管他很有钱，但他依然非常注重对子女的金钱教育，而且非常善于将这种教育方式落到实处。

孩子们7岁时，小洛克菲勒就开始对他们进行理财教育。他每周给孩子们很少的津贴，目的就是让他们经常处于经济压力之下。

孩子们仅仅靠父母得不到太多的钱，唯一的办法就是靠劳动去挣。如拍死一百只苍蝇，可得到一角钱，捉住一只老鼠可得到五分钱，擦鞋、劈柴、种菜、拔草也都能挣到钱。

小洛克菲勒对子女们严格的金钱教育，使子女们养成了很好的理财习惯。在他的良好教育下，他的五个儿子个个事业有成。

我们中国父母与美国父母在对孩子的教育方面，差距不仅仅在观念上，最重要的是差在执行力上。如果我们的执行力再强一些，那么孩子的理财能力将会有很大的提高。

方法二：放手，给孩子劳动的机会

由于现在生活水平提高，独生子女日渐增多，父母把孩子视为“小皇帝”、“小公主”供养着，孩子过着“饭来张口，衣来伸手”的生活，就别提什么劳动了，而且父母们也“不放心”或者“不舍得”让孩子劳动。这样，孩子连劳动的机会都没有，就更别提什么让孩子通过劳动赚钱了。

所以，要想锻炼孩子通过劳动赚钱，父母首先应该给孩子一些劳动的机会，让孩子明白劳动的价值和意义，并让他们享受到劳动的兴趣。

第八章　交往好习惯：为孩子积累一生的人脉

习惯 69：“你怎么一点礼貌都没有？”——教孩子礼貌待人

典型案例：

7 岁的洋洋是家中的独苗，家人对他宠爱有加，尤其是爷爷奶奶更是把他当做宝贝养着，所以这孩子从小就骄横难缠，一点礼貌都没有。

平时在家里，洋洋想去谁的房间就去谁的房间，而且一进别人的房间就到处乱翻，找自己需要的东西，从来不敲门，不请示。在外面更是这样，他甚至连进老师的办公室都不敲门，推门就进，老师为此批评了他很多次，他也“不长记性”；别的同学带了好吃的，他也不客气，伸手就抢；中午在学校餐厅吃饭，他从不排队，总是挤在前面抢着打饭菜，为此多次与同学起争执。针对这些情况，老师与多次向他的父母反映，可是父母批评过他多次，他也没有任何的长进。

像洋洋这样的孩子，在我们的生活中也不少。很多父母发现，现在的孩子“越来越不像话了，一点礼貌都没有”。不懂得使用礼貌用语，不懂得对长辈使用尊称，不知道感谢别人的帮助，不懂如何与别人相处，这类现象几乎成了现代孩子的通病。为什么会出现这样的现象呢？究其原因，主要有以下几点：一是父母的娇宠，由于现在的孩子大多是独生子女，集一家人的宠爱于一身，想怎么样就怎么样，孩子根本不知道什么是礼貌。二是父母的失职，现在的父母最关注的就是孩子的学习成绩，什么礼仪教育、道德教育全都抛到脑后，致使孩子缺乏教养。三是孩子自身参加社会活动少，不懂得与人相处的基本规则。现在的孩子，大多数时间除了在学校里读书学习，就是待在家里看电视或上网，很少去外面参加集体的运动或活动，因此很难体验和学习与人交往的礼仪及规则。

以上的这些因素导致了孩子缺少文明礼貌的教育，要想让孩子养成礼貌待人的习惯，还得从这几个角度入手。

方法指导：

方法一：加强对孩子的文明礼仪教育

现代社会，人们为了生活每天都在忙着赚钱，金钱似乎成了生活中最重要的一部分，然而对孩子的教育却忽视了，尤其是对孩子文明礼貌的教育。

杨先生夫妻两人都是教师，所以他们非常重视对孩子的教育，尤其是传统文化的教育，他们认为传统文化教育可以让孩子懂得文明礼貌，显得更有教养。从儿子明明3岁时起，他们就引导儿子背诵《三字经》、《弟子规》等。当然，现在他们7岁的儿子已经能够熟读《论语》了，对其中一些经典的语句甚至能倒背如流，这令杨先生夫妻感到很欣慰。

当然，除了对儿子进行传统文化教育，他们还教授孩子现代礼仪和西方礼仪。父母的精心教育让明明成了一个有教养的好孩子，难怪明明班里的同学都喊他“小绅士”，他当然也深受老师和同学们的欢迎。

《三字经》中有言云：子不教，父之过。看来，孩子懂不懂文明礼貌，主要在于父母的教育。可以不客气地说，有什么样的父母就有什么样的孩子。你重视孩子的文明礼貌教育，孩子就会变得懂礼貌，你不重视孩子的文明礼貌教育，甚至不能够以身作则，那么孩子也将会成为一个没有教养的人。

方法二：多带孩子外出活动，让孩子学习文明礼貌

现在的孩子在家里为所欲为，简直就是个“小霸王”，对此父母也就忍了，毕竟是自己的孩子。可是，这样的孩子到了外面，比如说在别人家作客也会如此，也像在自己家里一样为所欲为，没大没小，这令父母很尴尬。其原因在于孩子小时候经常待在家里“霸道”惯了，“拿自己不当外人儿”，而一旦外出，这种习惯无法随时改变，所以就表现得“很不懂事儿”。解决这一问题的方法就是，平时带孩子外出，让孩子在亲朋好友家，在集体中活动中学会讲规则，学会讲文明。

习惯70：“臭老头，你听到了没有?”——培养孩子尊重他人的习惯

典型案例：

小帅是一个9岁的小男孩，正读小学三年级，他家境不错，可是学习成绩不好，不懂得尊重别人，经常与人打架，为此老师多次把他的爸爸叫到学校反映情况。

有一次，小帅放学后在学校门口的摊位旁准备买臭豆腐吃，见排队的人多，他顾不上排队，便朝着做臭豆腐的老者高喊：“老头儿，快给我来一碗臭豆腐！”老人看了他一眼，没有吱声。他又高声嚷道：“臭老头儿，听到没有，你是聋子啊，快给我来一碗臭豆腐！”老人见他如此没礼貌，便回应道：“你这个小朋友怎么这么没礼貌，老师没有教育你怎么尊重别人吗？”老者显然生气了。

“什么尊重不尊重的，你不就是个卖臭豆腐的吗？有什么了不起的，老子不买了！”说完便扬长而去，只留下老者气得在那儿吹胡子瞪眼。

现实生活中像小帅这样的孩子毕竟是少数，但是不懂得尊重别人的孩子却大有人在。似乎现在的孩子变得越来越自我，越来越自私了。家境富裕的孩子不懂得尊重家境一般的孩子，父母有权势的孩子不懂得尊重父母无权无势的孩子，人与人之间的关系，似乎在孩子的眼里也产生了分层。

关于这些，我们从小帅的例子中可以窥见一斑。小帅的家境不错，可能从小在生活上就有一种优越感，他打心眼儿里就瞧不起那些生活、工作不如他父母的人。从他所说的那些话语中，可以清楚地看出这一点。为什么小帅会变成这样呢？他的父母负有不可推卸的责任，或许他们只顾得给孩子提供优越的物质生活条件，而没有同时加强对孩子自身修养的培养和教育，也可能平时他们太娇宠儿子，对孩子缺乏修养的表现视而不见，才导致孩子变得不懂得尊重别人。

综上，培养孩子尊重他人的习惯，父母首先要从自身做起，不仅要加强对孩子的教育，更要加强自身的素质和修养。

方法指导：

方法一：父母首先要以身作则，给孩子做出好榜样教育孩子尊重别人，父母首先要充分发挥榜样作用。父母应当以身作则，尊重他人。孩子的认识能力和判断能力有限，缺乏独立性，因此他们的行为活动容易受到父母的暗示。在他们的眼里，父母就是自己的模仿对象，他们认为父母做什么，自己就可以做什么。因此，父母夫妻之间应当相互尊重，同时也要尊重长辈和自己的亲朋好友，从而为孩子做出好的学习榜样。

方法二：防微杜渐，及时纠正孩子的不良行为

孩子受年龄特点的限制，比较容易冲动、自制力也比较差，他们的行为往往受情绪支配，容易出差错，有时候会做出对别人不礼貌的行为。发现此类问题，父母一定要舍得管教，对孩子进行批评和教育，使孩子认识到自己的错误，从而及时改正。

然然是一个非常可爱的小男孩，当然他也非常调皮，不过好在爸爸对他的教育非常严格，所以这孩子现在非常懂事。

然然5岁那年，家里来了客人，爸爸和客人正在喝茶谈话。从外面刚玩耍回来的然然，看到家里来了陌生人坐在自家新买的沙发上喝茶，非常生气，大声嚷道："你是谁啊，不要坐我们家新买的沙发。"客人听后一时语塞，只是尴尬地笑了笑。然然的爸爸却拉起然然来到了卧室里，严厉地对然然说："儿子，你怎么能对爸爸的客人这样讲话，一点礼貌都没有，快出去和客人道歉，以后一定不能再这样了。"然然看着爸爸严肃的表情，差点哭出来。不过，后来他在爸爸的带领下给客人道了歉，客人友好地笑了笑，并且夸奖了然然。

经过这件事，然然懂事了许多，这样的错误他再也没有犯过。

孩子的一些坏习惯大多是由一点一滴的小事情积攒而来，所以父母一定要懂得防微杜渐，一定不能纵容孩子的"第一次"，因为迁就和容忍只会招来更多的错误。

习惯 71：“别人说的话你怎么听不进去?”——引导孩子善于倾听

典型案例：

泽泽是一个活泼的小男孩，而且特别爱说话，用妈妈的话来讲，他简直就是个“小话痨”，每天从早到晚总是说个不停。如果只是这样，妈妈还能忍受，更可气的是，无论妈妈跟他说什么话，他都听不进去，只顾自己滔滔不绝地说，而且只要妈妈不听他讲，他就会发脾气，这令妈妈十分苦恼。

老师反映泽泽在学校里也是这样，他与同学交流时，大多数时间是自己一个人在滔滔不绝地讲，很少听得进去别人讲话，甚至不给人留说话的机会。不仅如此，老师跟他讲话时，他也是这种表现，要不然就是“一个耳朵眼儿听，一个耳朵眼儿冒”。老师也对他感到无可奈何。

看了上面的这个例子，我们能够明显感觉到，泽泽是一个善于诉说而不善于倾听的孩子。孩子为什么不善于倾听呢？主要有孩子性格的原因，家庭教育的原因。性格方面的原因主要是指，有的孩子性格比较外向，因此非常善于诉说，但可能会对倾听别人说话感到不耐烦，例子中的泽泽可能就属于这种类型的孩子。父母教育方式方面的原因主要是指，父母在日常生活中没有很好地教育孩子，让孩子明白倾听的重要性，没有让孩子养成倾听的习惯。当然，还有一种情况，那就是有些父母对孩子比较娇惯，事事以孩子为中心，这样的孩子容易形成以自我为中心的性格，什么事情都希望别人听自己的，因而听不进去任何人的意见。

对于这样的孩子，父母应该如何让他学会倾听呢？我来看下面的具体方法。

方法指导：

方法一：告诉孩子倾听的重要性

多数孩子不懂得倾听，是因为父母没有告诉他倾听的重要性。如果父母能够耐心细致地告诉孩子倾听的重要性，然后再注意训练，那么相信孩子慢慢就能学会倾听。

父母应该让孩子明白，倾听首先是对别人的一种尊重，与诉说一样重要，是促进双方交流和沟通的主要途径。其次，还要让孩子明白倾听可以从对方那里获得更多的重要信息，在促进相互了解的同时，还可以从别人那里学到更多的知识。另外，善于倾听还能够帮助孩子得到更多的朋友。每一个人都希望别人倾听自己的心声，当认真倾听对方时，很容易赢得对方的好感。

当父母把这些道理讲给孩子听时，孩子应该能够意识到倾听的重要性，从而改变自己只善于倾诉不善于倾听的做法。

方法二：用经典的寓言故事启发孩子

孩子是最爱听故事的，而且非常容易在父母的讲解下从中获得启发意义。所以为了让孩子意识到倾听的重要性和意义，可以借助寓言故事来启发孩子。比如，父母可以给孩子讲一讲下面的这则小寓言。

从前有个小国派使者来中原进贡，使者带了三个一模一样的小金人，这可把皇帝高兴坏了。不过小国的国王附了一道题目：这三个小金人哪个最有价值？

中原皇帝想了许多的办法，都没有发现哪个小金人最有价值，十分着急。最后，有一位退位的老大臣说他有办法。

皇帝将使者请到大殿，老臣拿着三根稻草，然后把稻草插入第一个小金人的耳朵里，这根稻草从另一边耳朵出来了；第二个小金人的稻草从嘴巴里直接掉出来了；而第三个金人的稻草从耳朵进去后却掉进了肚子，什么响动也没有。老臣胸有成竹地说：第三个小金人最有价值！使者脸上露出了满意的笑容，答案正确。

这个故事告诉孩子很重要的道理：最有价值的人，不一定是最能说的人。老天给了我们两只耳朵和一个嘴巴，就是让我们多听少说的。善于倾听比善于诉说更重要。

习惯 72：“不能和小朋友打架。”——教孩子和其他的小伙伴和睦相处

典型案例：

8 岁的涛涛长得虎头虎脑，身体也很强壮，这孩子从小娇生惯养，性格有些蛮横，和小朋友在一块，总是不能和睦相处。

有一次涛涛和邻居几个小朋友在楼下的小广场上玩，他们一起玩踢球，一共三个小朋友每人踢一次，轮流踢，看谁踢得远。刚开始三个孩子玩得还算顺利，后来有一次涛涛踢球踢偏了，结果踢得不远，他非要再踢一次，可是其他两个小朋友不同意，于是他霸占着皮球不让其他两个小朋友踢，结果他们差点打起来，最后广场上的一位老爷爷把他们拉开了。

在学校里，涛涛也总是这样表现得很强势，因此他很难与其他同学和睦相处。老师多次跟他的爸爸反映情况，爸爸也为此多次批评他，但是没什么效果。

一位父母说，现在的孩子似乎不如以前的孩子能“玩到一块了”。的确，现在的孩子走到一块，似乎人人都希望别人听自己的，

希望别人遵从自己的意愿，而没有人愿意服从别人的意志或者听从别人的安排。小孩子在一块，玩不了多大一会儿就会争吵，甚至打架，尤其是性格霸道一些的孩子很难和其他孩子和睦相处。

当然，这也与孩子的性格和家庭教育有直接的关系。以例子中的涛涛而言，从他的表现中可以看出他性格比较霸道，这种霸道性格除了先天的性格因素之外，主要是父母对他的教育方式不妥，父母平时对他娇生惯养，会让他变得蛮横无理，以至于在和小朋友踢球时也会自然流露出这种性格，从而与其他小朋友产生冲突。

孩子出现了这样的问题，简单的批评、打骂能解决问题吗？不能。要想解决问题，还得从以下几个方面入手。

方法指导：

方法一：教孩子学会尊重别人的利益

自己的孩子不能与其他的孩子和睦相处，问题多出在自家孩子身上。生活中有一些孩子不懂得尊重其他孩子的利益，导致双方产生冲突。

比如，自家的孩子和别人家的孩子各自拿着自己的玩具在一块玩，会出现以下几种情况：一是大家各玩各的，这种情况下双方不容易产生冲突；二是双方相互交换玩具玩，这种情况下也不太容易发生纠纷；三是一方希望对方交换玩具，但对方不同意，这种情况下可能会产生冲突；四是，一方抢夺对方的玩具，但却不允许对方玩自己的玩具，这种情况下冲突将不可避免。前两种情况都是在尊重别人利益的前提下玩耍，后两种情况没有尊重别人的利益，自然会引发冲突。

父母应当给孩子讲明这个道理，并在遇到此类问题时，具体指导孩子该怎么做，当孩子形成习惯后就能够避免与其他孩子产生类似冲突。

方法二：让孩子学会与人相处的规则

遵守与人相处的规则是人与人平等、和睦交往的基础。一旦有一方不懂得规则，这种平衡关系就会被打破，冲突爆发将会不可避免。因此，父母在日常生活中，应当通过点滴小事让孩子学会遵守规则。

小恒是小学三年级的孩子，他学习成绩不错，但是人际关系稍差，因此班里评三好学生他有好几次都没有被评上，老师对这件事也感到很惋惜。爸爸得知了这些，认为儿子的确存在问题，他认真分析了原因，最后得出结论：小恒与同学相处过程中不太守规则。爸爸于是想通过下棋这种方式来开导一下孩子，让孩子明白规则的重要性。

这天吃过晚饭，父子二人摆上了一盘棋。第一局，爸爸有意让小恒获胜。第二局，刚开始，小恒下得比较顺利，后来爸爸出其不意两招致胜。小恒急了，要求悔棋，可是爸爸不同意，没有像往常那样迁就他。这时小恒不干了，质问爸爸为什么不能悔棋。爸爸趁机引导他："做任何事情都要讲规则，下棋一样，做人也一样。下棋不遵守规则，就没有人愿意跟你下；做人不讲规则，就没有人愿意和你交往。"

小恒听了爸爸的话，似乎明白了什么，默默地低下了头。

的确，每个人都希望自己的利益得到保护，如果孩子在与别人交往过程中不遵守规则就等于侵犯了别人的利益，这样怎能与别人和睦相处呢？

方法三：教育孩子凡事不要斤斤计较

与人相处过程中，难免会有一些磕磕碰碰，所以相互之间不要斤斤计较，大人们非常容易明白这个道理，可是孩子们就不一样了。多数孩子在与人交往过程中会遵守规则，但仅仅有遵守规则还是不够的，还要学会包容。比如，孩子的同桌不小心把牛奶撒在了孩子的衣服上，按照规则来讲，同桌应当为他擦拭，但这种小事情就不要计较那么多，自己擦一下就完了。否则，让同桌当众为自己擦拭，同桌也会很难为情。如果强迫对方擦拭，那就会伤了和气。如果孩子懂得包容，这种事情也就容易处理了。

习惯73：“这孩子怎么这么势利呢？”——让孩子学会平等待人

典型案例：

10岁的非非是一个十分聪明的小男孩，可惜的是他的聪明缺少几分真诚，却带着一丝狡黠，透着几分城府，与他这小小的年纪极不相称。

周末的上午，爸爸的一帮老同学要来他们家聚会，非非十分高兴，早早地就在家等着叔叔阿姨们光临了。终于门铃响了，进来几位叔叔、阿姨，他们带着各种各样的礼物。非非一一向他们问好，而且还很客气地把他们让进屋来，为他们端茶倒水。这几位客人刚落座，门铃又响了，爸爸让非非去开门。非非开门一看，来者是一位年轻的叔叔，这位叔叔一脸笑容，却两手空空，非非感到很失望，极不情愿地把叔叔“让”进客厅，也不为对方端水，对方很尴尬地坐在沙发的一角。细心的妈妈发现了这一情况，马上热情地招呼客人吃水果。心想：这孩子怎么这么势利呢？

非非在学校里也是这样，如果哪位同学学习成绩好，或者家庭条件好，他就跟这些同学走得近一些，对这些同学也客气一些，反之就会疏远他们。这孩子，年纪这么小怎么这样看人下菜碟呢？

生活中，“看人下菜碟”的孩子并不多见，但像例子中非非这样的孩子也不是没有。这样的孩子聪明，会察颜观色，一般情况下嘴巴也比较甜，但仅限于对那些对他有好处的人。也就是说这样的孩子功利心比较强，为人处世比较势利。当然，这样的孩子也能讨一部分人的欢心，却无法得到大部分人的好评。正如非非那样，那些为他捎带礼物的客人会认为他懂事、乖巧、嘴巴甜，但那位没带礼物的叔叔或许就不这么认为了。

对父母而言亦是如此，或许父母也会认为这样的孩子聪明、机灵、讨人喜欢，但是父母也不希望自家的孩子小小年纪就成为一个小“势利眼儿”，这对他长大以后的人际交往毕竟没什么好处。那么，话又说回来，孩子为什么会这样呢？原因不外乎两点：一是孩子先天性格的原因，也就是说孩子天生趋利的特点就比较明显，这与遗传有一定关系。二是家庭环境的影响，有的父母为人处世比较势利，孩子耳濡目染，成了“势利眼儿”。

具体的原因和方法我们看下面的方法指导。

方法指导：

方法一：父母要为孩子做出表率，不要势利眼

无论孩子先天趋利的特点是否明显，当他处在一个势利的家庭氛围中时，他也会变得势利，很少有孩子能够做到“出淤泥而不染”。

启启的父母都是单位的领导，这自然少不了有人找他们帮忙办事儿。时间长了，这些人出于感激之情，有时会捎带上一些礼品。刚开始启启的父母还一概拒绝，时间长了他们也难以抵挡“糖衣炮弹的袭击”，悄悄变成了俘虏，可悲的是他们渐渐变得势利起来。更严重的或者说更要命的是他们唯一的儿子启启，耳濡目染，也养成了势利的坏习惯。

由于启启的组织能力比较强，同学们曾选举他为班长。可是手里有了“权”的启启，竟然把逐利的坏习惯带到了学校里。同学们

找他“办事儿”也得朝他“进贡”，谁“贡献”的多，谁就能得到一些好处。长此以往，同学们有意见了，悄悄地把这些情况反映给了老师，老师不得不把他“罢免”了。

启启的爸爸开家长会时得知了这一消息，事后回到家他进行了深刻的反思，认为是他们夫妻二人的言行对孩子产生了负面影响，才导致了儿子被“罢免”。出于替儿子的未来考虑，夫妻二人改掉了以前的坏习惯，而他们的儿子启启也渐渐有了转变。

我们常说，“有其父必有其子”，这话一点也不假，启启的情况不就是很好的例子吗？父母对孩子的影响是直接而深远的，所以要想教育好孩子，就必须先为孩子做出表率。

方法二：让孩子明白，人格尊严都是平等的

前面例子中的非非，看到为自己带礼物的客人礼貌有加，而对那位没有带礼物的叔叔却冷淡相待，这是典型的势利眼。其实，无论拿礼物的客人还是没拿礼物的客人，他们在人格上应该是平等的，作为客人他们应当享受的待遇也应该是平等的。也可以说，拿礼物的客人属于有心人，没拿礼物的客人比较粗心；或者说家庭条件好的客人拿的礼物好一些，家庭条件差的客人拿的礼物普通一些，但这都代表了他们的一部分心意，都应该受到主人的热情招待。甚至没有拿礼物的客人或者是因一时疏忽，或者有其他原因，但无论如何都不能说明他们的人品好与坏，更不能因为这些而受到不同的待遇。

父母应当让孩子明白这样的道理，让孩子从小养成平等待人、以礼待人的好习惯。

习惯74：“龙龙，快去帮妈妈接电话。”——培养孩子乐于助人的好习惯

典型案例：

9岁的龙龙是家中的独子，父母对他比较宠爱。他生得虎头虎脑，十分可爱，但是这孩子比较懒惰，平时妈妈让他帮点小忙，他都不乐意。

有一天，妈妈在做鸡蛋饼，两手沾满了面粉，这时她的手机响了，妈妈便喊在客厅看电视的龙龙把手机拿到厨房，并举在自己耳边说话，可是龙龙却大嚷：“我在看动画片呢，你自己拿吧。”妈妈只好自己洗手接电话，可是手也洗完了，电话也不响了。

在学校里，龙龙也是这样，从来不会主动帮助别人。有时候，迫于老师的要求去帮助其他同学，他也会在背后嘀嘀咕咕，好像受了多大的委屈似的。

在外面，龙龙更不喜欢帮助别人了，如果陌生人需要帮助，比如问路，他理都不理。

这孩子怎么会这样呢？妈妈一直想不明白。

现在的孩子不懂得帮助别人，跟孩子的生活环境和家庭教育有直接的关系。现在生活水平提高了，孩子的衣食住行等需求也都能得到满足，再加上独生子女增多，孩子自幼就过着“衣来伸手，饭来张口”的生活，所以他们从来都不用想需要别人的帮助，也不会去想如何帮助别人。

例子中的龙龙就是这样的孩子，从小衣食无忧，娇生惯养，而正是这样的生活让他变得十分懒惰，即便是妈妈急需他的帮助，他

也会无动于衷，更别提在学校里帮助其他同学了。

针对这种情况，父母应当怎么办呢？我们来看下面的指导方法。

方法指导：

方法一：以身作则，为孩子做出乐于助人的好榜样

有什么样的父母就有什么样的孩子，这充分说明了父母对孩子产生的榜样作用是多么重要。如果父母平时非常乐于帮助别人，那么孩子耳濡目染也一定愿意帮助别人。

刘女士是一位非常和蔼的乡村老师，她善良又热情，对待学生们就像对待自己的孩子一样，任何一位同学家庭遇到了困难，她都会慷慨相助。7 岁的女儿甜甜常常看到妈妈把自家的钱财和衣物拿给有需要的家庭，耳濡目染，她也会把自己玩不着的玩具等送给家庭困难的小朋友。妈妈每每看到女儿这样的举动，总会朝她伸出大拇指。

父母对孩子的影响是直接和持久的，显然例子中的甜甜是受到了妈妈的影响，才会主动把自己的玩具拿给别人的。所以，培养孩子乐于助人的习惯，父母首先要以身作则。

方法二：让孩子明白自己也需要别人的帮助

帮助别人，多数是一种习惯和修养，而不是人的本能。所以，想要让孩子养成帮助别人的习惯，还要让他明白相互帮助是一种人与人之间的道德义务，任何人都会需要别人的帮助，有必要的话，也可以让孩子亲自体验一下自己也需要别人的帮助。

8 岁的镇镇是一个活泼可爱的小男孩，不过他也有一点小小的不足，那就是从来都不愿主动去帮助别人，无论在家还是在学校，“乐于助人”似乎都与他不沾边。妈妈决定借机让他体验一下，无助的滋味。

周末，妈妈带镇镇去一家大商场购物，商场的生活用品区和玩具区比较近，妈妈在生活用品区挑选商品，镇镇在玩具区看玩具。妈妈趁镇镇不注意，悄悄地躲在另一个货架后面。镇镇挑选完玩具，发现找不到了妈妈，于是问旁边正选购商品的一位妇女，那位妇女摆摆手说没看到，镇镇又问了另外几个人，他们也都说没看到。镇镇急得满头大汗，只好到商场服务台求助于商场管理人员，妈妈悄悄地在后面尾随着，就在镇镇走到服务台的那一刻，妈妈及时出现了。镇镇又惊又喜，还抱怨妈妈去哪儿了。妈妈趁机给他讲了助人为乐的道理，有了刚才的体会，镇镇总算明白了相互帮助的道理。

当孩子深切体验到了自己也需要别人的帮助，相信他会明白帮助别人的重要性。

方法三：为孩子提供关心别人的机会

一般情况下，孩子在家里有父母的关心照顾，很少需要别人的帮助，也很少能碰到帮助别人的机会。为了培养孩子乐于助人的习惯，父母应尽量给孩子提供良好的接触社会、关心和帮助他人的机会。

比如，让孩子把家里的旧玩具收集起来，送给其他需要的小朋友，或者试着帮助父母做一些力所能及的家务，等等。

习惯75：“谁也不能吃我的好吃的。”——懂得与他人分享

典型案例：

毛毛是一个6岁的小男孩，他平时喜欢吃独食，他的东西谁都不能吃一口；喜欢一个人霸占着玩具，谁都不能碰一下。说到底，

毛毛就是一个不懂分享的小男孩。

爷爷奶奶平时非常宠爱这个小孙子，有什么好吃的、好玩的都给他留着，甚至他那只会说话的“八哥”，也只准孙子一个人碰，任何人都不许碰一根毫毛。即便爷爷对他这样，姑姑拿来的好吃的，他也不许爷爷吃，常常是一个人霸占着。

在学校，由于毛毛不懂分享，经常因为玩具或其他事情与小朋友发生纠纷，老师为此多次提醒过毛毛的妈妈。尽管妈妈“教育”了毛毛很多次，但是也没啥效果。

现在的孩子越来越不懂分享了，或许由于独生子女的原因，现在的孩子各方面都表现得很“独”：吃独食、独自玩玩具、独自霸占父母给予的一切。若有人来“分享”，必然闹得天昏地暗，搞得鸡犬不宁。

孩子之所以变成这样，主要的责任在于父母的教育和家庭氛围，没有孩子生下来就是这么自私的。就像例子中的毛毛，如果不是家人从小对他娇生惯养，他会那么自私吗？所以，孩子不懂得分享，父母应当是第一责任人。解铃还须系铃人，若想让孩子变得不再“自私”，还需要父母的纠正和引导。下面我们来看具体的解决办法。

方法指导：

方法一：注重培养孩子的分享意识

从小培养孩子的分享意识很重要。正如苏联教育家马卡连柯曾深刻指出：“一个独生子女成为家庭关注的中心是不应该的。父母要是甘心这样做，就不可能使自己摆脱掉事事以孩子为中心而俯首屈从的有害倾向。”要让孩子懂得分享，父母就要注意通过身边的生活小事来培养孩子的分享意识。比如，平时家里有什么好吃的，不能让孩子一个人单独享用，因为经常让他吃“独食”，渐渐地，他就会认为凡是好吃的都应该是他的，一旦形成这样的习惯，就比较难以改变了。

我们可能都听过“妈妈最爱吃鱼头”这样的故事，说的是一位年轻的妈妈在儿子小时候，总是让儿子吃鱼肉，自己吃鱼头，就这样坚持了一辈子。当儿子长大成人，而妈妈渐渐变老了的时候，儿子竟然让妈妈吃鱼头，自己吃鱼肉，问其原因，他竟然说：“妈妈从我小时候就最爱吃鱼头。”妈妈听后愕然，既而，伤心不已。

从这个小故事中，我们可以看出，培养孩子的分享意识，必须从生活中的点滴小事做起，孩子一旦形成习惯很难改变，甚至会形成错误的观念。

方法二：用角色互换，让孩子明白分享的重要性

孩子不懂分享，多数是由于自己没有意识到分享的意义和重要性。父母可以通过角色互换来让孩子明白这一点。

用妈妈的话来讲，6岁的苗苗有些“自私”，什么好玩的、好吃的都据为己有，别人别想“沾一点光”。妈妈认为女儿这样下去，以后一定会成为一个“小自私鬼”，所以她决心“开导开导女儿”。

这天，妈妈带苗苗去逛超市，妈妈给苗苗买了一个炸鸡腿，苗苗吃得津津有味。妈妈说：“乖女儿，让妈妈尝一口行不行？”“不行！”苗苗断然拒绝。妈妈感到很失望，不过她转身从超市门口的冷饮店买了一瓶饮料，自顾自地喝了起来。一会儿苗苗吃完了鸡腿，突然感到口渴了，她于是朝妈妈要饮料喝。妈妈趁机对她说：“刚才你都不让妈妈吃鸡腿，现在你怎么又朝妈妈要饮料喝了？不给。”妈妈也“断然拒绝”了苗苗，苗苗无言以对。妈妈趁机告诉了苗苗与人分享的重要性，苗苗感到很羞愧。

角色互换，让孩子亲身体验不与人分享的后果，他就更容易明白道理。

方法三：如果孩子做得好，父母要注意表扬

激励，在帮助孩子养成好习惯的过程中十分重要，在培养孩子学会分享的事情上也是一样的道理。如果孩子做得好，父母要及时对孩子进行表扬，这样有助于他们将这种好习惯保持下去。让孩子学会主动与人分享，并乐于分享，需要经过一个过程，在这期间父母要耐心给孩子正面的引导，多为孩子提供分享的机会，让孩子亲身体验到与人分享的愉悦感受，从而激发他与人分享的愿望。

习惯 76："大家要相互配合才能完成实验。"——引导孩子学会与他人合作

典型案例：

京京是小学三年级的学生，他学习成绩很好，家庭条件也不错，平时生活无忧，学习上也很少遇到难题，所以他似乎什么都用不着别人的帮助，因此他常常独来独往。当然，这造就了他很大的一个弱点——不懂得与人合作。

有一次上实验课，老师把五个同学分为一组，要求几个人相互配合，完成一项实验。其他的同学都积极地配合实验，可是京京，却坐在那儿无动于衷，别的同学劝说他，他就要求打破老师的安排，自己来确定分工，搞得其他同学很难堪，谁也不愿意和他在这一组。结果一堂课下来，他们组的实验远远落在了其他组后面，而且实验结果也不尽如人意。从此，同学们更加疏远他了，尽管他学习成绩很好。

大作家萧伯纳曾经说过："你有一个苹果，我有一个苹果，彼此交换，每个人只有一个苹果。你有一种思想，我有一种思想，彼

此交换，每个人就有了两种思想。”可见，合作是一种互利共赢的事情，对合作的任何一方都有好处。可是生活中，有的孩子却偏偏不善于合作，也不喜欢合作，例子中的小京就是这样的孩子。

合作是现代人的一项基本素质与品格。如果孩子不能与人真诚合作，他就不可能获得真正的成功。刘邦曾经说过：“夫运筹帷幄之中，决胜于千里之外，吾不如子房；镇国家，抚百姓，给饷馈，不绝粮道，吾不如萧何；连百万之众，战必胜，攻必取，吾不如韩信。三者皆人杰，吾能用之，此吾所以取天下者。”由此可见，刘邦之所以能够取胜，主要是得益于这个团队成员之间的合作，如果这几个人不能通力协作，他们或许早就被项羽灭掉了。

一个和尚挑水吃，两个和尚抬水吃，三个和尚没水吃。因此，培养孩子与他人合作的习惯对孩子的成长非常重要。下面我们来看具体的培养方法。

方法指导：

方法一：让孩子懂得与人合作的重要性

孩子不懂得与人合作，或许是他还没有意识到与人合作的重要性。所以，父母一定要让孩子明白一个道理：生活中有很多事情是无法凭借一个人的力量来完成的，父母可以借助一些故事或例子让孩子明白合作的重要性。下面我们看看这位父母是怎么做的。

8岁鹏鹏各方面表现都不错，就是不懂得与人合作。为了让儿子明白与人合作的重要性，这天吃过晚饭，爸爸把儿子叫到身边，拿着一根竹筷交给他说：“儿子，看看你能不能把这根筷子折断。”鹏鹏接过筷子，使劲儿折起来，只见他稍稍一用力，筷子“啪”地一声折断了。爸爸竖起大拇指：“儿子，好样的。”鹏鹏咧开嘴笑了。爸爸又拿出五根筷子，让鹏鹏折，可惜鹏鹏费了半天劲儿，筷子连弯都不弯，更别说断了。爸爸趁机对鹏鹏说：“儿子，知道这

是为什么吗？这是因为团结力量大，这五根筷子善于合作。"

鹏鹏听后点了点头，似乎明白了爸爸的深刻用意。

当然，在生活中父母也可以通过其他一些事情来教导孩子明白合作的重要性，给孩子灌输一些合作的思想和意识。

方法二：让孩子体验合作的乐趣

一次成功的合作可以让孩子产生良好的体验，这种体验既能给孩子带来无穷的乐趣，更有利于促进孩子的合作意识和合作行为。我们来看下面的例子。

佳佳是一个很爱吃烤羊肉串的小女孩，这个周末爸爸买了一个小烧烤炉，准备一家三口在野外烤羊肉串吃，当然主要的目的是让孩子通过这次活动来体验合作的乐趣。

听说爸爸要亲自给自己烤羊肉串，佳佳乐得合不拢嘴，当爸爸提出要求佳佳帮助自己"打杂"时，她自然也拍着双手赞成。活动开始了，爸爸让佳佳先拣出一些小块的木炭，并拿出一些引火纸，佳佳都按照爸爸的要求一一照做。火生好后，爸爸又让佳佳在一旁帮着扇风，尽管她热得满头是汗，但依然乐此不疲。看着佳佳那个花猫似的小脸，爸爸妈妈乐得哈哈大笑。最后羊肉串烤熟后，爸爸双手拿着串，又让佳佳往上面撒调料，佳佳那种一本正经的样子还真像那么回事儿。

大家吃着香喷喷的肉串，爸爸说："今天能吃上这顿美餐佳佳功不可没。"佳佳听后，得意地笑了。爸爸也趁机跟女儿讲了合作的道理，女儿自然体会深刻。

其实，让孩子明白合作的乐趣并没有我们想象中的那么难。只要把合作的道理有机地融入到生活中的小事中去，孩子一定会体验到合作的重要性。

习惯77：“妈妈你自己倒水吧，我还要玩游戏呢！”——懂得感恩他人

典型案例：

小伟今年上四年级了，学习成绩还不错，就是有点小自私。可能是家人宠爱的缘故，他从小就不懂得感恩，认为他从父母这里获得的一切都是理所当然的。

这天妈妈感冒了，感觉身体很难受，于是躺在床上休息。小伟放学回到家后，看到妈妈还没有把饭做好，于是大嚷道：“妈，咋还没做好饭呢？”妈妈听到儿子的抱怨，只好解释说：“妈妈感冒了，还没来得及做饭。你帮妈妈倒杯水好吗？”“不就是感冒吗？又不是不能动了，你自己去倒吧，我还要玩游戏呢。”听着儿子冷漠无情的回答，回想着自己对儿子的种种好，妈妈的眼泪止不住流下来：这孩子怎么一点儿感恩之心都没有呢？

现在的孩子不知怎么了，有一部分孩子对父母几乎没有任何的感恩之心。平时父母对他们关怀备至，要什么给什么，想怎么样就让他们怎么样，可是等到自己需要孩子们的时候，他们却不闻不问，无动于衷。看看例子中小伟的妈妈，她是多么可怜和无奈啊。其实，说到底这都是“无私”的父母一手造成的。事实多次证明，父母的无私并不能换来孩子的无私，反而会使他们变得更自私。因为，父母的无私，会让孩子觉得父母为他们所做的一切都是理所当然的，当他们把索取当成一种必然或者看做是天经地义的时候，他们已经彻底失去了感恩之心了。

父母为孩子奉献了一切，而孩子却不懂得感恩，这种情景令父

母情何以堪？要改变这种状况，父母该如何做呢？

方法指导：

方法一：父母应当言传身教

父母是孩子最好的老师，父母的言行举止甚至可以影响孩子一生。所以，要想让孩子学会感恩，父母首先要以身作则，通过言传身教来影响孩子。

慧慧的爸爸常年在外工作，慧慧的妈妈非常孝敬自己的公婆，不仅无私地为他们洗衣做饭，还经常陪他们上街、散步等，邻里无不称赞。另外，由于老人年龄大了，腿脚不方便，慧慧妈每天都为老人兑好温水洗脚。这一切，慧慧都看在了眼里，也都记在了心里。

有一天，妈妈伺候完两位老人睡觉后回到了自己的房间。她刚在床边坐下，慧慧就端了一盆温水来到跟前——她要给妈妈洗脚。望着这么懂事的女儿，妈妈眼角闪现出幸福和欣慰的泪花。原来在广告片里存在的镜头，竟然变成现实发生在了自己身边，妈妈很感动。

当然，为孩子做出榜样也应当是一种自然的行为，而不是为了教育孩子感恩自己为孩子做出个样子看，那就失去了感恩教育的意义，对孩子也不可能起到真正的教育意义。

方法二：让孩子从感恩父母开始

感恩，当然要从身边最亲近的人开始，如果一个孩子连自己的父母都不感恩，又如何要求他去感恩别人呢？所以，让孩子学会感恩，首先要让他从感恩父母开始。

明辉自小就是一个非常懂事的孩子，这得益于父母的教育。尽管明辉是家里的独生子，但父母从来不娇惯他。好吃的东西一家人一起分享，该让他做的家务都让他做，该他承担的责任毫不犹豫地让他承担……

在这种教育方式下，明辉反而学会了感恩。妈妈做饭时，他会在一旁帮着择菜；爸爸下班时，他会递上一杯热茶；奶奶感冒时，他会忙着倒水、买药……

其实，感恩教育并不复杂，当孩子学会了感恩父母时，他就已经是一个懂得感恩的孩子了。“老吾老，以及人之老”，懂得感恩自己父母的孩子，也同样会感恩他人。

方法三：从日常生活点滴做起

感恩教育不需要孩子有多么伟大的举动，只需要孩子做好生活中的点滴小事即可。所以，父母可以要求孩子做一些力所能及的家务活，比如，洗碗、拖地，跟父母说“谢谢”、“晚安”等。不要小看这些点滴小事，它可以看出一个孩子是否拥有感恩的心。

习惯78：“你怎么这么不小心，快给我出去！”——引导孩子学会宽容

典型案例：

芳芳今年9岁，是一个可爱的小女孩，她学习成绩也不错，可以说其他方面也都做得很好，就是对人有点“苛刻”，一点都不懂得宽容。

有一次，妈妈帮她收拾房间时不小心把她刚买的精美小花瓶碰到地下摔碎了，尽管妈妈一直跟她说不是故意的，还说要帮她再买一个，可是她却一直哭闹不止，搞得妈妈很无奈。还有一次，姑妈家的小表妹来家里作客，在芳芳的房间玩耍时，不小心把饮料洒在了她的小床上，芳芳大怒：“你怎么这么不小心啊，快给我出去！”

她这么一嚷，小她3岁的小表妹被吓得不知所措，咧嘴大哭。姑妈也被搞得很尴尬，看着自己委屈的女儿，安慰也不是，批评也不是。

芳芳在学校也是这样，谁要是不小心碰着了她，或者把墨水、饮料等洒在了她身上，她准跟你没完，连老师都拿她没办法。

宽容是一种美德。人非圣贤，孰能无过，尤其是孩子，更要学会宽容待人，平和处事，这样才能团结同学，广交益友，为学习和生活创造一个良好的氛围，当然更重要的是从小就能养成一种良好的处世习惯。可是，像例子中芳芳那样因为一点小事就不依不饶的孩子不乏其人。那么，生活中为什么有很多孩子不懂得宽容呢？归结为一点，主要还是父母的教育不到位，没有孩子生下来就是那么苛刻的。当然，孩子性格的因素也占一定的比例，有的孩子可能性格内向、孤僻、不善于与人交往，这样的孩子对人更容易苛刻。不过，这些因素都可以通过后天的教育来改变。

下面我们来看具体的教育方法。

方法指导：

方法一：引导孩子做个大气的人

孩子之间相处，会经常发生这样或那样的事情，如果孩子因为一点小事而斤斤计较，那么他们之间的相处就很难获得快乐。因此，作为父母应当引导孩子做一个大气的人，只有宽容大度的人才能时常感受到快乐。

梅梅放学回到家对妈妈说："妈妈，小荞真是个笨猪，今天的考试，她又给我们组拉了分，害得我们没有得到小红花！"望着孩子流露出不满和不屑的神色，妈妈和蔼地开导她："你和小荞不是好朋友吗？""当然是了！""而且她还经常关心和帮助你，对不对？""是呀！"梅梅认真地回答。"既然这样，你应该包容她的不足，不应该嘲笑她，而且还要帮助她，对不对?”梅梅听到这话，不吭声了。妈妈意识到自己的开导起了效果，也没再多说什么。

孩子的思维多是出于本性和自然，对于不符合自己利益的事情，会本能地表现出反抗或反感。对此，父母应当多用理性思维来教导孩子，引导孩子做一个理智和大气的人。

方法二：让孩子学会换位思考，放宽胸怀

换位思考对于教育孩子学会宽容同样适用。多数孩子考虑问题往往都是站在自身利益角度，很少有孩子主动为别人考虑，尤其是当自己的利益受损时，这一点表现得更为明显。对此，父母可以引导孩子试着换位思考，从而激起孩子的宽容之心。

妈妈为蓉蓉买了一本精美的图画书《白雪公主》，蓉蓉爱不释手，她一下课就翻出图画书看起来。事有不巧，同桌转身时不小心把牛奶洒到了她的图画书上。蓉蓉很生气，非让同桌赔她一本新的《白雪公主》，否则就要告诉老师。同桌希望用纸巾帮蓉蓉擦干净，可是蓉蓉死活不同意，最后老师从中调停，不过同桌挨了批评。

后来妈妈得知了这件事，她严肃地对女儿说：“谁都有不小心的时候，如果你犯了同样的错误，你的同桌让你赔，还告诉老师批评你，你心里好受吗?”蓉蓉听到这话，默不作声了。妈妈趁机告诉她，要宽容对待同学、朋友，不要斤斤计较，这样她才能成为一个受欢迎的人，而且自己也会变得很快乐。

多数情况下，孩子还是能够明白事理的，只要大人们能够耐心地把道理讲给他们听，他们不会让我们失望的。

方法三：让孩子反省自己的错误

孩子之间出现纠纷，不一定完全是对方的错，这种情况下父母应当引导孩子首先反省自己的错误。当孩子意识到自身存在的错误或问题后，他自然不会再迁怒于对方，当然也就容易迁就或宽容对方了。

习惯 79："你这不算什么，我也会。"——学会赞美他人

典型案例：

小超是一个聪明活泼的小男孩，学习成绩也不错，可是他也有一个不足，那就是不懂得赞美别人，或许由于自己比较聪明的原因，似乎在他眼里，谁都比不上他，啥都没什么了不起的。正因为如此，很少有孩子愿意跟他交朋友。

有一次，班上组织了一场手工比赛，每个人都可以任意按照自己的想象创作手工作品。一堂课快结束的时候，大家都把自己的手工作品交了上去，小超也不例外。评选结果出来后，小超的手工作品获得了大家的认可，名列前茅。他的同桌小胡的作品也很别致，也获得了大家的好评。可是，当同桌拿回自己的作品请小超给些建议时，小超瞥了一眼说："你那玩意儿有什么呀，我也会。"同桌听到小超的话，一时尴尬地说不出话来。

很显然，例子中的小超是一个不懂得赞美别人的孩子，尽管他很聪明，但未必会有人缘。试想，谁愿意和一个不欣赏自己的人做朋友呢？有人说，赞美是世界上最美的语言。的确，任何人都希望听到别人真诚的赞美。赞美不仅是人际关系的润滑剂，也是一个人修养的体现。当然，赞美别人也是一种习惯，对孩子而言这种习惯应该从小就开始培养。

话又说回来，为什么有的孩子不懂得赞美别人的呢？这大致有几点原因：一是自身条件比较优秀，比如，家庭条件、学习成绩、穿着打扮等；二是父母的影响，有的父母就不懂得赞美别人，孩子在这种生活环境中生活久了，也会受到负面影响；三是孩子不好意

思说出口，有的孩子性格比较内向，即便是心里认可别人，也不好意思把赞美的话说出口。

针对这几种情况，我们总结了以下几种办法，父母们不妨看一看。

方法指导：

方法一：首先要学会赞美孩子

我们在前面讲到过，父母是孩子的第一模仿对象，父母的言行举止会深深地影响到孩子。所以说，要想让孩子学会赞美，父母首先要学会赞美孩子。这种赞美从孩子能听懂话儿的时候就应该开始了。比如，在孩子很小的时候对他说“宝贝儿，你真聪明”，“好孩子，你真乖”，“乖儿子，你真棒”，等等。听到这些赞美之辞，孩子的潜意识里就会产生一种自豪感，就能自然而然地激发或强化他这种被赞美的行为，这种正强化对孩子良好习惯的养成非常重要。等孩子再大一些，可以对他值得肯定的行为进行具体的赞美，因为这一阶段孩子对笼统的赞美已经兴趣不大了，所以这时候具体的赞美会才能对孩子产生更好的效果。

无论何种赞美都能让孩子在心理上产生一种愉悦感，这种愉悦的体验，会反过来刺激孩子使用赞美这种技巧，当然也会让孩子学会使用赞美的语言。

方法二：让孩子学会寻找别人的优点

赞美和欣赏都是一种积极的情绪。学会赞美和欣赏别人就是学会找出别人的优点，看到自己的差距，从而激励自己进步。同时由于你的赞美和欣赏，别人获得了鼓励，也会对你产生好感，从而让你获得好人缘。

小丛是一个喜欢交朋友的小男孩，可是他的知心朋友并不多，他性格外向喜欢搭讪，因此他比别的孩子有更多机会接触和了解小

伙伴。最初小伙伴们也都乐于和他交往，可是后来却都渐渐疏远了他。

妈妈看出了他的苦恼，于是开导他说："儿子，妈妈平时总听到你说别人的缺点和不足，认为谁都不如你，这样的话，谁还愿意和你做朋友呢？如果你能够学会发现别人的优点，那么相信很多小伙伴愿意和你交朋友。"

一语惊醒梦中人，自此以后小丛试着去发现小伙伴们的优点，并且及时说出来，渐渐地他又赢得了伙伴们的好感。

事实就这么简单，你认为别人好，别人也不会认为你坏；你看到了别人的优点和长处，别人也愿意和你交朋友。父母一定要让孩子明白这个道理。

方法三：让孩子学会间接赞美

前面我们讲到有些孩子可能不好意思把赞美别人的话说出口，那么这种情况下我们可以教孩子学会使用一些间接的赞美方式，比如，用眼神、动作、姿势等来赞美别人。其实，多数情况下，身体语言的赞美比语言的赞美更显得真诚，更容易让人接受。对于性格内向的孩子，父母不妨试试这种方法。

第九章 道德行为习惯：锻造孩子一生的优良品格

习惯 80：“你怎么说话不算数。”——从小就要诚实守信

典型案例：

7 岁的洪洪是一个活泼可爱的小男孩，尽管他头脑很聪明，但是常常说话不算数。说过的话经常反悔，答应别人的事常常忘在脑后。

洪洪特别爱吃“垃圾零食”，妈妈怕对他身体不好，很少给他买那些零食。一个周末，母子二人去超市购物，去之前两人商量好不买零食，洪洪当时就答应了，可是走到超市他就反悔了，非要从货架上拿那些零食。妈妈拗不过他，又怕别人围观，只好顺从了他。

在学校也一样，有一次他的同桌放学后要值日，由于两个人住同一个小区，所以同桌希望洪洪在校门口等他一会儿，可是等同桌值完日出来，小洪却不见了踪影，害得同桌在学校门口找了他

半天。

洪洪如此不讲诚信，妈妈也拿他没办法。

不讲诚信的孩子在现实生活中的确并不少见，对自己的父母不讲诚信的孩子尤其多，可能在孩子的眼里，父母不是外人，可以迁就自己，所以他们答应父母的事情也会常常变卦，洪洪就是一个很典型的例子。

古往今来，诚实守信一直被人们视为做人的基本准则。那么，诚信对于一个孩子而言究竟有多重要呢？儿童心理学家研究发现，那些幼时不讲诚信的孩子长大后往往不信任别人，会更加敏感多疑，因为他对撒谎等不诚信的行为有深切的体会，自然他也会提防别人。可以说，这种行为对孩子的影响是一生的。

那么，孩子为什么不讲诚信呢？儿童专家告诉我们，说谎是孩子本能的反应，也是人类自我保护的行为。但是这只限于孩子的幼儿时期，等到孩子 5 岁以后，就具备了基本的是非观念，这种时候孩子再说谎主要就是父母的教育责任了。

具体而言，作为父母如何引导孩子诚实守信呢？下面的几点方法可以为我们提供参考。

方法指导：

方法一：父母以身作则，不要失信于孩子

在孩子的眼里，父母一直是自己学习和模仿的对象。所以说，如果父母不能够以身作则，失信于孩子，那么你就很难教育出一个诚实守信的孩子。

我国春秋时期，孔子有位得意的弟子叫曾子。有一次，他的妻子要出门赶集，小儿子哭闹着也要跟着去，曾子的妻子就哄他说："你别哭闹了，我从集市上回来就杀猪给你吃。"小家伙听说有肉吃，就不再哭闹，乖乖地在家等着。等曾子的妻子赶集回家后，曾子便要杀猪给儿子吃。妻子却说："那只不过是一句哄孩子的玩笑话，你怎么当真了呢？"曾子正色道："小孩子的心灵很纯洁，做父母的如果失信于他，他长大后就会学会欺骗。将来如何在世上立足？"为了妻子的一句话，曾子最后真把猪杀了。

不要认为小孩子好糊弄，也不要认为我们给孩子的谎言是善意的，当孩子发现撒谎的"好处"以后，你再想改变他就难了。

方法二：父母不要有意无意强化孩子的撒谎行为

尽管父母都希望把自己的孩子教育成诚实守信的人，但是他们的一些行为却在无意中强化了孩子说谎的行为。

或许我们都曾听说过这样的一个例子：一个孩子不小心把花瓶碰掉在地上摔碎了。妈妈闻声赶来，问是谁打碎的？孩子说："我。""啪"，妈妈给了孩子一个耳光。又有一次，孩子不小心打碎了一只碗，妈妈问是谁干的？孩子想想自己上次挨打的经历，学聪明了，指着家里的大花猫，说："它。"这回孩子不但没挨巴掌，还得到了妈妈的夸奖，原因是他很"乖"。

可以想象得出，孩子自此以后就堂而皇之地走上了撒谎的道路，因为他从撒谎中得到了"好处"，而这种"好处"正是妈妈无意中给他的。所以，孩子学会撒谎，有很大一部分原因在父母身上。

方法三：孩子不守信用，要给他适当的惩罚

有的父母明知道孩子在撒谎，却不以为然，顶多轻描淡写地数落几句。因为在一些父母眼里，孩子撒谎并不是什么大不了的事儿，孩子长大了自然会变好的。其实，父母这样做等于纵容了孩子的撒谎行为，会让他变本加厉。适度惩罚不是对孩子进行体罚，更不是对孩子打骂，而是用一种孩子能够接受的，有积极意义的惩戒，这需要父母根据具体情况掌握。

生活中，有的父母因为孩子一次小小的撒谎行为，而大声呵斥，甚至不问青红皂白，甩手给孩子两个大嘴巴子。这是一种走极端的教育方式，同样不可取。

习惯81："老师，青蛙是用嘴呼吸的。"——教孩子学会谦虚、谨慎

典型案例：

豪豪是一个聪明可爱的小男孩，他正在读小学三年级，每学期都能够拿不少奖状，但这些奖状多是关于学习方面的。在品德方面，由于他不够谦虚谨慎，很少拿奖状，甚至有几次没有被评上三好学生。

由于豪豪学习成绩不错，头脑又聪明，无论老师提问什么问题，他都积极举手，甚至抢答，搞得其他同学都得不到回答问题的机会。老师对这件事也颇不满意。有一次老师讲课，豪豪不认真听讲，趴在桌上假装睡觉。老师此时向同学们提问："青蛙用什么呼吸？"豪豪不等其他同学举手，脱口而出："用肺呼吸。"老师接着又问他："还能用什么呼吸？"豪豪挠了挠头，答道："用嘴呼吸。"老师善意地玩笑道："你以为他和你一样呢，打呵欠的时候用嘴呼吸。"同学们听后哄堂大笑。老师接着解释道："青蛙是两栖动物，在陆地上时用肺呼吸，在水中时用皮肤呼吸，你上课要认真听讲啊。"豪豪听完老师的话窘红了脸。

谦虚谨慎是我们的传统美德，对于处于学习时期的孩子而言，更有必要保持这些美德，因为这样孩子才可能获得更多的知识和学习机会。例子中的豪豪自恃自己头脑聪明，上课不认真听讲，而当

老师提问时，他又抢答老师的问题，结果闹出了笑话。积极回答问题本来是一件好事，但是自恃聪明，不认真听讲，还抢答问题就是豪豪的不对了。

在我们生活的周围不懂得谦虚谨慎的孩子并不少见，这些孩子往往有争强好胜的性格，当然这样的孩子也喜欢自吹自擂，眼里没有别人。这样的孩子为什么傲气十足啊？性格方面的原因我们就不再多说了，其他方面主要是父母教育不到位，孩子不是天生就傲气的，所以针对这样的孩子，父母首先要反思有没有自己的原因，有的父母本身就有点恃才傲物，待人接物处处表现出与众不同的优越感，孩子耳濡目染自然会受到负面影响。另外，现在的独生子女增多，父母常常以孩子为生活的中心，从而让孩子产生了唯我独尊的感觉。这也是导致孩子不懂谦虚谨慎的原因。

让孩子养成谦虚谨慎的习惯，父母应当根据具体原因对症下药，下面我们来看具体的方法。

方法指导：

方法一：父母为人处世要谦逊有礼，不卑不亢

孩子在成长的过程中，受父母潜移默化的影响是最深远的。从某种程度上讲，父母的态度往往也决定了孩子对人的态度。

小坤的妈妈非常注重对他的教育。尽管小坤家境优越，但是他的妈妈从来对人一视同仁，无论对方是大富商还是街头的小贩，只要是靠自己的辛勤劳动赚钱的人，她都会尊重他们。

比如，有一次妈妈带小坤去街边修鞋，她先让孩子向修鞋的伯伯问好，等鞋子修好后她还让孩子向对方说声“谢谢”。对于街头的艺人也是如此，有一次妈妈和小坤一起走过地下通道，一位盲人叔叔正在忘情地弹着吉他，而在他的面前放着一个小铁桶，里面盛放着一些零钱。妈妈就悄无声息地往里面投下几元零钱，并告诉小

坤："一个靠自己的才艺生活的人值得我们帮助和尊敬。"小坤听了妈妈的话，点了点头。等到下次再走过地下通道的时候，遇到同样的艺人，他会提醒妈妈给一些零钱。

家长通过生活中的一些小细节对孩子言传身教，能够使孩子学会尊重和谦虚。

方法二：教育孩子多看到别人的长处，多向别人学习

多数人比较容易看到自己的长处和别人的短处，这种情况下就从某种程度上阻碍了自己向别人学习。教育孩子谦虚好学，首先要让他多看到别人的长处和自己的短处，取长补短才能有更大发展。

习惯 82："不就是一只流浪狗吗？至于吗？"——培养孩子的爱心

典型案例：

璐璐是一个十分聪明伶俐的小女孩，非常讨人喜欢。可是，细心的妈妈却发现女儿似乎缺乏了那么一点点爱心。

有一次妈妈接女儿放学回家，回来的路上妈妈去商店里买东西，让璐璐在门口等一会儿，可是妈妈买完东西回来后，发现女儿正提着一只流浪狗的耳朵玩。那只可怜的小狗被女儿揪着一只耳朵提起老高，疼得"嗷嗷"直叫。妈妈见状，马上喝止女儿。可是璐璐却一脸不屑："不就是一只流浪狗吗？至于吗。"妈妈听后，责怪女儿小小年纪却一点爱心都没有。

还有一次，璐璐和妈妈去公园玩，在公园门口，她们母女俩碰到一位残疾人在乞讨。当那位残疾人把手伸在她们面前时，璐璐突然冒出一句："臭要饭的，走开！"妈妈作势打了一下女儿，随即拿

了一些零钱给了那位残疾人。

爱心是一种美德，也是一种美好的情操，可是现在却有不少孩子缺乏爱心，这的确令一些父母感到不可思议。正如例子中的璐璐，那么活泼可爱的一个小女孩，竟然以提起狗的耳朵取乐，遇到残疾人乞讨不仅不同情，反而骂对方。现在的孩子生活水平提高了，接受教育的条件更好了，为什么反而缺少爱心了呢？主要还是生活环境和家庭教育的原因。现在的孩子独生子女较多，多数家庭对孩子比较娇惯，渐渐让孩子养成了一些恶习，包括爱心的缺失。从家庭教育方面来讲，父母只注重为孩子提供物质条件，却忽视了对他们的心灵教育。当然，更有甚者，不但忽视了对孩子的正面教育，反而成了孩子的反面教材。如果父母缺乏爱心，那他们的孩子受到影响，也很难有爱心。

方法一：保护孩子的爱心

有的孩子生性善良，从小就很有爱心，可是父母考虑的方面较多，可能会打击到孩子的爱心。对这样的父母，我们想说：请您注意保护孩子的爱心。

依依是一个文静秀气的小女孩，她从小就十分有爱心，而且特别喜欢小动物。

有一次放学回家，她在路上捡到一只小小的流浪狗。由于天气比较寒冷，依依看到它时，它正蜷缩在垃圾堆旁瑟瑟发抖，于是她把它抱在了怀里带回了家。妈妈看到女儿放学回来，非常高兴，但当发现她怀里竟然抱着一只脏兮兮的流浪狗时，顿时火冒三丈："你抱回家一只破狗干什么？脏死了，赶紧把它给我扔出去！"望着妈妈严厉的目光，依依不敢争辩，只好乖乖地把流浪狗扔到了门外。

从那以后，依依再没有带过小动物回家，她似乎变得比以前冷

漠多了。

有些孩子可能与生俱来就有爱心，对于这样的孩子父母应当感到骄傲才是，可是生活中有些父母出于现实的考虑，可能会在无意中打击孩子的爱心，希望依依妈这样教育孩子的事情不再发生。

方法二：利用身边的小事，启迪孩子的爱心

启迪孩子的爱心，父母要从身边的小事做起。比如，在孩子小时候不小心把娃娃扔到地上时，可以这样对孩子说："哟，宝贝，你把娃娃摔疼了吧，快抱起来摸摸它吧。"如果家中有小动物，可以让孩子带它们一起玩，让孩子饲养它们，等等，这样做可以让孩子在与小动物和谐相处的过程渐渐变得有爱心。

方法三：用自己的爱心感染孩子

培养孩子的爱心，父母的榜样作用也很重要。如果父母双方都有爱心，孩子在一个充满爱心的环境中成长，也会变得富有爱心。

小毅的妈妈是一家诊所的儿科医生，小毅从小就经常跟着妈妈待在诊所，对妈妈给小朋友看病的过程再熟悉不过了，他觉得妈妈是世界上最伟大的妈妈。

现在，他长大了，节假日妈妈经常让他帮着拿这拿那，或者照顾病患儿童，每件事他都尽心尽责，还赢得了儿童家属的赞扬。每当这时，他心中就升起一股自豪感。当然，更重要的是，他从小就怀有一颗火热的爱心。

父母对孩子的爱心教育也可以采取潜移默化的方式，而且有时候这种教育方式效果要好得多。

习惯 83：“你怎么能开老师的玩笑?”——尊敬师长是基本的美德

典型案例：

小奎读小学四年级，他是一个调皮捣蛋的孩子，平时学习成绩不好，却喜欢在课堂上搞恶作剧，经常气得老师不知所措。老师把此事反映给他的爸爸，为此他爸爸也没少批评他，可是似乎没起到什么明显的效果。有时候说急了，他还会和爸爸顶嘴。

有一次，同学们课间休息，小奎趁老师不在，偷偷在老师的讲桌上抹了一些强力胶水。上课铃响了，语文老师快步走进教室，在黑板上写下当堂所讲的课文名字后，便转身朝向同学们。这位老师有一个习惯，就是讲课时喜欢两手按着讲桌的边沿。这次他照例双手分开按在了课桌边沿，让他意想不到的是，双手竟然被粘在了讲桌上，他用了一下力才使两手挣脱下来。同学们看到这种情景，都忍不住偷偷地笑了。老师的脸色很难看，他严厉的目光下意识地盯住了小奎。小奎心虚地侧过了头，脸上掠过一丝幸灾乐祸的微笑。老师大声质问这事儿是不是小奎干的，小奎矢口否认。由于没有证据，老师也只好作罢。

回想起我们的学生时代，那时候的班里也不乏一些调皮捣蛋的孩子，如果调皮捣蛋这些行为仅限于孩子之间，那倒也没什么，但是如果搞恶作剧来“整”老师，这就是对老师的不尊重了。老师身上肩负着教书育人的责任，一般而言知识储备也比他所教的学生们丰富得多，作为学生只有尊重他们，他们才愿意向学生们传授知识，而学生把老师作为调侃的对象，是对老师的一种蔑视，同时也

是对知识的一种蔑视，这是非常不应该的。

当然，我们这里讲的尊敬师长，也包括尊敬长辈。长辈比孩子拥有更丰富的人生经验，同时对孩子也有养育之恩，所以孩子尊敬长辈也是理所当然的。在生活中，我们会发现，一般懂得尊重长辈的孩子也懂得尊重老师，而那些不尊重长辈的孩子也会不尊重老师。例子中的小奎就是这样的孩子，本身自己不尊重老师，有错在先，但爸爸批评他的时候，他竟然还顶嘴。如果您的孩子这样，一定要严加管教，不能纵容他养成这样的坏习惯。

方法指导：

方法一：对孩子进行传统文化教育

现代的孩子尤其缺乏传统文化教育，平时我们经常见到不懂礼貌，稍有不如意就对父母大呼小叫的孩子。在感叹之余，我们反思原因，现在的孩子为什么变成了这样？其中一条很重要的原因，就是我们丢掉了传统文化，忽视了对孩子的传统文化教育。我国的传统文化中，有很多思想和礼节是符合社会伦理纲常的，值得我们去伪存真，拿来教育孩子。

琳琳的爸爸是一位中学语文老师，他经常给学生们讲一些传统文化知识，他认为传统文化中有很多内容值得现代人学习。当然，他也忘不了对自己的女儿进行传统文化教育。琳琳 3 岁时爸爸就教她背诵《三字经》、《百家姓》、《弟子规》等，7 岁时又教她“读”《诗经》、《论语》、《孟子》等，尽管女儿“读”得很吃力，但的确收获不小——既认识了不少汉字，也学习到了一些传统思想和礼仪。

在亲朋好友眼中，琳琳是一个知书达礼的好孩子。

对孩子进行传统文化教育并不是什么难事，只要父母做个有心人，孩子一定能够变得有修养，有教养。

方法三：让孩子懂得长幼有序，尊卑有别

在现代的家庭中，有的孙子像“爷爷”，而有的爷爷像“孙子”。由于独生子女的增多，孩子在家庭中的地位越来越高，甚至超过作为一家之长的祖辈。这种长幼秩序倒置的现象十分普遍，对孩子的成长危害也很大。并非我们在这里传播封建思想，在一个家庭中长幼秩序的建立还是十分有必要的，它可以让孩子懂得尊重和谦恭。至于尊卑，主要是说孩子要尊师重教，对老师要有一种谦卑的态度，说到底这是对知识的一种尊重和恭敬。

习惯 84：“这孩子怎么一点孝心都没有。”——孝敬、感恩父母

典型案例：

闯闯或许被家人娇宠坏了，9 岁的他在家里说一不二，眼里谁都没有，可以说他是一个地地道道的“小皇帝”。

家里有这样的一个孩子，谁都不敢惹，怎么可能指望他孝敬父母呢？吃饭时，他要挑最爱吃的吃，要把最喜欢吃的饭菜放在自己跟前，等他吃完了，别人才能动那么一筷子。闯闯的爸爸实在受不了这个“不孝子”，三番五次要打他，都被自己的老父亲劝住了。老母亲也很宠这个宝贝孙子，即便自己受点委屈，她也心甘情愿。闯闯的爸爸倒是孝顺自己的老父老母，为了不惹老人生气，他对这个“不孝子”也没有办法。

不仅如此，闯闯在家只知道吃、喝、玩、乐，一点家务活都不做。妈妈在家做家务再苦再累，他都视而不见，从来不知道搭把手。

随着独生子女的增多，家里的“小皇帝”、“小公主”也日渐增多起来，这些孩子给我们带来快乐的同时，也让我们陷入了一种尴

尬的境地：儿子变成了“老子”，老子变成了“儿子”。中国有句老话：养儿防老，积谷防饿。还没等儿子长大，就已经变成了“老子”，谁还能指望他防老啊。

但是孩子生下来就是错的吗？生下来就是“不孝子孙”吗？非也。这一切都是父母的娇宠和教育不当造成的。孩子生下来什么事儿都不懂，甚至连话都不会说，面对这样的生命个体，他根本就不明白什么是孝与不孝，但是不孝的种子父母却已经为他准备好了。因为，在孩子还没出生之时，一些父母包括孩子的爷爷奶奶就已经准备好宠爱这个未曾谋面的“小祖宗”了，孩子一出生，这颗种子就开始生根发芽了。事实如此，在日常生活中，我们经常看到祖辈对孙辈宠爱有加，“含在嘴里怕化了，捧在手里怕碎了”。结果，孩子从小就适应了这种生活方式，等他再长大一些，即便是明白了一些道理，原来的行为习惯也很难改变了。这样的孩子，你不可能指望他长大了会孝顺你。

那么，我们该如何改变这种状况呢？

方法指导：

方法一：父母一定不要娇惯孩子

随着计划生育政策的深入落实，独生子女越来越多，而中国人“养儿防老”的思想又比较重，这种情况下，家里唯一的儿子或女儿便成了两代人的全部希望。既然如此，这唯一的希望便成了一个“活宝”，不能有半点闪失，否则任何人都“伤不起”。然而，这种爱，这种娇惯却把孩子引入了另一个误区，致使人性的优点被遮掩，人性的弱点暴露出来。表面上是爱孩子，实际上却是害了孩子，当然最终也会害了自己。因为这样养育出来的孩子，长大不仅防不了“老”，而且还会“啃”老，甚至是“害”。现实生活中，这样的例子并不少见。

所以，为了实现“防老”的愿望，您也一定不能娇惯自己的孩子。

方法二：“棍棒”底下出孝子，给孩子立下一定的规矩

老话说“棍棒底下出孝子，”其实这句话没错，尽管现代人看来，似乎孝子是“打”出来的，其实或许我们有一定的误解，这里的“棍棒”更准确的含义应该代表“规矩”，棍棒只具备象征意义，也就是说有规矩的孩子才会懂得孝顺，并不是说打孩子才能打出孝子。有了这样的理解，我们便很好办了，那就是：要想出孝子，就得立规矩。让孩子在为人处世方面按照一定的规矩去做，触犯了规矩就得受一定的惩罚，当然这种惩罚不是“棍棒”，而是一种文明的处罚方式。这样教育出来的孩子，自然懂得孝敬父母。

方法三：用名人的故事，教育孩子，感化孩子

故事的力量是巨大的，任何人都容易从故事中获得启发，而不是从说教中。所以教育孩子懂得孝敬父母，不妨给他讲一些名人孝敬父母的小故事。

有一次陈毅元帅出国访问回来，去探望身患重病的老母亲。陈毅刚进家门，老母亲忽然想起自己换下来的尿裤还在床边，就示意身边的人把它藏到床下。陈毅见到久别的母亲，激动地问这问那。过了一会儿，他对母亲说：“娘，我进来的时候，你们把什么东西藏到床底下了？”母亲见瞒不过去，只好把实情告诉陈毅。陈毅听了，忙说：“您老久病卧床，我不能在您身边伺候，心里非常难过，这裤子应该由我去洗，何必藏着呢。”母亲听了很为难，旁边的人连忙把裤子拿出来抢着去洗。陈毅急忙挡住，并动情地说：“娘，我小时候，您不知为我洗过多少次尿裤，今天我就是洗上10条尿裤，也报答不完您的恩情！”说完，陈毅就把尿裤和其他脏衣服都拿出去洗了。

这样的故事尽管今天看起来有些老旧，但他却把我们的传统美德诠释得淋漓尽致，给孩子讲讲这样的故事，应该对他有很大的启发意义。

习惯85："不要插队，请到后面排队。"——公共场合要讲秩序

典型案例：

10岁的晴晴是个非常漂亮的小姑娘，嘴巴又特别甜，所以很讨人喜欢，但是她也有一个比较明显的缺点，那就是有时候不太注意遵守公德。

周末的上午，妈妈做完家务带晴晴去附近的公园玩。公园里有一个小湖，公园为此开发了游船项目，晴晴想坐游船玩，妈妈便让她自己去买票。晴晴看到排队的人比较多，自己等得比较着急，于是走到前面想要插队，她刚走到窗口准备向售票员递上钞票，就听到后面有人喊道："小姑娘，不要插队，请到后面排队！"听到后面的人这么一喊，晴晴只好又回到队伍后面排队去了。

坐完游船，晴晴口渴了，妈妈又为她买了一瓶饮料，不大一会儿她就把整瓶饮料全喝完了，然后随手一扔，将饮料瓶扔进了身边的草丛里。妈妈又命她捡起来，把饮料瓶放回了垃圾桶里。

这孩子都这么大了，怎么还不懂遵守社会公德呢？妈妈感到很失望。

现实生活中，不遵守社会公德的孩子并不是十分普遍，但在孩子中间，这种现象却时有发生。所以，对于这类问题，父母们也不能掉以轻心。

不遵守社会公德，似乎对家庭没有大的直接影响，但是对社会公众却是一种不尊重，也是一种利益的损害。这种行为习惯反映了孩子自身的修养和素质不够高，从某个侧面也可以看出父母的教育不到位，

甚至会让人联想到父母自身的素养也不够好。出现这样的事情，不只孩子丢掉了面子，父母脸上也不光彩。当然，如果孩子违反了社会公德，还有可能遭到公众的强烈谴责，甚至会引发冲突等，现实生活这种例子也我们也常常看到。所以，孩子不遵守社会公德，并不是无关父母和家庭的小事情，一定要对此高度重视，并认真教导孩子。

我们看下面的具体教导方法。

方法指导：

方法一：父母首先要遵守社会公德

父母有修养，孩子一般也会比较有修养；父母遵守社会公德，孩子耳濡目染也会遵守社会公德。所以父母希望孩子遵守公德，自己先要做出榜样。

兰兰的妈妈非常注重对女儿各方面的教育，她认为女孩子家应该有修养、有气质，这样的女孩才最美丽。所以，从兰兰小时候，妈妈就非常注重用自己的言行来潜移默化地影响孩子。

去超市购物，妈妈会带着兰兰排队付款；去公园游玩，妈妈也会带着兰兰排队购票；在餐厅就餐，妈妈也会和兰兰一起排队点餐。当然，在排队的时候，妈妈还会为兰兰讲解排队的好处，从而让兰兰产生自觉排队的动力。

当然，妈妈还会通过其他方式来影响女儿，教育女儿，比如，妈妈和兰兰一块走路时，如果看到路边的花圃栅栏坏了，便会把那些散乱的栅栏扶好、修正。妈妈所做的这一切，兰兰都看到了眼里，也记在了心里。

教育孩子遵守公德，不需要父母天天说教，只要你做到了，孩子受到影响，也能做到。

方法二：和孩子一起参加公益活动

让孩子多参加一些公益活动，公益活动可以很好地培养孩子的爱心和公德心，而且一般的孩子都比较喜欢参加这样的活动。带孩子参加这样的活动，孩子在潜移默化中会渐渐成为一个文明、善良、有高尚公德的人。

习惯 86：“捡到东西一定要物归原主。”——培养孩子拾金不昧的品质

典型案例：

崇崇是一个比较自私的小男孩，和小伙伴们在一块玩玩具，他常常玩别人的玩具，却不允许别人玩他的玩具。有时候，甚至玩着玩着就把别的小伙伴的玩具拿回家了。用妈妈的话来讲，这孩子有点“小财迷”。

不仅如此，他捡到了别人的东西，一定会拿回自己家，绝不交公或归还。有一次，他值日时，发现同桌的橡皮掉在了地上，于是捡了起来拿回了家，他早就对这个可爱的“米老鼠”垂涎三尺了。第二天，同桌问他看到自己的橡皮没有，他竟然说没有，同桌没有再追问，只好又买了一块新橡皮。

还有一次，他在回家的路上捡到了一个钱包，于是兴高采烈地把钱包装到自己的书包里。这件事他连妈妈都没有说，过后他用这些钱买了很多好吃的和好玩的。直到妈妈发觉儿子突然变“阔绰”了，事情才败露。

这孩子，年纪这么小，怎么会变得如此“财迷”呢？妈妈真是想不透。

生活中，我们不难在孩子中发现“小财迷”，这样的孩子喜欢把别人的东西拿来自己玩，或者把别人的东西拿回自己家，有的

情况下甚至不惜把别的人东西“偷”回家。孩子为什么会这样呢？一是父母没有给孩子灌输正确的财产观念和所有权观念。二是，孩子从小养成了不良的习惯。三是有可能受到了父母的负面影响。

有的父母认为孩子“财迷”是小事儿，没什么大不了的，孩子长大了自然就好了，不用刻意地去教育孩子。可是，千里之堤毁于蚁穴，小事儿不注意，日积月累就会成大患。

方法指导：

方法一：父母捡到东西要交公或归还失主

有少部分父母捡到东西后就揣到了自己的腰包里，尤其是当着孩子的面也不感到有任何不妥，这种行为会无声无息地对孩子产生一种误导。反过来讲，如果父母捡到东西就归还失主或者交公，孩子就会受到正面影响。

茉茉周末跟随妈妈去超市购物，她们在挑选商品时在货架前捡到了一个钱包，妈妈立刻放弃手中挑选的商品，带着茉茉来到了商场办公室，把这只钱包交给了商场负责人。最后，商场通过广播找到了失主。那位丢失钱包的中年妇女对这母女二人非常感激，茉茉的心里自然也美滋滋的。

相信，在妈妈潜移默化地影响下，茉茉长大后也一定会成为一个拾金不昧的好孩子。

方法二：让孩子明白物权的概念和意义

孩子把别人的东西拿回家，或者捡到了东西不交公，可能是因为孩子没有明确的物权概念，认为别的东西也可以归自己所有，或者让自己使用，这是一种下意识的行为。这种情况下，孩子就认为把别人的财物拿回家是理所当然的事情，没有什么不妥的。当然，也不排除一些年龄稍大的孩子，明知是别人的东西，偏偏要拿回自已家，或者捡到了不交公。

其实，3 岁左右的孩子就能够分清“你的”和“我的”，四五岁的孩子已经有了较为明确的物权概念，如果此时孩子仍然捡到东西不归还，那就是他个人品行有问题了，父母对此一定不能纵容，要深刻教育孩子，并要求他把捡到的东西归还失主或交公。

方法三：不要纵容孩子在这方面的小错误

教育无小事。可是现实生活中，总有一部分父母认为孩子犯一些小错误无所谓，捡到东西不交公没什么大不了的，长大了自然就会好的。可是孩子的坏习惯正是从这些一点一滴的小事积累起来的，等到养成习惯以后就很难改变了。所以，父母一定不能纵容孩子在这方面的小错误。看完了下面的这个小故事，我们就容易明白了。

从前有一个孩子，喜欢偷偷摸摸，今天偷邻居家一根针，明天偷邻居家一根线。他的母亲对此视而不见，有时甚至还会夸奖这孩子有本事。后来孩子渐渐长大了，有一天竟然偷邻居家的一头牛，结果被人告了官，送进了监狱。

这虽然讲的是一个孩子从小偷小摸变成大偷的故事，但与孩子拾到东西不交公是一个道理。孩子偷了东西，父母夸奖的并不多见，但是孩子捡到东西拿回家，获得父母夸奖的现象并不少见。这种夸奖其实就是纵容和鼓励了孩子捡到东西不交公，这虽然与法律没有直接关系，但却会降低孩子的道德品质。所以，父母一定不能纵容孩子在这方面的任何小错误。

习惯 87：“你怎么把路灯给弄坏了？”——爱护公共设施

典型案例：

8 岁的腾腾是一个活泼可爱的小男孩，他甚至活泼得有点调皮，看什么都不顺眼，看什么都想上去踢两脚。踢自己家的桌子板凳也就罢了，不过瘾，他还要踢路边的板凳。这些小板凳都是给过路的人休息用的，招谁惹谁了？可是腾腾就是看着它们不顺眼，碍事，不踢两脚就感觉心里不舒服。

这天，妈妈带着腾腾去早市买菜，去的路上，他一蹦三跳地跟着妈妈屁股后面走。只听“咣当”一声，妈妈还以为腾腾不小心摔倒了，回头一看，原来是腾腾将一个小石块踢到了路边的板凳上。妈妈训斥了他一句，他低着头继续跟在妈妈屁股后面走。走着走着，“啪”一声响，妈妈回头一看，原来他用小石块把路边的街灯给砸坏了。妈妈见腾腾闯了祸，气不打一处来，跑过来伸手就要打他，可是他一缩头跑了，只留下妈妈在后面追着骂。

唉，这孩子怎么这么淘气呢？妈妈百思不得其解。

“七八岁，讨狗嫌”，这一阶段的孩子调皮捣蛋、恶作剧不断，的确让父母很头疼。孩子为什么会变得这样淘呢？从心理发展的角度来讲，七八岁的孩子正处于人生的第二个叛逆期——儿童叛逆期，在这一阶段孩子出奇地淘气和叛逆，就像例子中的腾腾那样，看什么都不顺眼，看什么都想踢上一脚。他这种破坏公物的行为跟叛逆期心理有直接的关系，并非完全是道德的因素，因为他对家里的东西也是如此，看着不顺眼也会踢上两脚。当然，也有另一种情况，那就是有的孩子品行有问题，他不破坏自己家的东西，只破坏

公物或者别人家的。针对这种情况，父母就应当好好教育教育孩子了。

针对孩子不爱护公物的问题，我们看下面的具体教育方法。

方法指导：

方法一：告诉孩子爱护公物的重要意义

几岁的孩子对自家的财物有一定的概念，从某种程度上也懂得保护，可是对于公物，他们会简单地认为，那是“公家的”，跟自己没有直接关系。所以，有些孩子在叛逆等因素的刺激下，便对公物展开了“进攻”。遇到这种情况父母一定要给孩子讲清楚爱护公物的意义，让孩子自觉爱护公物。

城城是一个8岁的小男孩，正处在“儿童叛逆期”，用妈妈的话来说“整天有使不完的横劲儿”。

一个阳光明媚的周末，妈妈带城城去小区附近的公园玩。城城看到公园花坛边上的竹制围栏很精致，便用手抚摸，摸着摸着还不过瘾，竟然两手左摇右晃地把围栏给拔下来几根。妈妈见到了呵斥他道：“不许毁坏公物。”城城连忙缩回了手。妈妈又问他：“花坛里的菊花漂亮吗?”“漂亮。”城城回答。“如果没有了这些围栏，人们是不是很容易踩到这些花呢?”妈妈又问。“嗯。”城城点点头。“如果花儿被踩死了，你是不是就看不到漂亮的菊花了?”“嗯……是的，妈妈。”城城这回红着脸回答，他意识到自己错了。

孩子都是懂道理的，只要父母能够耐心地为他讲解。通过上面的例子，我们很容易看出这个道理。

方法二：惩罚孩子不爱护公物的行为

孩子破坏了公物，父母一定要给他一定的惩罚，不然他下回还会犯类似的错误。

雷雷是一个调皮捣蛋的孩子，有一次他和妈妈一起去游乐场玩，回来的时候在游乐场门口的小摊上他看到一把可爱的小弹弓，于是央求妈妈给他买了下来。妈妈告诉他，回到家后在空旷的地方才能玩，可是他趁妈妈不注意捡起一个小石子练习射击，竟然射坏了游乐场门口的灯。妈妈见状，先是批评了他，然后又拉着他朝游乐场门口的办公室走去，不但让他跟管理人员道了歉，还帮他垫付了罚款，当然这笔钱最后还是从他的零花钱里出。

有了这次的经历，雷雷以后再也不敢破坏公物了。

大多数孩子还是惧怕惩罚的，当孩子犯了错误后，给他适当的惩罚，可以有效地阻止他下次再犯同类的错误。

方法三：及时表扬孩子爱护公物的行为

表扬，是最有效的教育方式之一，可以说任何一个孩子都喜欢听到别人的表扬，尤其是父母的表扬。对于孩子对待公物的行为有惩罚也要有奖励，很简单，破坏了要受惩罚；有爱护的行为也要奖励。有了严明的奖惩措施，孩子就能自觉爱护公物了。

习惯88：“这孩子，以后不要这样了！”——让孩子学会不占便宜、不贪小利

典型案例：

倩倩是一个十分可爱的小姑娘，可是妈妈却发现这孩子有一个小小的缺点，那就是爱占小便宜。当然这种情况，老师也曾向她反映过。

有一次妈妈带着倩倩去早市买菜，倩倩想吃葵花子，于是妈妈就为她买了一斤散装瓜子。当售货人员为她们称好包好之后。想不到倩倩又从人家摊子上抓了一把瓜子放进了自己的小口袋里。人家

售货人员见她只是一个小孩子，笑了笑没有说什么。而倩倩的妈妈也只歉意地笑了笑说：“这孩子，以后不要这样了。”然后妈妈就拉着倩倩的手走了。

可是事情没有妈妈想象的那么简单，有一天老师突然打电话来，说倩倩因为占小便宜和同班的小朋友打了起来，妈妈这时才慌了神，急匆匆赶往学校。

生活中，的确有一些孩子爱占别人的小便宜，就像例子中的倩倩那样。为什么有的孩子喜欢占别人的小便宜呢？这主要是家庭教育的原因。有很多孩子一出生就被父母视为掌中宝，什么好吃的都给他留着，什么事情都让着他。在这种教育方式下，孩子渐渐就形成了自私自利的心理：我喜欢的就是我的，我想要什么就得有什么。有些时候，孩子拿了别人的东西，父母也睁一只眼闭一只眼。这从客观上也纵容了孩子的坏习惯，当小错误发展成大错误的时候，父母再后悔就晚了。所以，对孩子贪小便宜的心理，一定要防微杜渐，一定不要纵容孩子的坏习惯。

方法指导：

方法一：让孩子意识到贪小便宜的危害

孩子贪小便宜主要指两个方面，一个方面是在公平合理的基础上，希望自己再多得一些，就像前面例子中的倩倩一样，本来依据公平交易的原则，她们母女花多少钱，人家已经给了她们多少瓜子，但是倩倩却非要在此基础上再多抓一把，这就是典型的贪小便宜。还有一种贪小便宜，属于“偷”的性质。比如，有的孩子看到别的孩子拥有而自己没有的玩具或文具，就想偷偷地占为己有，这也属于贪小便宜的心理。对于这两种情况，父母都应当明确告知其危害。拿第一种情况来说，任何人都有公平交易的心理，如果孩子在公平原则之外企图贪别人的便宜，就会遭到别人的反对，严重的情况下还会导致双方产生冲突。对于第二种情况，如果孩子小时候偷别人的一根针，长大了可能会偷别人一头牛，小时候的错误可能会导致长大后犯罪，关于这一点我们前面已经提到过。父母把这些道理讲给孩子听，至少可以让孩子产生一道心理防线。

方法二：绝不姑息孩子在这方面的小错误

当父母发现孩子有占别人的小便宜之类的行为时，一定不要姑息，应当督促孩子立即改正。比如，让孩子把占到的便宜退还给别人，或者让孩子把“拿”来的东西送回去，并向别人道歉，等等。

强强是一个喜欢“顺手牵羊”的小男孩，在小伙伴那里看到自己喜欢的东西，总会想办法给“顺”回来。刚开始的时候，妈妈并没怎么在意，可是后来的一次小小的事件让她幡然醒悟了——这孩子再不好好教育教育还真是不行了。

有一次，妈妈带他去贸易市场购物，在一个玩具摊位前，他看到了一个“会说话的小鸟”电子玩具，看着看着他就入了神，他看到妈妈在隔壁摊位买毛衣，没注意他，于是趁摊主跟另一个顾客讨价还价时，把“小鸟”偷偷地装进了自己的口袋。直到出了商场大门，他才将“小鸟”从口袋里拿出来向妈妈炫耀。妈妈当即拉着他来到了那个卖玩具的摊位前，照价付了钱，并且让强强跟摊主道了歉。之后，强强再没犯过此类错误。

当孩子“拿”了别人的东西时，父母绝不能姑息与迁就。一定要让孩子将偷来的东西当面还给别人，并诚恳地向对方道歉。并且平时要注意培养孩子的羞耻心，强化他自律自制的意识。

习惯 89：“东西用完了，就要记得还给人家。”——让孩子明白好借好还的道理

典型案例：

小光是小学三年级的学生，他无论在家还是在学校都比较听话，所以从这一点来讲，老师和父母都认为他是个好孩子。可是，在同学们之间，他却有一个比较明显的小缺点，那就是借了别人的东西，总是忘还，当然有时候是无意的，也有时候是故意的。

有一次上美术课，小光突然发现自己的彩笔用完了，于是朝同桌借，同桌很爽快地借给了他。可是，他用完后却没有还给同桌，而他的同桌也忽略了这件事。等到下一周再上美术课时，他的同桌才想起来向小光要回彩笔，可是这时候小光已经不知道把同桌的彩笔丢到哪儿去了，后来在同桌的再三要求下，他只好又买了一盒给同桌。

还有一次，他借另外一个同学的钱买小零食吃，说好第二天还人家，可是很多天过去了，他也不还，别人朝他要时，他竟然说有一次帮对方值日了，这事儿就算扯平了。后来，同学们都渐渐了解到了他这种性格，谁也不愿意再借给他钱物了。

有的孩子的确喜欢借了钱物不归还，像一些小文具，铅笔、橡皮、尺子等，也有的借一些小零钱等。多数同学都是好借好还的，可是有的孩子却喜欢借了不还，而且他下次依然厚着脸皮去借，甚至有些身强力壮的孩子强迫别人借给自己东西，这样的孩子必然在同学或同伴中不受欢迎。当然，正像例子中的小光一样，借了不还也分两种情况：一种是忘了归还，另一种是故意不还。对于前一种

情况，可能是有的孩子责任心强一些，有的孩子责任心差一些，父母只要多叮嘱孩子就行了。但是对于后一种情况，父母一定要注意了，借了故意不还，或者威胁别的孩子“借”钱给自己，都属于孩子的品行问题。父母一定要严肃对待这类问题，避免孩子误入歧途。

方法指导：

方法一：让孩子明白“好借好还，再借不难”的道理

我们常说“好借好还，再借不难”，可是有的孩子借了别人的东西，却偏偏不还。对于一时疏忽而忘记归还的孩子，父母只要提醒他及时归还就可以了。对于借了有意不还的孩子，父母一定要给他讲清楚，别人肯借给他东西，那是对他的帮助，要对别人表示感谢，并且要及时归还，如果不及时归还，那就是失信于人，没有人愿意把东西再借给不守信用的人。而且借了东西不还，本身还说明一个人品行有问题。相信，让孩子明白了这样的道理，孩子再借别人的东西时，会有所醒悟。

方法二：教育孩子学会尊重别人的财产权

有的孩子借了别人的东西有意不还，认为只要是自己喜欢的就可以想办法从别人手里“弄”回来，其实这是对别人财产权的一种不尊重。父母也要给孩子讲明白每个人都对自己的东西拥有所有权，借了别人的东西不归还，或者强行“借”别人的东西，都是对别人财产权的一种侵犯，尤其是使用“暴力手段”强借别人的东西，在法律意义上就是一种抢劫行为，后果严重的话是要受到法律惩处的。如果父母能把这些道理认真地讲给孩子听，那么孩子的行为一定会有所收敛。

方法三：父母也应该为孩子做出好榜样

有的孩子借了别人的东西不知道归还，可能与父母的习惯有一

定的关系。有的父母借了邻居家的东西常常忘了归还或不急于归还，甚至还有的需要在孩子的提醒下才想起来归还，这对孩子就会产生直接的影响。孩子会在潜意识中认为，借了别人的东西可以不急于归还。所以，父母在这方面一定要为孩子做出好榜样。

昆昆的父母都是一所中学的老师，他们家就住在学校后面的教职工家属楼里。由于家属楼是以前的老楼房，水电等方面难免会出一些小问题。爸爸是物理老师，懂得水电常识，平时出了小问题都是他来修。但是由于缺少工具，爸爸常常让昆昆去学校水电工王师傅那里借工具。每次用完，爸爸马上再让昆昆把工具还回去，有时还会让他给王师傅带些家里做的小菜。每次王师傅也都会夸昆昆是个懂事的好孩子，他别提多高兴了。当然，他受到潜移默化地影响，借了同学的东西也会及时归还。

事实就这么简单，有时候你不必刻意教育孩子怎么做，你为他做出了榜样或者让他参与进来，他就会受到潜移默化的教育。

习惯 90：“报摊是不是你踢的?”——引导孩子勇于承担责任

典型案例：

10 岁的平平是一个比较淘气的小男孩，这可让爸爸妈妈为他操了不少心。他不是昨天把小朋友撞倒了，就是今天拿弹弓把邻居家的小花狗打瘸了，而且搞出事来他从不负责，一溜烟就会跑掉，弄得妈妈天天得给人家陪礼道歉。

这不，他又满头大汗地跑回了家，妈妈一想：这小子准是又在外面惹事生非了。妈妈还没来得及细问儿子，街头报亭卖报的老大爷追上门来。原来，平平放了学就和小伙伴打打闹闹地往家跑，一不小心将老大爷的报摊给踢了个底朝天，他见自己闯了祸便顾不得再和小伙伴打闹，飞也似地跑回了家。老大爷认识他，于是就一路追回他家。妈妈问报摊是不是他踢的，他说不是，他说是另一个小伙伴。妈妈见他不说实话，就拿起笤帚假装要打他。他见势不妙，赶紧承认了。妈妈让他向老大爷道了歉。

现在的孩子与以前的孩子相比的确少了一些责任心，有的孩子天天闯祸不断，却一点责任心都没有，就像例子中的平平，不愿对自己的过错负责。孩子为什么会这样呢？简而言之，孩子的责任意识差。当然，归根结底是父母的教育不到位。现在的孩子，从小饭来张口，衣来伸手，生活养尊处优。从来不知道什么是责任，也没有什么责任需要他来负，所以孩子从小就没有一点点的责任意识。即使长大一些，自己犯了一些小错误，他也不会为此负责，平平就是这样的孩子，出了问题由父母来负责。因为在他的观念中，从他小时候都是父母一直在负责，现在出了什么事情，也理所当然由父母来负责。

所以，说到底这还是父母的教育不到位，孩子不负责任的根源在父母。既然如此，我们做父母的该如何做呢？

方法指导：

方法一：交给孩子一项任务让他来完成

随着孩子渐渐长大，他的独立意识也渐渐增强，这种情况下不妨交给孩子一些力所能及的任务让他来完成，以此来培养他的责任心。

建建今年9岁，正读小学四年级。爸爸一向很重视对儿子的培养，他希望自己的儿子未来能成为一个顶天立地的男子汉，所以在各方面都会加强对孩子的训练。

为了培养建建的责任心，周末爸爸给他安排了一项任务：整理书架，图书归类。爸爸给建建安排完任务后就出去了，并且说中午回来要检查。爸爸走后，建建按照要求把各种图书统一归类整理，尽管工作繁琐，但建建却整理得一丝不苟，他就是为了向爸爸证明一下自己的“能力”。

中午爸爸回来后，一检查，非常满意，把建建好好夸奖了一番。建建听了爸爸的夸奖，看着眼前整理得井然有序的书架，心里乐得美滋滋的。

基本上每个孩子都有好胜或不服输的心理，如果父母给他安排一项任务来考察他的“能力”，相信他一定会竭尽全力地去完成任务。在具体做事的过程中，孩子的责任心就慢慢地被激发了出来。

方法二：让孩子为自己的过错负责

要想培养孩子的责任心，就要让孩子为自己的过错负责。父母一定不要替他买单，否则会纵容孩子不负责任。我们来看一个小故事。

美国第40任总统里根，11岁那年与小伙伴踢足球，不小心将足球踢到了邻居家的窗户上，并且将一块玻璃打碎了。邻居叔叔从房子里跑了出来，很生气地大声责问是谁干的。里根承认了，邻居夸他是个诚实的孩子，但是认为损坏的玻璃他应当赔偿，里根只好回家将事情的原委告诉了父亲。

父亲并没有因为他年龄小就原谅他，一段时间沉默后，最后严肃地对他说：“你闯的祸就应该由你负责，我们不能纵容你。”说完这些，爸爸又从口袋里掏出一些钱对里根说：“这是15美元，你先赔偿给人家，但是你必须靠自己的劳动挣了钱再还我。”里根从父亲手中接过那15美元，赔给了那位叔叔。

此后，为了还父亲借他的那笔钱，里根一边学习一边打工，最后终于赚够了15美元还给了父亲。父亲拍着他的肩膀说："一个能为自己的过失负责的人，将来一定是会有出息的。"这句话一直伴随着里根。

在我们中国，孩子犯了错误，父母习惯于为孩子买单，这其实等于纵容了孩子的错误。其实，我们父母真应该向里根的父亲学一学。

第十章　自我进取好习惯：激励孩子勇往直前

习惯91：“这孩子怎么一点都不用功。”——从小就要勤奋、刻苦

典型案例：

轩轩从小就被爷爷奶奶宠爱着，饭来张口，衣来伸手，渐渐养成了懒惰的习惯。他早晨经常赖床不起，经常是妈妈催促好几遍，才不情愿地起来。都七八岁的孩子了，每天洗脸刷牙还得妈妈催着，甚至得给他挤好牙膏，接好水。

如果说生活上懒散一点那就算了，他学习上也很不用功。老师让抄写5遍的生字、生词，他一般抄写3遍就算完事，数学作业遇到难题，他想都不想就空过去，为此老师批评他多次，可是他一点都不在乎。他的学习成绩一直处在中下等，连爸爸妈妈都替他着急了，可是这孩子一点都不当回事，更别说课下努力学习赶超上去了。

这孩子怎么一点上进心都没有呢？妈妈很纳闷。

像例子中轩轩这样的孩子，生活中太普遍了。现在的孩子似乎都是在蜜罐里长大的，懒惰也成了他们的通病，对于这一顽症，父母们打也不是，骂也不是，可真是犯了难。孩子是如何养成懒惰习惯，一点吃苦耐劳的精神都没有的呢？说来说去，还是父母的教育方式有问题。在教育孩子方面，有的父母对孩子大包大揽，有的鼓励孩子做力所能及的事情。显然，前一种情况容易让孩子养成懒惰的习惯，而后一情况可以让孩子养成勤奋的习惯和吃苦耐劳的精神。

有的父母认为现在生活水平提高了，物质生活很丰富，对孩子而言没有多少苦要吃，勤奋刻苦的教育不重要。其实不然，社会再发展，竞争也会存在，而且会越来越激烈，要想让自己的孩子生活得更好，就必须对他进行勤奋刻苦的教育。因为，相同的竞争条件下，谁更勤奋刻苦，谁就有可能在竞争中获胜。

方法指导：

方法一：对孩子的生活不能大包大揽

生活中有不少父母习惯于对孩子的生活大包大揽，吃饭、穿衣、洗漱，对孩子有求必应。而孩子似乎也养成了依赖父母的习惯，似乎父母为他们做这些事情都是天经地义的。这种情况下，孩子想不养成懒惰的习惯都难了。

姣姣是一个非常聪慧，又非常勤快的小女孩，这与妈妈对她的良好教育有关。从姣姣3岁时起，妈妈就耐心地教她如何刷牙、洗脸，再大一些妈妈就教她洗自己的袜子、玩具等。现在，妈妈又教她做一些力所能及的家务。平时放学回家后，她如果看到妈妈在做饭，就会主动帮忙妈妈择菜、洗菜……当然，吃完饭后，她还会帮助妈妈收拾碗筷等。

姣姣如此勤快，不仅减轻了妈妈做家务的负担，自己也学会了

一些生活技能。

你怎么样养孩子，孩子就会成为什么样。你有意识地让孩子适当地做家务，他就比较容易成为一个勤快的孩子；你对孩子的生活各方面大包大揽，他就有可能成为一个懒惰的孩子。

方法二：为孩子树立一个奋斗的目标

孩子不够勤奋刻苦与他没有清晰的奋斗目标也有一定的关系。就像两个孩子从一个地方到另一个地方，如果没有特别要求，他们两个人可能说说笑笑，甚至打打闹闹，不紧不慢地走上半天。但是如果规定了到达的时间，并且规定最先到达者将获得一定的奖励，那么这两个孩子可能就会像赛跑一样，争先恐后地到达另一个地方，不想勤奋刻苦都不行。

所以，为了培养孩子勤奋刻苦的精神，父母不妨为孩子树立一个清晰的奋斗目标。

方法三：凡事严格要求孩子

孩子不够勤奋刻苦的另一个原因或许是父母对孩子要求太宽松，如果对孩子要求严一些，孩子自然就会更努力一些。

我国著名相声大师侯宝林先生对孩子的要求十分严格，对孩子们在专业上的要求更是严格。他常说："相声是一门综合的艺术，不是消遣解闷耍贫嘴，没有丰富的生活经历和多种知识，是干不好这一行的。"因此，尽管两个儿子很有相声表演天赋，但侯宝林却极力反对两个儿子荒废学业去学相声。

侯耀文 8 岁时就迷上了相声，由于父亲反对，侯耀文就偷偷地学，并学习了父亲的相声风格。初中的时候，他就通过了铁路文工团的相声演员考试，当侯耀文把这个好消息告诉父亲时，父亲却坚持说："相声从街头撂摊，到现在登了大雅之堂，它不再是生活的小丑、生活的调料，而是一种雅俗共赏的艺术。相声演员必须有渊博的知识和丰富的阅历，要有相当的文化水平。你初中还没毕业，不适宜当演员。”后来，铁路文工团的负责同志答应帮侯耀文学习文化课，而侯耀文也发愤学习文化知识，从而奠定了他在相声事业上成功的基础。

“严师出高徒”，对孩子严格一些没什么坏处，反而有利于他养成勤奋刻苦的习惯。

习惯92：“你怎么做什么事都有头无尾?”——有始有终、坚韧执著才能成大事

典型案例：

小童是小学五年级的学生，他头脑聪明，成绩也不错，但是做事容易半途而废。这不，老师安排了一堂实验任务，要求同学们利用业余时间完成，题目就是：用三个月的时间培育一株植物，并且写下观察日记。

小童刚开始兴致很高，回到家就把一颗向日葵的种子种在大花盆里，然后又浇了适量的水，放在阳台上。过了几天向日葵发芽了，小童很高兴，赶紧把这件激动人心的事情记了下来，可是没几天他就不上心了，忘了给向日葵浇水，结果向日葵被干死了。为了完成老师布置的任务，他只好又种下了一株大豆。没几天，大豆也发芽了，似乎比向日葵的幼苗长得更粗壮，小童为此感到很高兴，可是他坚持观察了几天，又不上心了，结果后来大豆苗被虫子给吃掉了。有了这两次失败的经历，他干脆什么都不种了，完不成任务他只有挨老师批评了。

小童就是这样的一个孩子，做什么事情都是虎头蛇尾，常常半

途而废。

或许我们的孩子也有类似的问题，做什么事情都不能始终如一，甚至“三天打鱼，两天晒网”，遇到一点点小困难就退缩。孩子为什么会这样呢？认真分析一下，大致有几类原因：一是孩子性格使然，有的孩子心浮气躁，做什么都不能静下心来，做什么都是三分钟热度；二是孩子并不明白所做事情的意义和重要性，而只是把所做的事情当成一种任务来应付；三是父母没有给予有效的鼓励和监督，孩子毕竟是孩子，做事缺乏一定的韧性，因此需要父母的监督和鼓励。明白了这三个方面的原因，我们就找到了解决问题的办法。

方法指导：

方法一：和孩子有个约定

孩子做事不能坚持或许是没有动力或目标，如果父母和孩子做一个约定，那么孩子将会有一个清晰的目标，也会有一定的动力把事情做好。

晓晓是一个聪明伶俐的小女孩，可是她做事情一点耐性都没有，做着做着就烦，最后就会不了了之了。为了培养女儿做事的好习惯，妈妈在让女儿做事前会跟她做一个约定，这样晓晓就会有动力和目标。

有一次，妈妈让女儿整理一下她自己的房间，妈妈说回来后要检查，并且整理得好还会带她去游乐园玩。妈妈走后，晓晓非常认真地整理自己的房间。等妈妈回来后，发现晓晓整理得果然井井有条，妈妈也履行了诺言，带她去了游乐园。

和孩子有一个约定，孩子有了比较明确的目标，自然会有做事的动力。

方法二：让孩子明白坚持的意义

我们常说一句话：做一件好事并不难，难的是一辈子做好事。这其实就是说坚持下去做一件事情很难，但是坚持有坚持的意义，我们必须让孩子明白这一点。为此，我们不妨给孩子讲讲下面的小故事。

课堂上，古希腊大哲学家苏格拉底对他的学生们说：“我们今天做一件最简单的事。每人用尽全力地尽快甩胳膊。”说着，苏格拉底示范了一遍：“从今天开始，每天甩胳膊300下，你们都能做到吗?”

“能!”学生们都笑着说，这么简单的事怎么会做不到呢?

过了一个月，苏格拉底问学生们：“你们哪些同学坚持了每天甩手300下?”有90%的同学骄傲地举起了手。

又过了一个月，苏格拉底又问同样的问题。这回，举手的学生只剩下不到八成。一年过后，苏格拉底再一次问学生：“最简单的甩手动作，你们还有哪几位同学坚持做了?”

这时，整个教室里只有一个人举起了手，他就是后来成为古希腊另一位大哲学家的柏拉图。

简单的动作，长期坚持下来的只有一个人，而这个人最后成了伟大的哲学家，这就是坚持的意义。当孩子明白了坚持的真正意义，或许有利于培养他坚韧执著的精神。

方法三：及时监督和鼓励

孩子毕竟是孩子，做事情不可能像大人们那样始终如一，他们有时候会贪玩，也有时候会厌倦，所以大人们的监督和鼓励显得十分有必要。当孩子贪玩时，父母要及时督促他按照既定的目标把事情做完；当孩子厌倦时，父母要从中挖掘出孩子的兴趣点，或者给予孩子一定的鼓励，督促孩子把事情做好。

习惯93："你就不能专心一点吗?"——让孩子学会自律、自制

典型案例：

7岁的蒙蒙生性好动，自律能力比较差，做什么事情都三心二意，自己一点都约束不了自己。平时吃饭时，妈妈告诉他不能边吃饭边大声说话，或者边吃饭边看电视，刚开始妈妈说几句他还听，可是过不了几天，他又故态复萌，搞得妈妈一点办法都没有。

这天吃过晚饭，蒙蒙坐在桌子边写作业，可是他一点都不专心，一会儿看看电视，一会儿要吃个苹果，一会儿又要上个厕所。本来半个小时就能完成的作业，他竟然做了一个半小时。妈妈见他这样，就批评他说："儿子，你就不能专心一点吗？写作业的时候就要写作业，不能三心二意，时间就是这样被你浪费掉的。"蒙蒙听到这话，怯怯地说："嗯，知道了妈妈。"可是过了一会儿，他又控制不住自己了。

生活中的确有很多孩子像例子中的蒙蒙那样缺乏自制力，做什么事情都三心二意，父母批评几句可能管一会儿用，可是过后又故态复萌，父母也常常被孩子搞得晕头转向。孩子为什么会这样呢？从性格方面来讲，有的孩子属于好动的性格，有的孩子属于喜静的性格。自然，属于好动性格的孩子，做事不能够静下心来。正如例子中的蒙蒙，吃饭或写作业时总是不能专心，不是看电视就是喝水、上厕所，这跟他生性好动有直接关系。当然，好动的孩子不一定有多动症，有很多父母看到孩子做事情不专心时以为孩子可能有多动症，其实这种担心是没必要的。从另一个方面来讲，也可能是

孩子对所做的事情没有兴趣或兴趣不足，纯粹是为了完成老师或父母交给的任务。另外，孩子做事情时不够专心和认真或许还与周围的环境有关，如果孩子处在一种嘈杂或者受干扰的环境中，即使他自制力再强也会受到一定的影响。

方法指导：

方法一：与孩子约法三章，严格监督

在有约束的情况下，孩子更容易加强自律。所以为了提高孩子的自律能力，父母在孩子做事前不妨与他约法三章，同时进行严格监督。

炀炀平时在家写作业时总是不专心，不是看电视就是吃零食。为了培养他的自律能力，事前妈妈与他约定：做作业时要专心，不能看电视，也不能吃零食；如果他能坚持做到这些，并在规定的时间完成作业，他就可以随便看他喜欢的动画片，而且还有一袋零食的奖励，否则这些“权利”将会被剥夺。同时，妈妈为避免炀炀在写作业时偷看电视，还把有线插头临时给他拔掉，把零食也藏了起来。过了一段时间，炀炀的自律能力有很大提升。

培养孩子养成自律的习惯并不难，只要父母用心去做，孩子一定会有一个明显的转变。

方法二：加强对孩子的自制力训练

自律自制既可以看做是一种习惯，也是一种能力，既然是一种能力就可以通过一定的方式的训练来获得。平时父母可以通过一些游戏、活动等方式来训练孩子的自制力。比如，“冰棍人”游戏，就是父母先喊“一、二、三”，当喊到“三”时，孩子就得“冻”得像一根冰棍一样，当父母喊“解冻”时，孩子才能恢复自由的动作。这种训练方式比较有趣，易引起孩子的兴趣，当然对训练孩子的自制力有很大帮助，父母不妨试一试。除此以外，还有其他的一些训练方式，也有不错的效果。

方法三：做好榜样，为孩子创造良好的做事氛围

前面提到了，孩子自制力不够强或许是受环境的影响太了，这种情况下即使孩子有很强的自制力，也会受到不良环境的影响。比如，大人们在晚上和朋友在客厅喝酒聊天，或者喊声震天地打麻将，孩子在自己卧室里写作业，即使你家的墙隔音效果再好，也难免孩子不受影响，这从本质上来讲就不是孩子自制力强弱的问题了。要想孩子自律自制，自己要做好榜样，为孩子提供一个良好的家庭氛围。

习惯94：“天呐，现在的孩子是怎么了?”——一定要让孩子懂得自尊自爱

典型案例：

10岁的娜娜是一个聪明、漂亮的小姑娘，非常讨人喜爱。她平时喜欢上网聊天，当然主要是和自己的一些同学交流学习经验，所以起初妈妈并没有阻止她。

可是后来随着时间的推移，她和班上的一位男同学“好”上了，他们之间当初纯洁的友谊渐渐有了一些微妙的变化，尽管两个人没有正式谈恋爱，但关系却非同一般。有一次，妈妈来到娜娜的房间为她送牛奶，此时娜娜刚好去卫生间，妈妈无意中看到电脑QQ上闪烁着一行字：老婆，你在不在啊？看到对话框上女儿的头像，妈妈顿时惊呆了，她匆忙打开对话框看了一眼女儿的聊天记录，女儿竟然称呼对方为老公。天呐，现在的孩子是怎么了？为何如此不自重呢？

妈妈一下子跌坐在女儿床边，等女儿一回来，她就劈头盖脸地质问女儿QQ聊天是怎么回事儿。女儿先是一惊，反问妈妈为何不尊重她的隐私，接着又轻描淡写地说："关系好的同学都这样称呼，女同学跟女同学还这样称呼呢，有什么大惊小怪的！"

听到女儿说出这番话来，妈妈彻底无语了。

受现代社会的影响，现在的孩子似乎比以前"开放"多了，不仅表现在穿衣打扮上，而且也表现在言行举止上，不仅表现在成年人身上，而且也表现在孩子身上。尤其是在孩子身上的一些变化让父母们瞠目结舌，例子中娜娜的言行的确让父母们"伤不起"啊。一个10来岁的孩子，小学还没毕业竟然敢和同学以"老公"、"老婆"相称，还理直气壮，脸不红心不跳，这让父母们情何以堪？

孩子的这种"开放"和"坦然"说到底是一种不自重，不懂得什么叫自尊自爱。那么，孩子为什么会变成这样呢？这主要有两方面原因：一是受现代社会的影响，二是家庭教育不到位。现代社会的发展让人们变得越来越开放，这些因素自然也会影响孩子，尤其是父母忽视对孩子教育和关注的情况下，他们更容易受到不良风气的浸染。从父母这方面来讲，多数父母在物质生活条件和学习成绩方面对孩子关爱有加，但对孩子的心灵和心理方面却不够关心，这也导致了孩子容易沾染一些不良社会风气。

对于这类问题，具体我们给出了如下建议。

方法指导：

方法一：加强对孩子的传统道德教育

我国的传统道德有两千多年的历史，它在中华民族的历史长河中起到了非常积极的作用，这些传统道德经受住了历史的考验，在某种程度上促进了社会的稳定与发展。对于现代社会的和谐与发展来讲，它仍然起着十分重要推动作用。所以，父母不妨对孩子加强传统道德教育，让孩子成为一个有修养，讲道德的人。

主要的教育方式可以通过让孩子读书，给孩子讲一些传统美德的故事，或者带孩子参加一些社会公德活动，等等。当然，最主要的方式还是要通过父母在日常生活的点滴的言行举止，来潜移默化地影响孩子。

方法二：懂得尊重孩子，他才能懂得自尊

生活中，有些父母本身就不懂得尊重孩子，谈何让孩子自尊？有的父母把孩子当做自己的附属品，想对孩子怎么样就怎么样，因为一点小事儿甚至还经常打骂孩子。试想，在这样的环境中，孩子可能获得自尊吗？

贞贞父母离婚了，贞贞跟着爸爸和奶奶一起生活。离婚后，爸爸整日吃喝嫖赌，浑浑噩噩地过日子，而且经常对贞贞呼来喝去，让一个仅仅10岁的孩子为自己煮饭、洗衣服，连年迈的奶奶都看不下去了，贞贞在家里受尽了委屈却感受不到一丝的温暖和尊重。这时，班里的一位男生对她关怀备至，渐渐走进了她的心里，两个人竟然谈起了恋爱。

爸爸发现后，后悔莫及。在老师的教育和帮助下，又让女儿回到了正常的生活轨道。

尽管生活中类似的悲剧并不多见，但是却给我们敲响了一个警钟，那就是只有我们给孩子尊重，他们才能获得自尊。

方法三：多关注孩子的心灵教育

在现实生活中，我们父母对孩子最关注的就是学习成绩和物质生活。只要孩子学习成绩好，或者有利于促进孩子的学习，父母都愿意为之提供物质条件。可是，孩子毕竟是一个活生生的人，他们需要精神生活，而且越大的孩子越需要心灵的关注。如果父母不能够提供这些关注，他们就会通过其他渠道来获取，比如，通过同学、朋友，甚至通过网络从陌生人身上获得，等等。当然，这些渠道很容易让孩子迷失自己，变得随意和放纵。

所以，父母一定要多关注孩子的心灵需求，多加强对孩子的心灵教育。

习惯95：“这孩子怎么没有上进心？”——让孩子学会自我激励

典型案例：

小良长得很强壮，学习成绩平平。每次家里来了客人，问他的学习情况，他都支支吾吾不好意思开口，而站在一旁的爸爸也感到很没面子，只好打掩护道：“这孩子就不是上学的料，长大以后让他做个小买卖。”听到这话，小良更加惭愧了。

平时上课，小良简直就是“做一天和尚撞一天钟”，根本无心听讲。每次老师提问题时，不是发现他在睡觉，就是发现他在走神儿。为此，老师批评他多次，好像也没有什么效果。放学回到家，小良也无心做作业，表面上看是在写作业，实际上却是在作业本上画漫画。这样一来，小良的成绩下降得更快了，到了学期末，他在班里的名次只能倒数了。

这孩子彻底是完了，父母都这样认为。

现在的孩子大多数都能够积极向上，但是也不排除少数的孩子思想消极，不求上进。当然，这样的孩子大多数属于“破罐子破摔型”，就像例子中的小良，他的成绩本来就不好，而自身又缺乏一定的自我激励能力，这时候他最需要的是父母的鼓励，可是他爸爸的一番话却又给他浇了一瓢凉水，这使他对自己彻底失去了信心。

通过这个例子我们可以看出孩子不懂自我激励的一个外部原因，那就是父母的态度。如果父母对孩子失去了信心，那么就会直接打击孩子的自信心，而他自我激励的潜能就会被压抑在心底，这甚至会形成一种恶性循环。

从另外的角度讲，孩子缺乏自我激励的能力，可能与他脆弱的心理素质有关。有的孩子，经受不了一点点挫折，一遇到困难就退缩，这样渐渐就会形成一种怯懦的心理，也就很难激励自己奋起了。

总之，培养孩子自我激励的习惯，要从内外两个方面来加强。下面我们看具体内容。

方法指导：

方法一：激励与提高孩子的上进心

每个孩子身上都有优缺点，作为父母应该首先找出孩子身上的闪光点，加以肯定，让孩子意识到他也很出色，从而使其产生良好的自我感觉，这样孩子才能产生自我激励的动力。

为此，在日常生活中父母应当细心观察孩子的一言一行，为孩子提供宽松的环境，让孩子有更多发挥的余地，看到孩子的进步后还要及时鼓励，尽量使孩子突破自己的不足。以前面提到的小良为例，他虽然学习成绩不好，但强壮的身体可能会使他拥有体育方面的天赋，父母可以在这方面多观察；他写作业不用心，但是有可能喜欢画漫画，父母可以挖掘他在绘画方面的天赋。

总之，只要你用心观察，总可以发现孩子的长处，鼓励他的这些长处就能激发他的上进心。

方法二：引导孩子制订目标

人没有目标，就像一只无头苍蝇一样，四处乱撞。所以父母可以通过为孩子制订目标的方式来激励孩子，或者让孩子产生自我激励。当然，孩子有了明确的目标后，父母还得教孩子怎样去实现这个目标，用什么样的具体方法。然后，让孩子通过自己的努力去实现目标，体验成功，从而激励自我。

然然的成绩不太好，总是在班里的中下游徘徊，尽管后来比较努力，但依然没什么起色。几次家长会后，妈妈明白了然然成绩不好的原因，那就是他缺乏明确的学习目标。

后来，妈妈为然然制订了一个明确的学习目标，比如，语文、数学、英语等各科目在一个学期内要考多少分或者进几个名次等。有了比较明确的学习目标，然然学习找到了方向，也有了一些动力。结果期末结束时，然然的各科成绩均有了进步，他觉得很有成就感，学习也更有信心了。

当然，孩子在实现目标的过程中也会遇到各种各样的困难，这时，父母应注意多鼓励。

方法三：强化孩子的自我激励意识

自我激励就是让孩子对自己进行肯定、鼓励和表扬，这就要求父母对孩子进行潜移默化的激励。在对孩子进行表扬时，要让孩子看到自己的进步，并且把这种进步归结为孩子自身的努力。这样久而久之，孩子就会在内心承认自己，并且领悟到努力后获得的成功就是对自己最好的奖励。

习惯96："小珊，你怎么能这么残忍啊？"——懂得自我反省很重要

典型案例：

小珊家里养了一只小猫咪，她非常喜欢它，常常和它一起

玩耍。

这天吃过晚饭，小珊又搂着她的猫咪玩，玩着玩着，她突发奇想，找了条围巾给小猫咪系在头上，让它扮“狼外婆”，可能是系得太紧了，小猫咪有些不耐烦，用爪子去挠脖子上的围巾。小珊觉得很好玩，反而把围巾又往下拽了拽，这下子围巾缠在小猫咪脖子上了，憋得它“喵喵”直叫。妈妈看到了，大声呵斥道：“小珊，你怎么这么残忍啊，那样小猫咪会被勒死的，赶快给它解开。”可是女儿听到妈妈的话却无动于衷，不理不睬。妈妈再次要求她放开小猫咪时，她却理直气壮地说：“我只是想玩一玩，又有什么关系，它比你女儿还重要吗?”

这孩子一点怜悯之心都没有，还理直气壮，对自己的错误一点都不知道反省。

现在，有很多孩子都有这样的毛病，在自己犯了错误或者遭遇挫折之后，不懂得自我反省，从自身找原因，反而理直气壮，把错误和责任推给别人。孩子为什么会这样做呢?

从心理上来讲，主要是孩子的心智尚未成熟，搞不清楚问题的因果关系和所产生的后果，还不懂得对自己的言行进行反省。从责任感来讲，也可能是孩子的责任感不强，出现问题之后首先想到的就是推卸责任，这是孩子没有责任心的表现。当然，父母对孩子的娇惯容易让孩子形成以自我为中心的性格，从而不顾及别人的感受，更不懂得反省自己。还有一种情况，父母对孩子的管教方式不当，也会导致孩子产生逆反心理，不知自我反省。

综上几点，我们总结了几点解决办法，父母们不妨看一看。

方法指导：

方法一：宽容地对待孩子的错误

一般情况下，孩子犯错之后会感到后悔和羞愧。所以，当孩子犯错误时，父母不要一味地指责孩子，而要心平气和地指出孩子的错误，促使孩子学会自我反省，激发他们改正错误的想法，今后减少犯同类的错误。

反之，父母看到孩子犯错误后暴跳如雷，对孩子横加指责，就会刺激孩子的逆反心理，反而不利于孩子的自我反省。

方法二：让孩子承担做错事的后果

有很多父母喜欢为孩子的错误承担责任，这使得某些孩子有恃无恐——反正做错了有父母替自己买单。这样长期下去就会使孩子丧失责任心，不利于培养孩子自我反省的能力，所以，父母应该让孩子为自己的错误承担后果，这样才能促使孩子学会自我反省。

尽管奇奇是独生子，但爸爸一点都不娇惯他。爸爸希望奇奇长大后能够成为一个顶天立地的男子汉，因此非常注重对他的责任心的培养。

有一次奇奇不听爸爸的劝告，把自己作画的颜料随手放在了窗台上。有一天刮大风，窗户扇把颜料碰翻在了地上，结果颜料顺着窗台流了一地板。爸爸看到后，并没有批评他，而是淡淡地说了一句："你自己收拾干净吧。"见爸爸并没有责怪自己，他自己陷入了深深的自责之中，他一边擦洗墙壁和地板，一边反省自己的错误。之后，类似的错误他再没有犯过。

父母要让孩子懂得，自己做错了事，就该自己负责，从而使孩子引以为戒。不要事事为孩子承担，要鼓励孩子认真反省，主动承担责任。当然，孩子做错了事情也要给他辩解的机会，这种辩解也有利于他的反省。

方法三：让孩子学会总结经验教训

让孩子养成总结经验教训的习惯，其实就是在帮助孩子养成自我反省的习惯。当孩子将事情的结果和过程结合在一起进行自我反省的时候，就会获得一些经验教训，这些经验教训让孩子对自己有一个清醒的认识，同时也能为他的再次行动提供指导。

习惯 97：“昊昊怎么这么悲观?”——引导孩子学会独立、自主

典型案例：

浩浩从小就比较胆小怕事，现在都 7 岁了还要和妈妈一起睡。在他 5 岁的时候，妈妈曾经给他买过一张小床，让他自己一个房间睡，可是他又哭又闹无论如何都不自己睡。没有办法，妈妈只好放弃。

他们家离学校只有 500 米的距离，可是浩浩却要求妈妈每天接送他。有一次妈妈下班晚了，没有按时接他，他在学校等得着急了，竟然哭了起来。等妈妈匆匆忙忙赶到学校时，他已经哭得像个泪人，老师正在不停地安慰他。妈妈想，这孩子怎么这么没出息啊?

还有一次，妈妈在厨房做饭，忽然发现没盐了，于是让浩浩去楼下的小卖部买盐，可是浩浩却不敢一个人去。妈妈只好洗洗手，关了火，自己下楼去买了。

在其他方面也是如此。在遇到问题时，浩浩几乎没有自己的主见，从来都是依靠爸爸妈妈或老师做决定。难怪妈妈常感叹：“这孩子，长大了可怎么办呢?”

独立自主是健康人格的表现之一，它对孩子以后的生活、学习以及成年后事业的成功和家庭生活的幸福美满都具有非常重要的影

响。可是，现在的孩子却普遍缺乏独立自主的能力，就像例子中的浩浩，自己不敢一个房间睡觉，自己不敢下楼买东西，做事情没有自己的主见……这样的孩子长大以后独立性会很差，也很难有大的出息和作为。

为什么现在的孩子独立性这么差呢？主要原因还是父母对孩子包办太多。父母总认为为孩子做一些事情是爱孩子，是天经地义的，而孩子在潜意识中也养成了依赖的习惯，认为父母为自己做什么都是理所当然的。也有的父母担心孩子做不好，或者怕孩子受苦、受累、受伤害，出于一种保护的心理，不敢放手。在这种教育方式下，孩子渐渐就失去了独立性。

此外，性格方面的因素也不能忽视。有的父母对孩子并没有过多地包办，相反还会有意识地为孩子提供一些独立的机会，可是孩子生性怯懦或腼腆，不敢独立去做事情，具备这种性格的孩子独立性往往也比较差。

分析了以上的两方面原因，我们就找到了解决问题的办法。

方法指导：

方法一：不要过度保护孩子

孩子没有养成独立自主的习惯，主要原因在于父母的包办或者过度保护。为此，要想培养孩子独立自主的能力，父母首先不要过度保护孩子。

在欧美国家父母非常重视孩子独立性的培养。孩子一出生就让他独住一室，极少让他们与父母同住；孩子刚学走路时，跌倒了，让他自己爬起来，等学会走路以后就不再抱他们了。我们也经常能从一些影视剧中看到，大人在前面走，一个两三岁的小孩子在后面追着跑的情形。在孩子成长的过程中，他们努力使孩子避免危险，但他们绝不刻意保护孩子不受伤害。在这样的教育方式下，他们的孩子独立性都很强，这是世人有目共睹的。

方法二：狠心放手，把孩子推向独立

由于我们对孩子的刻意保护，使孩子丧失了很多独立自主的机会，而孩子独立自主的能力也随着这些机会的流失而被湮没了。所以，父母要狠下心来，把孩子推向独立。

一位妈妈说，她有一个女儿，从小就很怕生，夫妻两个人为此愁坏了：这可怎么办呢？孩子早晚得独立呀！

他们家离学校比较远，孩子每天都有学生专车接送。可是校车不等人，从来就是到点就开。她的女儿每天也都是按点去，所以每次都能赶上车。但终于有一天，女儿因作业没完成被老师留下了，因而没有赶上校车。于是她打电话让妈妈去接她，妈妈思考了一下说：“好孩子，早晨妈妈不是给你了两元钱吗？你自己坐公交车回来吧。”实在没辙了，孩子只好坐公交车回家，结果由于车上人太多，她没有听见报站，结果坐过了一站，最后哭着走回了家。

从那以后，这个女孩就能自己上下学了，哪怕赶不上学校专车也能自己回来了。

其实，只要父母狠心迈出了第一步，孩子勇敢迈出了第一步，独立只不过是一个习惯问题。

方法三：为孩子树立对比的榜样

孩子之间的相互对比能够激发孩子奋发向上的动力。举一个很简单的例子，一个小孩子吃饭磨磨蹭蹭，饭量也很小，两个小孩子坐在一起吃饭，就会争先恐后，眨眼把饭吃完。这就是对比和竞争的力量。

在培养孩子的独立性方面也是同样的道理，如果自家的孩子独立性差，父母可以拿亲朋好友家的孩子为他做榜样，以激励他学会独立。

习惯98：“那不是你的，你不能动”——随时都要乐观、向上

典型案例：

昊昊的父母都是小生意人，他的爸爸做生意失败过几次，尽管损失不大，但是对这个并不富裕的家庭来讲无异于雪上加霜。他的妈妈也整天唉声叹气，感叹生活的不易。这些情景让年少的昊昊印象深刻，渐渐地也对他的性格和生活产生了负面影响。

昊昊总认为自己不如人，做什么事情都没有信心，心态总是很消极。有一次老师提问题，本来问题很简单，但是他站起来之后支吾了半天竟然只挤出了三个字：“我不会！”老师看到他羞愧和难堪的表情，只好示意他坐下。写作文时，大家都写一些喜闻乐见的事情，可是他却写一些伤感的故事。

课外活动时，大家都兴高采烈地做游戏，唱啊跳啊等，只有他一个人静静地坐在角落里发呆。有同学请他过去玩，他也歉意地笑一笑拒绝对方。

例子中的昊昊心态消极，没有自信，显然是受家庭环境的影响。由于他的父母遇事总往坏处想，整天唉声叹气，昊昊只能生活在一个压抑、没有生机的家庭氛围中，这对他是一种精神打击，也是导致他心态消极，自信心差的主要原因。当然，孩子自身在生活中遇到打击或受到重大挫折，也会对他的心态造成一定负面影响，这也是造成孩子心态消极的一个重要原因。遇到这种情况，父母要以积极的态度来安慰孩子，帮助孩子走出失败的阴影。

总之，父母的生活态度会直接地影响到孩子。父母消极悲观，

孩子也很难乐观起来；父母心态乐观，做事积极、主动，孩子也会受到正面的影响。身为父母，应当努力帮助孩子养成乐观的良好品质，让孩子快乐健康地成长。

方法指导：

方法一：为孩子营造和谐欢快的家庭氛围

父母良好的心态和积极乐观的处事风格，会营造出和谐欢快的家庭氛围，这些都在潜移默化地影响着孩子的情绪，有助于培养孩子积极乐观的心态。比如，一些文体活动、游戏等都能极大地激发孩子的兴趣。所以，父母在茶余饭后可以多做一些这方面的安排，比如，饭前饭后听听音乐，带孩子散散步，和孩子看看积极向上的娱乐节目等。此外，节假日可以和孩子一起去逛公园、放风筝、野餐等。这样，家庭生活中时刻都充满着欢乐愉快的气氛，有利于孩子保持积极健康的情绪和心态。

方法二：以温和的态度正确疏导孩子的情绪

父母的情绪会直接影响到孩子的情绪，所以父母在日常生活中要以温和的态度来影响孩子。和孩子的谈话，要和颜悦色，使孩子感到可亲可敬，心情舒畅，不要经常声色俱厉地斥责孩子，以免孩子对父母望而生畏，情绪处于压抑和紧张的状态。父母在教育孩子时，必须在尊重孩子的基础上，以理服人，正确疏导孩子的情绪。

朋朋很爱看动画片，有时候竟然到了如痴如醉的地步。妈妈发现儿子如此迷恋电视，非常担心，于是规定他晚上必须按时睡觉，只要时间一到，她就会关掉电视，不管儿子同不同意。这样做的结果是，孩子常常在大哭大闹后眼角带着泪花睡去，甚至有时候在睡梦中也会不自觉地啜泣几声。妈妈对此非常心痛，反思了自己的教育方式后，再遇到类似的问题时，她就会以商量的口吻对孩子说“再看 5 分钟，你就上床睡觉，好吗?”或者“看完这一集，就上床睡觉好吗？”这样的方式给了孩子思考的余地，孩子也渐渐变得主动配合了。

孩子并不是不懂道理，只要你在尊重他的基础上态度温和地跟他请清楚道理，他一定不会让你失望。

方法三：帮助孩子消除不良情绪

前面我们提到了，孩子在生活中难免会遭遇挫折而导致情绪不佳，长期积累可能让孩子产生消极心态。所以，如果孩子遇到挫折时，父母要给予鼓励和安慰，并想办法帮助他克服。当孩子心情不好时，父母应设法转移孩子的注意力，用他感到高兴的事物去吸引他，使其忘掉烦恼，恢复良好的情绪状态。

习惯 99：“这孩子这点小游戏都不敢挑战。”——鼓励孩子挑战自我、超越自我

典型案例：

8 岁的利利做事情总是怕失败，不敢挑战自己，什么事情还没开始做就退缩了。

有一次，爸爸带利利去游乐场玩，他们玩了几个简单的项目后，准备玩过山车，可是利利看着那么高的轨道，又听到空中人群的尖叫声，他说什么都不肯玩，爸爸只好放弃。后来，爸爸又选择了一个“激流勇进”的娱乐项目，利利才勉强同意了。在爸爸的鼓励和劝说下，利利战战兢兢地走进“船舱”，前几圈在平缓的滑道上，利利还敢睁开眼睛，等到进入“激流”时，他简直就像吓傻了一般，一头钻进了爸爸的怀里，等到游戏结束，他告诉爸爸：“我以后再也不跟你到这儿来玩了！”爸爸心想：这点小游戏都不敢挑

在学校里也是如此，本来利利的数学成绩不错，老师建议他参加奥林匹克数学竞赛，可是他对自己没信心，不敢挑战自我，最后只好把指标让给了别的同学。

或许是生活水平提高的原因，也或者是父母对孩溺爱的原因，现在的孩子与以前的孩子相比，似乎缺少了一些挑战自我的精神。例子中的利利就是这样的一个孩子，当他遇到一些有挑战性的娱乐项目或者比赛时，就会不由自主地退缩，这是缺乏挑战精神的典型表现。

为什么现在的孩子缺乏挑战精神呢？首先，现在的生活水平提高后，孩子在日常生活中少了很多难题，自然也少了很多挑战的机会。其次，父母对孩子的刻意保护也是一个重要原因，独生子女时代，谁也不希望自己的孩子出现意外，所以刻意保护孩子不让孩子接受挑战，尤其是带有一定危险性的项目，便成了大多数父母的共识。试想，在这样的教育环境下，孩子得丧失多少挑战的机会啊？当然，有些孩子生性怯懦、性格软弱也是导致孩子不敢挑战自我的重要原因之一。

方法指导：

方法一：帮助孩子树立竞争意识

孩子缺乏挑战自我的精神，其实与他从小缺乏竞争意识有关。多数父母在孩子小时候并没有刻意地去培养孩子的竞争意识，结果孩子长大一些后才发现孩子惧怕竞争、比赛等，这时候似乎感到有些晚了。所以，从孩子小时候起，父母就要注意培养他的竞争意识。

朝朝的爸爸从朝朝小时候就非常注重培养他的竞争意识。比如，朝朝两三岁的时候，爸爸就鼓励朝朝和小伙伴们比赛跑，比踢皮球等。等朝朝入学了以后，爸爸就鼓励他参加学校的各种文体比赛、数学竞争等。朝朝多数情况下都不会让爸爸失望，经常会获得一些奖品或奖状，这时爸爸就会伸出大拇指表扬他，而他也在爸爸的赞扬声中获得了成就感和进一步挑战自我的动力。

要想让孩子具备竞争意识，父母首先要有培养孩子参与各种竞争的意识，等孩子参加的比赛或者活动多了，他的竞争意识自然也就树立起来了。

方法二：鼓励孩子勇于挑战自我

现实生活中，有很多父母不愿或不敢让孩子去“冒险”，这将会使孩子失去很多接受挑战的机会。其实，在保障生命安全的前提下，父母应当许可孩子适度去“冒险”。

冬冬从小就是一个活泼可爱的男孩子，小时候经常在家里上蹿下跳，爸爸从没有刻意地阻止过他。有一次，他因为不小心从沙发上摔了下来，头上摔了个大包，但是爸爸妈妈并没有指责他，而是嘱咐他下回小心一点就是了。

今年，冬冬看到有很多小朋友在公园里滑旱冰，他也想买一双旱冰鞋，爸爸没有犹豫就答应他了。当他穿上旱冰鞋在溜冰场上练习时，才体验到了学滑旱冰的辛苦。一整个上午他不知道摔了多少次，直到这时候他才有些后悔，当时只看到别的孩子踩着溜冰鞋风光潇洒的一面，却不曾想到要吃这么多苦头。爸爸似乎看出了他的心声，鼓励他说：“男子汉就要有不服输的精神，既然做出了选择，就应当为之奋斗下去。”爸爸的一番话似乎激起了冬冬的斗志，他又继续练下去。

刚开始学滑旱冰的确有一定的危险性，但是这种危险性仅限于一些摔伤、擦伤，不会威胁到生命，对于这样的运动父母还是应该鼓励孩子学习的。因为一个敢于挑战自我的孩子，才有战胜一切困难的决心，才会拥有坚韧不拔的意志。

习惯100：“孩子怎么一点挫折都经受不起呢？”——训练孩子承受挫折的能力

典型案例：

小南都快10岁的孩子了，还是经不起一点挫折。摔倒了，他会哭着喊疼；考试不及格了，他就不敢去上学；跟同学发生点小矛盾，他非得找老师处理和解决……

由于考试前生病请假一周，小南的一次期末考试成绩退到了班里的后10名，这可对他打击不小。自从考试成绩公布后，他感觉在同学和老师面前抬不起头来，总觉得很多目光在盯着自己，搞得他脸上总是火辣辣的，为此他不再愿去学校了。尽管爸爸开导他说，他这次成绩退步是受病假的影响，努力补习一段时间下次一定能考好，可是他还是打不起精神来，说什么都不想去学校。没有办法，爸爸只能让他在家又休息了三天，最后还是老师亲自到家里来“请”他，他才去了学校。

这孩子，怎么一点挫折都经受不起呢？爸爸非常为他担忧。

社会进步了，孩子的综合素质却退步了。现在的很多孩子身体素质和心理素质都不比以前的孩子。以前调皮捣蛋的孩子，学习成绩不好，别说什么三好学生了，可能连红领巾都戴不上，可是这样的孩子依然不着急，天天脸皮就那么厚。表面看起来，这样的孩子不求上进，其实从另一个侧面讲，这样的孩子心理素质极好，而且这样的孩子一旦发愤读起书来，比那种老老实实学习的孩子进步还要快。相比例子中的小南，这样的孩子长大后更有出息。那为什么像小南这样的孩子经受不起挫折呢？原因也是有两个方面：一个是孩子本身性格的原因，有的孩子生性怯懦、腼腆，胆小怕事，这属于先天的原因；另一个方面是父母的教育方式不妥，有的父母平时对孩子非打即骂，孩子的一点小过错可能就会换来一阵“暴风雨”，这种粗暴无理的教育方式非常容易导致孩子性格的脆弱。当然，父母从小不舍得让孩子吃苦，事事包办也是造成孩子抗挫能力差的原因。

针对这些问题，父母该如何引导孩子克服消极环境，增强抗挫折能力呢？

方法指导：

方法一：要对孩子进行挫折教育

要想提高孩子的抗挫折能力，首先要对孩子进行挫折教育。父母要让孩子明白，生活中有挫折是正常的，人生的道路不可能一帆风顺，就像晴朗的天空有时会出现乌云，平静的海面有时会掀起巨浪一样。挫折是人生的一部分，尽管它会令我们不快，但又会让我们获得成长，学会生活。

孩子明白了这个道理，就会对挫折有一个正确的认识，从而减少挫折对他的负面影响。

方法二：要培养孩子的自信心

孩子抗挫折能力差的一个重要原因就是惧怕挫折，而惧怕挫折的重要原因就是自信心不足。那么，提高孩子抗挫能力的另一个主要方法就是培养孩子的自信心。培养孩子的自信心可以通过发现孩子的优势特长、兴趣爱好，挖掘孩子的潜能开始。

两三岁的时候，可儿还是一个活泼可爱的小姑娘呢，可是随着渐渐长大，她发现自己相貌平平，加上性格内向，学习成绩也很一般，所以她一直很自卑，也很少与同学们交往。在学校里，常常闷声不响，回到家里也喜欢一个人待在自己的小屋里画画、剪纸、做

手工……

一次家长会上，妈妈从老师那里得知了女儿在学校的情况，非常担忧。于是她决定先从培养女儿的自信心开始，找回那个可爱的小女孩。有一次，妈妈替可儿打扫房间时，发现女儿折了很多精美的手工作品，原来她好像忽略了这一切，妈妈于是挑出了几只精美的千纸鹤挂在了客厅里。等可儿放学后，看到自己折叠的千纸鹤被挂在了客厅里，她先是一惊，再看看妈妈微笑的眼神儿，顿时羞红了脸。妈妈趁机夸奖女儿心灵手巧，还鼓励她参加学校举办的手工作品赛，可儿犹豫着答应了。尽管参赛的结果，可儿拿了三等奖，但这已经对她是莫大的鼓励了，她的自信心也高涨了许多。

孩子的自信大多来自于他的优势和长处，父母的任务就是发现孩子的优势和长处，并且毫不吝啬地去激励他和鼓励他。

方法三：要锻炼孩子的意志力，提高孩子的耐受力

一个孩子如果有百折不挠的毅力、坚韧不拔的意志和乐观自信的精神，那么他的抗挫折的能力就强，对挫折的适应能力也会很强。很多身残志坚的名人就是生动的例子。所以，要想提高孩子的抗挫折能力，还需要锻炼孩子的意志力，提高孩子的耐受力。

如何锻炼孩子的意志力，并且提高他的耐受力呢？我们可以通过带孩子进行爬山、长跑、游泳等运动来训练，当然训练的过程中要给孩子规定好时间或运动量，并适当地减少时间或增加运动量，时间长了，孩子的意志力和耐力就能锻炼出来了。